# Vorwort

Das Buch „Caliente – Geliebte eines Mannes" ist mein erstes Buch und wurde von mir geschrieben, um anderen Menschen zu zeigen, dass eine Geliebte, nicht immer nur die böse Frau ist, die Ehen oder Beziehungen zerstört.

Eine Geliebte ist ein Mensch mit Gefühlen und Hoffnungen, so wie jeder andere auch.

Als Geliebte weiß man oft nicht von Anfang an, dass man sich auf einen Mann einlässt, der Frau und Kind(er) zu Hause hat und man nur die Schattenfrau an seiner Seite ist.

Und eh man sich versieht, findet man sich in einer Affäre wieder. Die Gefühle in einem spielen verrückt und man akzeptiert Dinge, die man in einer normalen Beziehung völlig ablehnen würde.

Ich habe dieses Buch nicht geschrieben, um meine Geschichte zu verarbeiten, sondern um Menschen einen Einblick zu geben.

Eine Geliebte hat immer etwas Verruchtes an sich, gesellschaftlich ist sie verpönt. Doch gehören zu einer intakten Beziehung nicht immer zwei Menschen?

Heutzutage ist die Versuchung auf einen Seitensprung größer als jemals zuvor. Wir bewegen uns im Internet, haben Smartphones und gehen regelmäßig mit unseren Freunden auf Partys.

Doch was haben wir davon, wenn wir der Versuchung nicht widerstehen können? Am Ende sind wir einsam und allein.

Wir sollten eine Beziehung und die Liebe zu einem anderen Menschen nicht als selbstverständlich hinnehmen. Liebe heißt auch Arbeit. Liebe ist ein Geschenk.

Ich habe dieses Buch geschrieben, weil ich aus meinen Erfahrungen gelernt habe. Ich habe gelernt, wie schön es sein kann, einen Menschen an seiner Seite zu haben, dem man blind vertrauen kann.

Doch bevor ich an diesen Punkt kam, musste ich erst durch die Hölle gehen...

Meine Blicke trafen seine Hände, seinen Oberkörper, sein Gesicht. Ich lauschte seinen Worten, während er in der rechten Hand seine Zigarette hielt. Alles erinnerte mich an damals. Er hatte dieselbe Mimik, dieselbe Art zu sprechen, auch das Lachen war gleich, doch optisch hatten sich die letzten Jahre in sein Gesicht gezeichnet. Wir sprachen über alte Zeiten, lachten viel und fingen an zu philosophieren.

>>Weißt du noch, erinnerst du dich, was wäre gewesen, wenn… <<

Er guckte mich an, als wären wir wieder bei mir, am See oder im Restaurant, seine Blicke erinnerten mich an unsere erste gemeinsame Nacht. Seine Finger strichen über meinen Arm, als er mir ins Ohr flüsterte, dass er mich endlich wieder spüren will. Ich guckte ihm in die Augen, grinste verschmitzt und legte ihm etwas Geld für die Getränke auf den Tisch.

>>Ich muss jetzt gehen, ich melde mich. <<

Ich wusste, dass jetzt alles anders war, ich bräuchte nur mit den Fingern zu schnipsen und im Nu wäre er bei mir, wäre der Sklave seiner eigenen Gefühle, so wie es bei mir früher war. Ich könnte ihm den Kopf verdrehen und ihm Schmerzen zufügen, ohne dass er es bemerken würde. Doch wollte ich das? Das Gefühl ihm endlich überlegen zu sein, war einfach grandios.

\*\*\*

Es war ein wundervoller Oktobertag, die Sonne schien und in der Stadt tummelten sich hunderte von Menschen. Als ich auf dem Weg zu Maja war, um sie zum Stadtfest abzuholen, hörte ich bereits die Musik von Weiten. Maja war seit Jahren meine beste Freundin, wir lernten uns durch einen Freund kennen und gingen mittlerweile durch dick und dünn. Das war nicht immer so. Am Anfang beschnupperten wir uns nur skeptisch, kamen nicht sofort miteinander klar. Doch je mehr Zeit wir zusammen verbrachten, umso besser verstanden wir uns. Und jetzt liebte ich es mit ihr unterwegs zu sein und sie an meiner Seite zu wissen. Wir konnten zusammen lachen, weinen und wundervoll über Männer herziehen. Sie erzählte mir auf dem Weg zum Fest von ihrem verpatzten Date.
>>Ach Line, hör bloß auf, der Typ ging gar nicht. Wir trafen uns erst zum Abendessen und danach gingen wir noch auf einen Cocktail in die kleine Bar unten am Bahnhof. Und als wäre er plötzlich ein anderer, wollte er mir ernsthaft klarmachen, dass er der Fang meines Lebens wäre. Ich kam überhaupt nicht mehr zu Wort. Das törnte mich total ab. Kann man nicht mal wieder einen Mann kennenlernen, der einem das Gefühl gibt, etwas Besonders zu sein? Der sich nicht allzu unwiderstehlich findet und das dann auch

noch seinem Date erklären will. Ich fühlte mich im Laufe des Abends völlig überflüssig, weil er sich so unheimlich geil fand, dass er sich am liebsten auf der Stelle selber gebumst hätte! <<

Ich lachte herzhaft und die Tränen schossen mir in die Augen. Maja hatte schon immer so ein Glück mit Männern. Ihrer Meinung nach hatte sie ein paar Kilos zu viel auf den Rippen und es eh schon schwerer bei den Männern, als jede andere Frau. Ich dagegen fand sie perfekt. Sie hatte ein wunderschönes Gesicht, lange blonde Haare und weibliche Rundungen, die mich verrückt werden ließen. Sie war für mich eine Granate, die wusste wie man Spaß haben kann, bei Männern aber komischerweise immer Pech hatte. Ich legte meinen Arm um sie und sagte ihr, dass irgendwann mal wieder etwas Passendes kommen wird und sie ihr Leben solange in vollen Zügen genießen soll. Sie gab mir einen Kuss auf die Wange und grinste mich an. Wir verstanden uns auch ohne Worte und schlenderten gemütlich runter in die Stadt. Auf dem großen Marktplatz trafen wir noch ein paar Freunde, sicherten uns neben dem nächsten Getränkewagen einen Platz und tanzten uns auf der offenen Fläche vor der Bühne den Männerfrust von der Seele. Es war einfach schön, zusammen Spaß zu haben. Nicht oft hatten wir so viel Zeit füreinander, aber wir wissen bis heute, dass wir uns auf die jeweils andere immer verlassen können. Egal was

kommt oder wie spät es ist. Maja tanzte noch wie wild vor mir hin und her, als ich plötzlich bemerkte, dass mich ein junger Mann vom Bierwagen aus beobachtete. Er stand mit seinen Kumpels zusammen, doch blickte nicht einmal zu seinem Freund, der ihm gerade etwas erzählen wollte. Ich stupste Maja von der Seite an.
>> Guck mal Maja, der Typ da drüben. Der guckt die ganze Zeit zu uns rüber. Hast du den schon einmal hier in der Stadt gesehen? Ist ja schon ein Schmuckstück, oder? Meinst du, mit dem könnte ich etwas Spaß haben? <<, fragte ich und schmunzelte ihm zu. Er lächelte zurück und trank einen Schluck aus seinem Becher, den er die ganze Zeit über lässig in der Hand hielt.
>>Find es doch raus. <<, sagte Maja salopp und stupste ihren Po an meine Hüfte. Doch so einfach wollte ich ihm das nicht machen, drehte ihm den Rücken zu und tanzte mit Maja weiter. Doch schon kurze Zeit später, merkte ich erneut seine Blicke auf meinem Körper. Etwas verdutzt, aber neugierig, sah ich zu ihm rüber. Und wirklich, er hat sich kaum bewegt und blickte die ganze Zeit auf die Tanzfläche zu uns rüber. Von mir ertappt, gab er mir mit seinen Gesten zu verstehen, dass es ihm leid tue, dass er mich beobachten würde, aber er nicht anders könnte. Geschmeichelt zwinkerte ich ihm zu und grinste in mich hinein. Ich liebte es mit Männern zu

flirten, versuchte mich aber wieder auf Maja zu konzentrieren. Das war am Anfang gar nicht so einfach, unsere Blicke trafen sich andauernd. Sage deinem Körper, dass er etwas unterlassen soll und er macht es erst recht. Doch ich vergaß plötzlich seine Blicke und meine Fantasien mit ihm, als Maja mit Anna über die neue Freundin ihres Ex-Freundes herzog, die sich gerade neben uns auf die Tanzfläche begeben hatte. Die schimpfenden Worte von ihr erregten natürlich meine ganze Aufmerksamkeit. Es war ein komisches Gefühl für Maja, schon nach so kurzer Zeit ersetzt worden zu sein, aber wir lenkten sie ab und genossen den warmen Oktoberabend in unserer Mädelsrunde. Den gutaussehenden Unbekannten neben der Tanzfläche, hatte ich den Abend über wieder völlig vergessen. Kurz vor Ende des Festes, ging ich zum Bierwagen, um mir und den Mädels einen letzten Cocktail zu bestellen, als mich eine Hand packte und auf die Tanzfläche zog.
>>Hey, ich bin Benny, ich konnte nicht anders, als dich auf der Stelle zum Tanzen aufzufordern. Ich dachte schon, du wärst gegangen.<<, sagte er mit einer Stimme, die mich erstarren ließ.
Ich blickte in seine strahlenden Augen. Sie waren tiefbraun, sein Gesicht war sehr männlich, hatte aber unheimlich weiche Züge und durch sein T-Shirt, merkte ich seinen muskulösen Körper. Meine Anspannung ihm gegenüber wollte ich mir nicht

anmerken lassen und tat so, als wäre ich überhaupt nicht überrascht von seiner Überrumpelungsaktion, doch mein Herz schlug wie verrückt und meine Knie zitterten. Noch nie zuvor, hatte ich einem Mann gegenüber, so ein unbeschreiblich schönes Gefühl, vor allem nicht gleich in der ersten Sekunde. Meine ganze Konzentration lag darauf, nicht allzu viel wirres Zeug zu erzählen und halbwegs normal zu wirken. Ich erkannte mich überhaupt nicht wieder, war ich doch sonst die Spontane, die immer einen Spruch auf den Lippen hatte. Ich wusste nicht, was oder wie er es machte, aber ich vergaß alles um uns herum.

\*\*\*

Ich war schon immer etwas anders als alle anderen. Grundsätzlich war ich den anderen aus meiner Klasse immer ein paar Jahre voraus und konnte mit ihnen kaum etwas anfangen. Ich war 16 Jahre alt und ging bereits neben der Schule arbeiten. Ich war selbstständiger als manch Erwachsener, hatte viele Freunde, die älter waren als ich und ich lernte durch gemeinsame Gespräche viel vom Leben, von der Liebe und vom Sex. Viele Freunde hatten Beziehungen mit Klassenkameraden oder Gleichaltrigen, dem konnte ich nie etwas abgewinnen. Ich war immer schnell gelangweilt, wenn Jungs mich kennenlernen wollten, denen es schwerfiel sich zwischen Videospielen und mir zu entscheiden oder bei denen ich wusste, dass bisher ihre Mutter, die einzige Frau war, die sie nackt gesehen hatten. Daher blieb ich lieber Single, als irgendeinen Typen zu haben, den ich erst einmal großziehen müsste. Ich stand schon früh auf eigenen Beinen, war am Leben interessiert und habe mich viel belesen, wenn mich etwas interessiert hat. Nie hatte mich einer auf mein wahres Alter geschätzt, für viele war ich bereits fünf oder sechs Jahre älter. Nicht nur vom Wesen her, sondern auch optisch. Seit der Jugendweihe hatte ich mich von meiner Altersgruppe abgehoben. Meinen ersten Sex hatte ich mit 14, doch

wenn ich jetzt daran zurückdenke, dann schüttel ich nur grinsend den Kopf. Meine Mom sagte immer über meine frühen Erfahrungen:
>>Mit dreizehn noch im Garten unten gepuppt, mit vierzehn dann gepoppt.<<
Sie hatte nicht wirklich ein Problem damit, doch wenn ich jetzt selber darüber nachdenke, war ich mit 14 Jahren einfach noch zu jung und unerfahren, eben noch ein kleines Kind. Dennoch bereue ich nichts in meinem Leben und würde genau dieselben Entscheidungen treffen, wenn ich die Chance dazu bekommen würde, noch einmal auf diese Welt zu kommen. Ich bin mit meiner Mom alleine aufgewachsen. Sie versuchte Mutter und Vater in einem zu sein, was sie auch wirklich sehr gut gemacht hat. Doch des Öfteren fehlte mir einfach ein männliches Vorbild. Es fehlte mir ein Vater, an dem ich mich hätte anlehnen können oder bei dem ich die kleine Prinzessin gewesen wäre. Daher denke ich auch heute noch, dass mich Benny deswegen so fasziniert hatte. Bei ihm konnte ich mich anlehnen, bei ihm war ich die kleine Prinzessin, die ich immer sein wollte. Doch auch ohne Vater, bin ich sehr stolz auf meine Mom. Denn sie hat mich zu dem gemacht, was ich heute bin - eine junge und selbstständige Frau. Ich liebe sie über alles und bin froh, sie bei mir zu haben und zu wissen, dass sie immer hinter mir steht. Wir lebten in einer kleinen Stadt. Hier gab es

viele tolle Plätze, einen großen See und vor allem hatte ich all meine Freunde um mich herum. Ich hatte ab und zu kleine Liebeleien, wenn man das so in dem Alter bezeichnen kann. Ein bisschen Händchenhalten, die ersten Küsse und kleine Versuche, den Körper des anderen zu erkunden. Mal ein paar Wochen, auch mal ein paar Monate, doch etwas Festes hatte sich bisher noch nicht ergeben. Mein erstes Mal war mit einem jungen Mann, der nicht von hier war. Er war ein paar Wochen in der Stadt, zu Besuch bei seiner Familie, und knapp 5 Jahre älter als ich. Das erste Mal hat mich zwar nicht unbedingt vom Hocker gehauen, doch wenigstens hatte ich es jetzt hinter mir. Wie bereits gesagt, waren mir die Jungs in der Stadt zu langweilig und auch meine Gefühle gaben mir nicht den richtigen Anstoß, eine Liebelei dingfest zu machen. Ich liebte es zwar, beliebt zu sein und begehrt zu werden, genoss es aber noch mehr, unabhängig und frei zu sein. Jedenfalls lebte ich mein Leben so – bis ich Benny auf dem Fest traf…

***

Das Lied war zu Ende und wir standen Arm in Arm auf der Tanzfläche. Mittlerweile hatte ich mich an die neue Situation gewöhnt und meine Aufregung legte sich ein wenig. Durch Benny seine Art zu tanzen und zu sprechen, fühlte ich mich von Anfang an gut aufgehoben. Er hatte so eine beruhigende Ausstrahlung und wenn er gelacht hat, stand die Welt für mich einen kurzen Moment lang still. Ich hatte ihn nie zuvor in der Stadt gesehen und fragte ihn, wo er denn überhaupt her sei. Seine Blicke sprachen Bände und er blickte mich verwundert an.
>>Jetzt bin ich aber enttäuscht, kennst du mich wirklich nicht? Hast du mich denn nie zuvor gesehen? Ich arbeite doch auf der anderen Straßenseite und kann direkt in dein Zimmer gucken. <<, sagte er und wartete auf meine Reaktion.
Oh Mist, das hätte ich jetzt nicht gedacht. Da bin ich schön mit Anlauf und kopfüber in ein riesen Fettnäpfchen gesprungen und konnte meine Gedanken kaum sortieren. Er sah mich an und lachte, er wusste ganz genau, was gerade in meinem Kopf vorging. Doch er fand es nicht schlimm und versuchte, mir mein schlechtes Gewissen gekonnt auszureden.
>>Ist ja auch nicht weiter schlimm. Dann wirst du mich ab heute vielleicht endlich mal bewusst auf der

anderen Straßenseite wahrnehmen und mir weiter meinen Tag versüßen. <<, grinste er und löste seine Arme von meinem Körper.

Wir blieben noch einen kurzen Moment lang stehen und verabschiedeten uns. Keine Umarmung, keine Telefonnummer, nur eine leichte Berührung auf meinem Rücken und ein liebes
>>Bis die Tage und schön dich kennengelernt zu haben. <<
Ich ging zurück zu den anderen, war ein paar Minuten lang nicht Herr meiner Sinne und starrte grinsend auf den Boden. Ich hatte ein unheimlich gutes Gefühl im Bauch, denn Benny hatte irgendetwas an sich, was mich völlig faszinierte. Doch lange konnte ich dieses Gefühl nicht für mich alleine genießen, denn Maja kam gleich auf mich zugesprungen und fing an, mich über den schönen Unbekannten und unser Gespräch auszuquetschen. Sie hatte uns von Weitem mit einer Freundin beobachtet und wollte nun alles ganz genau von mir wissen. Wie er heißt, wie alt er ist und was er von mir wollte. Ich konnte es kaum in Worte fassen. Zu sehr, war ich immer noch von seiner Aktion und von ihm benebelt. Doch allzu viel, konnte ich Maja nicht erzählen. Ich wusste doch nur, dass er Benny heißt, auf der anderen Straßenseite arbeitet und unheimlich gut riecht. Zu kurz war die Zeit zum Tanzen und um ihn etwas besser kennenzulernen

und viel zu schnell, war er auch schon wieder weg. Doch schon diese wenigen Details haben gereicht, um mir komplett den Verstand zu rauben. Ein ungewohntes und doch schönes Gefühl durchzuckte meinen ganzen Körper. Ich verabschiedete mich von Maja, als wir vor ihrer Haustür standen und ging das letzte Stück alleine nach Hause. Irgendwie wollte mir Benny nicht mehr aus dem Kopf gehen. Wie unglaublich es war, als seine dunklen Augen funkelten und wie schön es war, diese Wärme und Vertrautheit zu spüren, die er mir sofort entgegenbrachte. Ich wusste nicht warum, aber er brachte mich völlig durcheinander und das schon nach einem einzigen Tanz und ein paar Sätzen. Ich konnte mir noch nicht einmal erklären, was es genau war. Er war einfach eine Erscheinung und hatte mich durch und durch verzaubert. Glücklich und grinsend über beide Ohren, ging ich an diesem Abend in mein Bett und freute mich auf die kommende Woche. Ich freute mich auf den ersten Tag, an dem ich ihn bewusst bei seiner Arbeit wahrnehmen würde und konnte in den nächsten Tagen kaum mehr an etwas anderes denken. Bereits in der Schule zählte ich die Minuten, bis die Klingel endlich die Stunde beenden würde und ich nach Hause gehen könnte. Und als es dann endlich soweit war, fühlte ich meinen Herzschlag, der immer schneller wurde, je näher ich meinem Zuhause kam. Ich ging über die große Straße und sah mich um. In den Fenstern des Gebäudes spiegelten sich nur die Bäume der Straße und zwischendurch, je nach Blickwinkel, blitzte mir die Herbstsonne mitten ins Gesicht. Ich blieb kurz stehen und fragte mich, in welchem Teil dieses Hauses, er wohl arbeiten würde und scannte jedes Fenster ganz genau ab. Doch ich konnte einfach nichts erkennen. Ich hatte keine Ahnung, wo er sein könnte und ging ins Haus, um nicht weiter aufzufallen. Zwischendurch ging ich immer wieder zum Fenster in meinem Zimmer und guckte versteckt durch die Vorhänge. Doch nirgendwo konnte ich Benny sehen. Ich beobachtete viele Menschen in den Büros, einige Frauen, junge Männer, doch keiner von ihnen erinnerte mich an Benny. Am Nachmittag war meine Neugier dann sogar so groß, dass ich mein Fenster weit öffnete und direkt in die Büros auf der anderen Straßenseite blickte. Immer in der Hoffnung, irgendetwas oder irgendjemanden zu erkennen. Ich habe gedacht, dass mich Benny dann eher sehen könnte und mir wenigstens kurz zuwinken würde. Doch meine Freude verflog nach einigen Minuten, als erneut nichts passierte. Das Warten und Gucken nervte mich zunehmend und so gab ich die Hoffnung auf, Benny an diesem Tag noch wiederzusehen, als die letzten Lichter in den Büros erloschen. Auch in den nächsten Tagen stand ich immer wieder am Fenster und sah in dunkle Büroräume. Ich ging zur

Schule, kam nach Hause, beobachtete alles ganz aufmerksam, doch nichts regte sich. Benny war seit dem Wochenende wie vom Erdboden verschluckt und so verging Tag für Tag, ohne wenigstens ein kleines Lebenszeichen von ihm zu erhalten. Nach etwa zwei Wochen dachte ich, dass alles, was er mir an dem Abend auf der Tanzfläche erzählt hatte, eine einzige Lüge war und er sich an dem Abend nur einen Spaß daraus gemacht hatte, mich zu veralbern. Ich wusste nicht mehr, ob der Abend überhaupt real war oder ich nur von Benny geträumt hatte. Zwischendurch habe ich wirklich an mir und meinem Verstand gezweifelt. Wäre ja auch alles einfach zu schön gewesen. Ausgerechnet der Mann, der seit Langem irgendetwas in meinem Kopf und meinem Körper verursacht hatte und mich über ihn nachdenken ließ, versetzte mich Tag für Tag. Was ich allerdings zu diesem Zeitpunkt nicht wusste und die Situation so unheimlich kompliziert machte - er hatte drei Wochen Urlaub und ließ mich daher auf ihn warten.

***

Ich kam gerade von der Schule, endlich war der Montag geschafft. Es war für mich immer der schlimmste Tag der Woche. Wir hatten eine Klausur geschrieben und zwei zurückbekommen. Ich hatte keine Lust mehr auf Schule und wollte einfach nur nach Hause. Wie sehr ich mich danach gesehnt habe, endlich die letzten drei Jahre hinter mich zu bringen. So war die Schule eher eine Qual für mich und ich wollte endlich etwas Richtiges machen. Zu gerne wäre ich nach der 10. Klasse in die Lehre gegangen, doch alle meinten, dass es besser wäre, einen höheren Abschluss in der Tasche zu haben. Und ja, sie hatten alle Recht und ich bereue bis heute nicht, doch noch das Abitur gemacht zu haben, auch wenn die 3 Jahre noch einmal so richtig knackig waren. Dennoch habe ich nie verstanden, wozu ich Kugeln in einem Raum berechnen oder Notenbilder im Musikunterricht interpretieren sollte. Es wollte mir einfach nicht in meinen Kopf, wie mich so etwas auf mein späteres Leben vorbereiten oder ich dieses Erlernte mal sinnvoll einsetzen könnte. Aber gut, was blieb mir anderes übrig, als die Arschbacken zusammenzukneifen. Doch an diesem Tag war ich nach der schlechten Note in Mathe wirklich mies gelaunt. Nichts wollte seit dem Abend auf der Feier richtig laufen und so beschloss ich, am Abend zu

Maja zu gehen und mit ihr über alles zu reden. Ich schnappte mir meine Tasche und lief die große Treppe hinunter auf den Schulhof. Ich hielt mein Telefon in der rechten Hand und schrieb Maja eine kurze Nachricht. Ich lief nach Hause und war mit meinen Gedanken ganz woanders, als ich plötzlich ein leises Pfeifen bemerkte. Ich blickte mich um, sah auf der Straße aber niemanden, der mir bekannt vorkam. Ich ging langsam weiter und hörte erneut einen kurzen Pfiff. Und wieder drehte ich mich hin und her, bis ich plötzlich Benny sah, wie er mit einem breiten Grinsen am Fenster stand und mir freudestrahlend zuwinkte. Ich war etwas irritiert, wusste nicht, wie ich reagieren sollte und stand einen Augenblick lang einfach nur da und starrte nach oben. Er ließ ganze drei Wochen auf sich warten und ich wusste nicht warum. Wusste die ganzen Tage nicht, ob er echtes Interesse an mir hatte oder mich nur verarschen wollte und nun stand er da und grinste mich über beide Ohren an. Ich war die letzten Tage so schlecht gelaunt, dass ich aus dem Bauch heraus beschloss, keine Miene zu verziehen und einfach nur kurz die rechte Hand zu heben.
>>Ich bin doch nicht bescheuert, vor allem aber kein Spielzeug für ihn. Tagelang sich nicht blicken lassen und jetzt so tun, als wäre nichts gewesen? Nein, nicht mit mir. <<, dachte ich mir und ging zielstrebig weiter.

An seinem Gesichtsausdruck merkte ich allerdings, dass er sehr erschrocken und verwundert war. Doch auch seine Reaktion konnte in diesem Moment nichts an meinem Verhalten ändern. Was sollte ich denn auch machen? Was hatte er denn nach drei Wochen erwartet? Meine Enttäuschung von ihm nichts gehört zu haben, war einfach größer, als die Freude darüber, dass er jetzt auf einmal wieder da war und grinsend aus dem Fenster blickte. Drei Wochen lang habe ich nichts von ihm gehört, ihn nicht gesehen, wusste einfach nicht, was los war und nun guckte er aus seinem Bürofenster und alles sollte wieder gut sein? Da hatte er die Rechnung allerdings ohne mich gemacht. Wie bereits geschrieben, habe ich vorher immer selber entschieden, wen ich kennenlernen wollte und wen ich näher an mich ranließ und im Warten, war ich schon immer eine Niete. Es törnte mich einfach ab, wenn Männer nicht wussten, was sie wollten und dafür konnte ich nichts. Wenn ein Mann sich nicht klar äußern konnte oder versucht hat, ein Spielchen mit mir zu spielen, dann wurde mir das schnell zu bunt und ich hakte ihn wieder ab. Diese Karten hatte er sich durch sein ganzes Verhalten selber verspielt und darum hatte ich auch kein Mitleid mit ihm. Das wollte ich mir jedenfalls einreden, zog den Schlüssel aus der Tasche und ging zielstrebig ins Haus. Zu gerne hätte ich aber sein Gesicht dabei gesehen. Gesehen, wie er darauf reagiert hatte und wie perplex er war. Als ich oben ankam, ging ich langsam zum Fenster, um zu sehen, ob er immer noch am Fenster stand. Durch den Vorhang konnte ich ihn erkennen, er blickte direkt in mein Fenster und wartete auf eine Reaktion. Es freute mich natürlich, dass er nicht so schnell aufgegeben hatte, aber so einfach, wollte ich es ihm dann doch nicht machen und ließ mich nicht blicken. Doch mein Herz schlug bis zum Hals, als ich ihn so beobachten konnte. Ich habe in den drei Wochen fast vergessen, wie schön und fesselnd sein Lachen war. Er grinste verschmitzt, schloss langsam das Fenster und guckte noch ein paar Sekunden durch die Scheibe hinüber zu mir. Das konnte ich nicht fassen, mein Herz raste wie wild. Er wusste genau, was und wie er es machen musste, um meine Aufmerksamkeit zu bekommen und wie sehr, mich genau diese Reaktion von ihm störte. Dieser Blick, dieses Lächeln und diese leicht arrogante Art. Er wusste genau, dass ich da stand und zu ihm rüber sah und machte ein Spielchen daraus. Er war anders als die kleinen Jungs, die ich kannte und mit einem Lächeln um den Finger wickeln konnte. Ich hatte es, dank den guten Genen meiner Eltern, immer einfach jemand Neuen kennenzulernen und wusste genau, wie ich es machen musste, um die Aufmerksamkeit fremder Männer auf mich zu lenken. Doch jetzt, gab es auf einmal einen jungen Mann, der diesen Spieß umdrehte und mich komplett verwirrte. Ich war gespannt, wie es nun weiter gehen würde, setzte mich mit einem Cappuccino vor den Fernseher und ging danach eine Runde mit dem Hund. Sein Blick am Fenster wollte mir nicht mehr aus dem Kopf gehen und meine Gedanken flogen hin und her. Er ließ sich an diesem Tag nicht noch einmal blicken und seine Bürotür war die ganze Zeit geschlossen. Ich merkte nicht, wie das Licht im Büro ausging und sah erst später, dass er schon verschwunden war. Ich konnte es mir nicht erklären, warum er mich nach einem einzigen Abend so faszinierte und wie er es geschafft hatte, dass ich ständig an ihn denken musste, doch ich konnte nichts dagegen machen. Und auch, wenn ich den ganzen Abend mit mir alleine darüber hätte philosophieren können, wollte ich Maja unbedingt von diesem Tag erzählen, zog mir etwas Bequemes an und ging zu ihr. Wir saßen auf ihrem Balkon und blickten in den Sternenhimmel, doch auch sie hatte keine Antwort auf meine vielen Fragen, sah aber die ganze Zeit, wie ich über beide Ohren grinste. >>Mensch Line, dieser Typ muss ja wirklich irgendetwas an sich haben, was dich komplett umhaut. Lass doch einfach alles auf dich zukommen und guck, wie er sich in Zukunft dir gegenüber verhält. Mach dich doch nicht so verrückt. So kenn ich dich ja gar nicht.<<, sagte sie und reichte mir die Decke über den Tisch.

>>Ja, wahrscheinlich hast du recht Maja. Ich kenn mich selber nicht so und werde einfach alles auf mich zukommen lassen. <<, antwortete ich ihr und grinste sie an.

Dann zog ich die Decke über meine Beine und blickte in den dunklen Himmel. Wir saßen noch eine ganze Weile auf dem Balkon und unterhielten uns.

>>Irgendwie find ich es ja lustig, Line. So kenn ich dich wirklich nicht. Benny muss es dir echt angetan haben. Und du sagst immer, Liebe auf den ersten Blick gibt es gar nicht. <<, sagte sie mir, als wir uns zum Abschied drückten.

Ich verzog nur schmunzelnd den Mund, gab ihr noch einen Kuss auf die Wange und ging langsam nach Hause. Und wieder habe ich es an diesem Abend nicht geschafft, mit anderen Gedanken einzuschlafen. Doch das fand ich noch nicht einmal schlimm und freute mich jeden Abend auf ein Wiedersehen. In den darauffolgenden Tagen war Benny sehr zurückhaltend, zwischendurch bekam ich nur einen Gruß, einen Blick, ein kleines Lächeln. Er stand am Fenster und rauchte genüsslich eine Zigarette, blickte runter auf die Straße, doch kein einziges Mal zu mir hoch. Er war kalt und distanziert, keine Anstrengungen von ihm, mich treffen oder näher kennenlernen zu wollen. Dieses Gefühl, von einem Mann so derart abgewiesen zu werden, steckte mich noch mehr an. Bisher war ich doch immer diejenige, die mit den Männern spielte und war jetzt so vollkommen hilflos. Es war für ihn ein Spiel, welches ich aber bereit war mitzuspielen. Es vergingen einige Tage und bisher war es einfach nur die Neugier auf diesen jungen Mann, die mich dazu anstichelte, dieses Spiel einfach mal umzudrehen. Ich wollte wissen, was er denkt, was er fühlt und was er vorhatte. Ich tat so, als würde ich es nicht ahnen, dass er mich mit seiner Art um den Finger wickeln wollte und nahm mir vor, wieder die alte Line zu sein. Ich ging zur Schule und zurück und auch wenn er grüßte, bemerkte ich es natürlich bewusst nicht. Ich ging eine Runde mit dem Hund, traf meine Freunde vor der Tür, öffnete weit das Fenster zum Lüften und lachte herzhaft am Telefon. Ich versuchte, so gut es ging, den ganzen Tag über nicht zu Hause zu sein, war mit Freunden unterwegs und kam erst spät zurück. Ich ließ ihn spüren, dass er Luft für mich war und mein Interesse an ihm verflogen wäre.

>>Mach dich rar und du bist der Star.<<, war mein neues Motto und hatte die Hoffnung, dass ich genau Dasselbe mit meinem Verhalten erreichen würde, was er bei mir geschafft hatte.

Ich wollte, dass er sich Gedanken macht, sich fragt, wie es mir gehen und was ich den ganzen Tag so treiben würde. Vor allem wollte ich aber in ihm ein ganz spezielles Gefühl auslösen - Neugier.

Die Neugier auf das Fremde, die Neugier auf das Unbekannte, die Neugier auf mehr. Es kam bisher nicht vor, dass ich mir so viel Mühe bei einem fremden Mann gab und so viel Zeit investierte, doch er war es einfach wert. Bei keinem anderen Mann hatte ich mich so bemüht, ihn zu beeindrucken und sein Interesse auf mich zu wecken, doch bei Benny war irgendwie alles anders. Bei ihm wurde mein Ehrgeiz geweckt, er stellte eine Herausforderung für mich dar, der ich nicht widerstehen konnte. Er war sexy und clever zugleich, das machte mich noch mehr an. Außerdem war er ein richtiger Mann. Ich schätzte ihn auf Mitte zwanzig, etwa zehn Jahre älter als mich und er strahlte Erfahrung und Beständigkeit aus. All die Eigenschaften, die die Jungs in meinem Alter nicht ansatzweise verkörpert hatten. Auch wenn es auf dem Fest nur ein kurzer Tanz war, haben wir uns auf Anhieb gut verstanden, konnten uns vernünftig unterhalten und miteinander lachen. Er hatte mein Leben gefühlstechnisch in den vergangen Wochen einfach komplett umgekrempelt. Ich sah heimlich in sein Büro, ob er da war. Fing an, noch mehr an ihn denken zu müssen und es machte mich verrückt, dass wir uns nicht zufällig auf der Straße trafen. Doch das Schlimmste für mich war, dass er so eine abweisende Art an den Tag legte. Dennoch arrangierte ich mich nach einer Zeit mit dieser Situation und ließ alles auf mich zukommen. So vergingen ganze zwei Monate, ohne jeglichen Kontakt zu Benny und so langsam wollte ich das Thema auch für mich abschreiben. Sein ganzes Spielchen wurde mir allmählich zu anstrengend und ich beschloss, wieder mein Leben zu leben. Jeder andere Mann wäre schon längst von mir in den Wind geschossen worden und darum dachte ich mir nach der langen Zeit:

&gt;&gt;Wer nicht will, der hat bekannter Weise schon. &lt;&lt;

\*\*\*

Im Nachbarort fand seit einigen Wochen mal wieder eine große Party statt und ich war bereits seit Anfang der Woche mit Maja verabredet. Ich hatte nach all den verkorksten Wochen mal wieder so richtig Lust, mir den ganzen Ärger und Frust von der Seele zu tanzen. Ich wollte Spaß haben, wieder lachen und fröhlich sein, ohne wie eine Irre am Fenster zu kleben und darauf zu warten, dass von Benny irgendeine Reaktion kommen würde. Ich kam mir vor wie eine Stalkerin und das musste sich ändern. Und so beschloss ich, mich etwas zu verwöhnen und einen Beautytag einzulegen. Mal wieder eine frische Haarfarbe, neues Make-Up und ein ausgiebiges Schaumbad standen auf meiner Liste. Und bevor ich es mir anders überlegen konnte, schlüpfte ich in meine Schuhe und fand mich auf dem Weg in die Drogerie wieder, die in dem Bürokomplex geraderüber, erst neueröffnet wurde. Doch ehe ich die Tür zum Geschäft öffnen konnte, zuckte ich vor Schreck zusammen. Die Stimme, die ich hörte, kam mir bekannt vor. Benny lief hinter mir und kam aufgeregt auf mich zu.
>>Line? Hey Line, bleib doch mal stehen. Was ist denn los? Du bist in letzter Zeit nicht zu Hause, grüßt nicht mehr und ignorierst mich komplett. Ist alles in

Ordnung? Habe ich dir etwas getan? <<, sagte er mit fragender Stimme und kam immer näher.

Ach man, genau das, was ich mir die letzten Wochen so sehnlichst gewünscht habe, ist endlich eingetreten und nun stand ich da und konnte kaum etwas sagen. Warum hab ich darüber nicht schon vorher nachgedacht und mir die richtigen Worte zurecht gelegt?

>>Ja ja, ich war in letzter Zeit sehr beschäftigt und viel unterwegs und du weißt ja, die Tage vergehen einfach wie im Flug. Ich habe dich auch gar nicht mehr gesehen. Warst du arbeiten? <<, war in diesem Augenblick das einzig Schlaue, was mir spontan einfiel.

Innerlich hätte ich mich ohrfeigen können, wie dumm und unvorbereitet ich war. Ich wollte doch, bei genau dieser Situation, ganz entspannt wirken. Er sollte nicht sehen, wie aufgeregt ich in seiner Nähe war und nun standen wir da und starrten uns an. Benny zog eine Zigarette aus der Schachtel und bot sie mir an.

>>Rauchen wir wenigstens noch eine zusammen? Auch wenn du anscheinend sehr beschäftigt bist und ich dich gerade aufgehalten habe? <<, grinste er mich an und zwinkerte mir zu.

Nichts Schöneres als das, dachte ich mir und griff zögernd zur Zigarette. Ich hätte ja an diesem Tag mit allem gerechnet, aber nicht, dass ich Benny noch so nah kommen würde. Und auch wenn es wieder einige Sekunden gedauert hat, bis wir uns locker unterhalten konnten, war die Zigarettenlänge so entspannt, als hätten wir uns bereits Jahre gekannt und uns regelmäßig zum Quatschen getroffen. Nachdem wir noch einmal den Abend auf dem Marktplatz ausgewertet hatten und er mir sagte, dass er danach für drei Wochen im Urlaub war, hatte ich mich für mein Verhalten etwas geschämt, doch ich habe mir nichts anmerken lassen. Woher sollte ich das denn auch wissen? Gesagt, hatte er mir an dem Abend auf dem Fest nichts davon. Persönlich war es mir aber sehr unangenehm, ihn direkt nach seinem Urlaub so behandelt zu haben, weil ich so enttäuscht von ihm war. Am liebsten wäre ich vor ihm direkt im Erdboden versunken. Doch alleine seine Verfolgungsaktion und das Gespräch vor der Drogerie, ließen die letzten Wochen vergessen und mich wieder aufatmen. Und als ich mich nach der Zigarette verabschieden wollte, fragte Benny plötzlich, ob er mich heute noch einmal wiedersehen darf. Er schlug ein Date im Restaurant direkt um die Ecke vor und schaute mir dabei tief in die Augen. Ich konnte und wollte nicht nein sagen. Zu groß war die Neugier darauf, ihn endlich kennenzulernen und zu entdecken, was wirklich hinter diesem Mann stecken würde. Ich freute mich und sagte zu.

\>\>Super, dann sehen wir uns um 19 Uhr unten im Restaurant.<<, erwiderte er, drückte mich ganz fest an sich und ging dann los.

Da stand ich nun vor der Drogerie mit dem Gefühl der Umarmung in meinem Körper und war wie versteinert. Ich hatte vergessen, was ich eigentlich kaufen wollte und rief sofort Maja an. Sie konnte es kaum glauben, da sie wusste, dass ich in den letzten Wochen nicht viel von ihm gehört habe. Sie konnte das Lachen in meiner Stimme hören, mein Herz schlug immer noch wie verrückt und Maja freute sich mit mir. Doch als ich unsere Verabredung zur Party am Abend wegen Benny absagen musste, war sie etwas enttäuscht. Zu gerne hätte sie mit mir am Abend noch einmal in Ruhe über das Treffen auf der Straße gesprochen, gab mir aber einen dicken Kuss durch das Telefon und wünschte mir viel Spaß. Das liebte ich an Maja, sie war niemals böse. Sie wusste, wie sehr ich mich auf so eine Chance in den letzten Wochen gefreut habe und konnte mir deswegen einfach keine Szene machen. Ich musste aber versprechen, dass ich ihr ausgiebig von dem Abend im Restaurant erzählen werde. Natürlich war sie immer die Erste und oft auch die Einzige, der ich überhaupt von Benny erzählt habe. Bei ihr wusste ich, dass es nicht gleich am nächsten Tag die ganze Stadt wissen würde. Ich vertraute ihr blind und konnte immer auf sie zählen. Nach unserem

Telefonat kaufte ich dann auch endlich das neue Make-Up und die Haarfarbe. Das war ja der eigentliche Grund, warum ich das Haus verlassen hatte. Doch nach Benny seiner Spontanaktion, freute ich mich jetzt erst recht darauf, mich schick für ihn zu machen und ihn am Abend zu treffen. Ich wollte perfekt aussehen, wollte ihm gefallen. Einige Stunden später war es dann auch schon soweit. Ich stand vor dem Spiegel in meinem Bad, als ich auf die Uhr guckte und es bereits kurz vor 19 Uhr war. Ich beeilte mich, die letzten Sachen über mich zu schmeißen und ging los. Überraschenderweise war ich auf dem Weg zum Restaurant völlig entspannt. Alle Aufregungen der letzten Wochen waren verflogen und ich freute mich auf das erste richtige Gespräch mit Benny. Im Restaurant angekommen, sah ich ihn bereits durch die große Fensterfront an einem Tisch sitzen. Er sah wieder so unglaublich gut aus. Die dunklen Haare waren gegelt, er trug ein enges, weißes Shirt und wartete auf mich. Er guckte ein paar Mal hintereinander und etwas aufgeregt auf seine Uhr und bestellte beim Kellner eine Weinschorle für mich mit. Stundenlang hätte ich ihn einfach nur beobachten können, doch ich ging hinein und grinste ihn von Weitem an. Seine Blicke trafen mich sofort, er fing an zu lächeln und bot mir einen Platz an.

>>Schön, dass du gekommen bist, Line. <<, sagte er und gab mir einen Kuss auf die Wange.
Er war zuvorkommend, freundlich und sehr interessiert, mehr über mich und mein Leben zu erfahren. Er gab mir ein gutes Gefühl, wir lachten viel und lernten uns kennen. Ich wusste jetzt also, dass er Benny heißt, 24 Jahre alt ist und bereits seit über einem Jahr in diesem Unternehmen arbeitet. Er hatte mich schon oft gesehen, wenn ich von der Schule nach Hause kam oder eine Runde mit dem Hund gedreht habe. Und er wusste viel über meinen Tagesablauf, das hatte mich etwas überrascht. Machte er doch bisher immer so einen abgeklärten Eindruck und tat so, als würde er mich nicht sehen. Doch er gab zu, dass das alles nur Fassade war.
>>Ich wollte doch nicht gleich mit der Tür ins Haus fallen. Und außerdem wollte ich nicht, dass du merkst, dass ich leicht zu haben bin und du mich mit deinem Lächeln einfach um den Finger wickeln könntest. <<, witzelte er rum und zwinkerte mir zu.
Das war schön, Humor hatte er also auch noch und von diesem Moment an, war das Eis komplett zwischen uns gebrochen und ich freute mich auf das, was noch kommen würde. Wir aßen zusammen, tranken genüsslich eine Weinschorle und redeten über Gott und die Welt. Das Beste war aber, dass uns während des gesamten Abends, nicht einmal der Gesprächsstoff ausging. Nicht ein einziges Mal kamen

wir an einen Punkt, an dem peinliche Stille herrschte. Seit Langem habe ich mich wohl und am richtigen Platz gefühlt. Ich habe viel über Benny und seine Arbeit erfahren, habe seine Hobbys kennengelernt und mit ihm über Männer und Frauen philosophiert. Natürlich wusste ich jetzt auch, dass er acht Jahre älter war, aber das war mir nach diesem gelungenen Abend völlig egal und änderte überhaupt nichts, an dem tollen Gefühl in meinem Bauch. Eigentlich ist es doch auch egal, ob einer zwei oder acht Jahre älter ist, wenn alles rundherum zu passen scheint. Und das tat es. Es war ein unglaublich toller Abend, mit einem richtig charmanten, jungen Mann. Nach den letzten verwirrten Wochen, hatte mich das am meisten gefreut und das tolle Gefühl in mir sollte nicht enden. Als wir die letzten beiden Weinschorlen ausgetrunken hatten, bestellte Benny die Rechnung und brachte mich nach Hause.

>>Es war sehr schön mit dir, Line. Vielen Dank für den Abend und das tolle Gespräch.<<, sagte er, während er mich in seinen Armen hielt.

Diese Worte gingen runter wie Öl, ich verabschiedete mich und ging Schritt für Schritt nach oben. Im Bett dachte ich noch einige Zeit über diesen Abend und unsere Gespräche nach. Wie lange man sich nicht kannte und ich ihn nicht wahrgenommen hatte, obwohl er die ganze Zeit in meiner Nähe war. Wie lange ich nicht wusste, dass es einen Mann in dieser

Stadt gab, der solchen Einfluss auf meine Gefühle hatte und direkt vor meinen Augen war. Ich war glücklich und zufrieden über meine Entscheidung zu diesem Treffen zu gehen und schlief glücklich ein. Als mich am nächsten Tag der Wecker aus meinen Träumen riss, hatte ich bereits eine Nachricht von Benny auf dem Display. Denn nicht nur Blicke und Gespräche haben wir an diesem Abend ausgetauscht, sondern auch endlich unsere Telefonnummern. Er bedankte sich für den schönen Abend und lud mich auf eine Zigarette in seiner Mittagspause ein. Als Treffpunkt machte er den Innenhof des Bürogebäudes aus. Ich freute mich so sehr, dass er so aufmerksam war und mich sehen wollte, dass ich schon fünf Minuten eher am Treffpunkt ankam. Der Innenhof hatte eine kleine Grünanlage mit Parkbänken, überall konnte man sich hier im Sommer auf den Rasen setzen und die Sonne genießen. Doch für uns war es heute zu kalt. Wir hatten bereits November und der Wind pfiff um die Häuserecken. Ich musste nicht lange warten, als die Tür aufging und Benny heraus kam.

>>Hey Line, da bist du ja schon. Wollen wir ein kleines Stück gehen und uns ein ruhiges Plätzchen suchen? <<, fragte er mich, während er mich umarmte.

>>Ja klar, sehr gerne. <<, antworte ich ihm und lief neben ihm her.

Benny suchte uns eine Parkbank, die durch eine Hecke etwas vom Wind geschützt war. Zur Überraschung und eher aus Spaß, hatte ich noch schnell eine Banane von zu Hause geschnappt und wollte ihm diese als kleine Zwischenstärkung in seiner Mittagspause überreichen. Ich dachte ja auch, dass wir nur schnell eine Zigarette zusammen rauchen würden und er nicht so viel Zeit hätte. Doch als Benny auf der Parkbank saß und mir seine ganz persönliche Überraschung für mich offenbarte, fing ich herzhaft an zu lachen. Da hatten wir wohl beide dieselbe Idee. Ich zog die Banane langsam aus meiner Tasche und Benny grinste über das ganze Gesicht. Da saßen wir nun, wie zwei kleine Kinder und tauschten unser Essen. Mit Benny war einfach alles so schön unkompliziert, so locker und lustig.
>>Tja Line, da fällt mir nur eins ein - zwei Doofe, ein Gedanke.<<, sagte er lachend und öffnete uns beide Bananen, um sie sofort zu essen.
Es war einfach genial. So wie der Abend gestern endete, so ging der Tag jetzt weiter. Und so saßen wir eine halbe Stunde auf der Parkbank, die Herbstsonne blitzte durch die Wolken direkt in unsere Gesichter und wir erzählten uns gegenseitig von unserem Tag. Zu schnell war auch dieses kurze Treffen wieder vorbei und Benny musste hoch zur Arbeit. Ich blieb einfach noch einen Moment lang mit geschlossenen Augen sitzen und ließ mir den Wind

um die Nase wehen. Blickte hoch in den Himmel und hörte ein paar Vögel zwitschern. Ich wusste nicht, warum wir uns auf Anhieb so gut verstanden haben, warum wir so reden konnten, als würden wir uns schon eine Ewigkeit kennen, doch ich wusste, dass es mir gefiel und ich jede Sekunde genoss. Benny konnte mich von seinem Büro aus ein wenig durch die Sträucher im Park sehen und schrieb mir in einer kurzen SMS, dass er noch gerne geblieben wäre und sich über eine baldige Wiederholung freuen würde.

> Sehr gerne Benny. Vielen Dank für diese einzigartige Mittagspause. Ich genieße noch ein wenig die Sonnenstrahlen auf meinem Gesicht, aber lass dich von mir nicht ablenken ☺ Viel Spaß noch auf Arbeit und lass dich nicht ärgern. Liebe Grüße Line

***

Ich war wie ausgewechselt. Stand gutgelaunt auf, ging zum Unterricht und freute mich auf den Heimweg. Er wusste immer, wann ich nach Hause kam und stand am Fenster, um mir zu winken. Bevor er Feierabend machte, dachte er an mich und schrieb mir einen lieben Text, um mir einen schönen Abend zu wünschen. Und ab und zu trafen wir uns hinter dem Haus und rauchten noch eine Zigarette, bevor er mit seinem Auto nach Hause fuhr. Bisher hatten wir uns leider immer nur kurz gesehen, aber das hat mir in den letzten Wochen voll und ganz gereicht. Es war einfach eine Abwechslung zu meinem normalen Alltag - in seiner Nähe zu sein, mit ihm etwas Zeit zu verbringen und vor allem in sein schönes Gesicht zu gucken. Sein Gesicht machte mich verrückt. Wenn er mich mit seinen dunklen Augen ansah, schmolz ich dahin und wenn ich dazu noch seine vollen Lippen sah, wollte ich ihn am liebsten sofort küssen. Doch ich konnte einfach nicht. Ich habe mich einfach nicht getraut. Sobald ich es mir vornahm, bekam ich weiche Knie und so genoss ich einfach nur unsere kurzen, aber fast täglichen Gespräche. Wir lernten uns immer besser kennen, sogar mögen und die Wochen bis Weihnachten und Silvester vergingen wie im Flug. Ich merkte, dass wir uns gut taten und auch er die Zeit mit mir genoss, aber den Schritt in die richtige Richtung, wagten wir beide noch nicht. Ich konnte mit ihm über alles reden. Oft fragte er mich, wie mein Tag war oder wie es mir geht und ich konnte ihm stundenlang davon erzählen. Aber wenn es ernst wurde, stand ich wie versteinert neben ihm und konnte ihm nicht sagen, wie gerne ich ihn jetzt einfach nur küssen würde. In seiner Gegenwart fühlte ich mich immer noch wie ein kleines Kind. Schüchtern, aber bezaubert von den vielen tollen Sachen auf dieser Welt. Es war schon komisch. Je mehr Zeit verging, umso größer wurden meine Zweifel und so langsam dachte ich, dass ich für ihn nur eine gute Freundin geworden wäre. Ein Bester-Freund-Ersatz für zwischendurch, mit dem er lachen und seine Pause verbringen konnte. Doch so sehr mich dieses Gefühl auch beherrschte, habe ich mich nicht ein einziges Mal getraut, ihm genau das ins Gesicht zu sagen. Ich wusste ja nicht, wie er fühlen würde und hatte Angst, dass er mit meiner Ehrlichkeit überfordert wäre. Über Weihnachten und Silvester verbrachte Benny seinen Urlaub in Hamburg bei seiner Familie. Er hatte mir im Restaurant von seinen Eltern und Geschwistern erzählt und so konnte ich mir vorstellen, wieviel Trubel und Leben jetzt das Haus seiner Eltern füllten. Um Punkt null Uhr bekam ich von Benny einen Text.

> Hallo hübsche Frau. Ich hoffe du bist gut reingerutscht. Ich wünsche dir für das neue Jahr von Herzen alles Liebe und Gute, viel Gesundheit und Glück auf all deinen Wegen und dass all deine Wünsche in Erfüllung gehen. Fühl dich ganz doll gedrückt. Liebe Grüße Benny

Ich habe mich über seine Worte sehr gefreut und schien ihm nicht egal zu sein. Kein Mann würde einer Frau zum Neujahr eine Nachricht schicken, wenn er kein Interesse haben würde. Und erst recht seine Anrede hatte mich wieder auf andere Gedanken gebracht. Ich verbrachte den Silvesterabend bei meinen Freunden, nahm ein Glas Sekt in die Hand und stieß mit Anna auf ein neues und glückliches Jahr an. Als erstes nahm ich mir jedoch vor, dass ich all das umsetzen würde, was ich im letzten Jahr nicht mehr geschafft habe. Denn Benny hatte mich mit jedem Treffen, mit jeder Nachricht, mit jedem lieben Wort mehr und mehr in seinen Bann gezogen. Und jetzt wollte ich mehr. Ich wollte nicht nur seine gute Freundin sein, sondern endlich richtig mit ihm Zeit verbringen und ihm näher kommen, ihn endlich küssen und mit ihm schlafen. Und genau mit diesen guten Vorsätzen, feierte ich mit meinen Freundinnen bis in die Nacht hinein.

***

Doch bevor sich all die Wünsche in meinem Kopf in die Tat umsetzen sollten, verging wieder einmal Woche für Woche. Manchmal haben wir uns täglich gesehen, dann mal wieder fast eine Woche gar nicht. Standen zum Rauchen hinten vor der Tür, dann haben wir uns tagelang nur geschrieben. Die Situation zwischen uns war locker, wir haben sehr viel miteinander gelacht und er schrieb mir viele schöne Nachrichten, die mich jeden Tag an ihn denken ließen. Und auch wenn ich nicht verstanden habe, warum wir uns auf einen so unnormalen Weg kennenlernten, genoss ich einfach alles mit ihm. Es wurde bereits wieder wärmer draußen und die ersten Sonnenstrahlen brachten gute Laune in meinen Alltag. Die Umgebung wurde wieder bunt, die ersten Blumen sprießten aus der Erde und es war nicht mehr so trist wie im Winter. Ich fühlte mich wie neugeboren. Benny und ich kannten uns jetzt knapp ein halbes Jahr, doch bisher hatten wir keine Möglichkeit gefunden uns erneut auf ein richtiges Date zu treffen. Er war viel arbeiten und selten im Büro, ständig musste er auf Dienstfahrten und blieb manchmal tagelang in Hotels. Er tröstete mich immer wieder mit lieben Texten, fast stündlich hatte ich eine Nachricht auf meinem Display und wenn er abends Zeit hatte, rief er mich an und erzählte mir stundenlang, dass er jetzt gerne bei mir wäre. An manchen Tagen musste ich lange auf eine Antwort warten, doch es war mir egal. Er hatte mich an der Angel und an keinem anderen Mann war ich so interessiert, wie an ihm. Allein schon, weil er mich so zappeln ließ. Die Wochenenden waren immer besonders schlimm, da ich wusste, dass Benny dann nicht in der Stadt und erst recht nicht in seinem Büro war. Ich besuchte eine Freundin, um mich abzulenken, denn ich wollte nicht alleine zu Hause sein und Däumchen drehen. Anna lenkte mich ab und so vergaß ich, für einen kurzen Augenblick, meine Gedanken und hatte Spaß. Als es dann doch schon ziemlich spät war, verabschiedete ich mich von Anna, nahm meinen Hund und ging langsam nach Hause. Wie schön es draußen war, man konnte die Menschen in den Gärten lachen hören und überall roch es nach Grill. Ich war einfach müde und wollte nur noch in mein Bett. Doch kurz bevor ich die Haustür aufschließen wollte, klingelte das Telefon in meiner Tasche. Es war Benny, der im Restaurant saß und darauf gewartet hatte, dass ich endlich nach Hause kam.

>>Kommst du noch vorbei? Ich sitze schon eine ganze Weile hier und habe auf dich gewartet. Ich möchte dich gerne noch sehen.<<

Wie hätte ich das verneinen können? Lange habe ich auf so eine Gelegenheit gewartet, auch wenn ich nicht wusste, wieviel Zeit er für mich hatte und warum er an einem Freitagabend allein im Restaurant saß. Ich brachte schnell meinen Hund nach oben, sagte meiner Mom Bescheid, dass ich noch einmal kurz unten wäre und ging runter in das Restaurant, in dem er oft zum Mittag aß. Langsam öffnete ich die Tür und ging durch den kleinen Vorraum an seinen Tisch. Ich dachte schon, dass etwas Schlimmes passiert wäre und fragte ihn sofort, ob alles in Ordnung sei.

>>Ich wollte bei dir sein, Line. Ich habe dich die Tage über vermisst und wollte nicht alleine zu Hause bleiben. <<, antwortete er mir, nahm mich zum Tag sagen in den Arm und gab mir einen Kuss auf die Stirn.

Ich war sehr erstaunt, da er ja in letzter Zeit nicht großartig bemüht war, mich alleine und für eine längere Zeit zu treffen. Es war schon sehr spät, aber ich setzte mich zu ihm und hörte gespannt zu. Er war etwas angetrunken, sein leeres Glas stand vor uns auf dem Tisch und es fiel ihm schwer einen vernünftigen Satz herauszubringen. Das Essen auf seinem Teller war kaum angerührt und schon kalt und mit der Gabel stocherte er immer wieder darin hin und her. Es sah wirklich so aus, als hätte er die ganze Zeit alleine hier gesessen. Ich wusste nicht was los war, warum er so getrunken hatte. Ich wusste nur, dass er so nicht fahren konnte. Er erzählte mir, dass es Stress auf Arbeit gab, er die Zahlen vom letzten Monat nicht geschafft hatte und er daraufhin alleine unterwegs war. Zuerst nahm ich ihm seinen Teller weg, sein Gestochere machte mich verrückt. Danach bestellte ich uns beiden noch einen Drink und versuchte ihn aufzumuntern. Er sah traurig aus, nahezu verzweifelt, aber er wollte mir nicht erzählen, was genau passiert ist. Ich hatte ihn aber nach einer knappen halben Stunde soweit, dass er wenigstens ein kleines Lächeln über seine Lippen bekam und den Ärger ein wenig vergaß. Das stand ihm auch viel besser und tat ihm gut. Lange unterhielten wir uns über den Stress auf Arbeit und über die letzten Tage. Doch die Kellner zappelten schon hinter dem Tresen hin und her und wollten schließen, als wir die letzten Gäste im Restaurant waren und unsere Gläser bereits eine halbe Stunde leer vor uns standen. Sie brachten uns die Rechnung, ich zog mir meine Jacke an und nahm Benny seine Hand. Als wir vor meiner Haustür standen, setzte er sich auf den Bordstein und schaute auf die Straße. Da er immer noch angeheitert war und so auf gar keinen Fall Auto fahren durfte, musste ich mir schnell etwas einfallen lassen. Zu mir konnte er auf keinen Fall. Da ich noch zur Schule ging, konnte ich mir nur mit dem Geld vom Kellnern keine Wohnung leisten und wohnte noch bei meiner Mom.

Ich bot ihm daher an, ein Taxi für ihn zu rufen, aber er wollte nicht nach Hause und beschloss im Büro zu schlafen. Da sämtliche Aufsteh- und Gehversuche, sowie Verabschiedungen gescheitert sind, half ich ihm hoch und führte ihn zur Tür. Ich öffnete diese mit dem Schlüssel, den er mir entgegenstreckte und stand im weiten Flur eines Bürokomplexes. Es brannte nur das Notlicht und ich konnte nur erahnen, wo wir genau hinmussten. Selbst die Firmenschilder vor den Eingängen waren bei dem Licht unmöglich zu erkennen, doch Benny leitete mich. Nachdem wir oben ankamen, drehte er mich zu sich und guckte mir tief in die Augen. Es war fast dieselbe Situation, wie auf der Tanzfläche zum Oktoberfest. Meine Beine wurden bereits beim Anblick dieses Mannes wieder weich und ich guckte ihn einfach nur an.

>>Danke, dass du da bist. Es tut mir unendlich leid, dass ich so angetrunken bin, aber was ich dir jetzt sage, meine ich auch so. Du bist eine wundervolle Frau, ich genieße jeden Augenblick mit dir und möchte gerne, dass du noch bei mir bleibst. <<

Und bevor ich antworten konnte, küsste er mich völlig unverhofft. Es fühlte sich fantastisch an. Mein Herz fing an, schneller zu schlagen und ich nahm alles von ihm intensiver wahr, als jemals zuvor. Er schmeckte und roch so gut. Ich erwiderte seinen Kuss, fasste ihn mit der einen Hand in seine Haare und mit der anderen um seinen Körper. Wir vergaßen beide wo wir waren und wie spät es war. Seine Küsse schmeckten nach mehr, aber ich konnte nicht. Ich wollte nicht, dass er das zwischen uns am nächsten Tag bereuen würde. Schließlich war er nicht mehr Herr seiner Sinne und ich beendete unseren innigen Kuss bevor wir uns beide verrannt hätten. Er entgegnete mir mit Protest und hielt mich fest, versuchte den Moment nicht enden zu lassen. Doch für uns beide war es das Beste, ihm eine gute Nacht zu wünschen, ihm noch einen letzten Kuss zu geben und dann nach Hause zu gehen. Auch wenn ich auf dem Weg die Treppen herunter, über meine Entscheidung nachdachte, war es wirklich das Beste, was ich machen konnte. Ich sah vom Zimmer aus, dass er am Fenster stand und eine letzte Zigarette rauchte. Seine Silhouette war von meinem Zimmer aus zu sehen. Dann knipste er das Licht aus und legte sich zwischen Aktenschränken und Mobiliare auf einer Liege schlafen. Wahrscheinlich hatte er schon öfter mal Ärger und war auf so eine Situation bestens vorbereitet. Ein wenig tat er mir schon leid. Zu gerne hätte ich ihn jetzt bei mir gehabt, aber ich war zu müde, um weiter darüber nachzudenken und schlief ein. Allzu lange war meine Nacht nicht und als ich aufstand, war das Fenster des Büros schon geschlossen, sein Auto stand nicht mehr auf dem Parkplatz und ich hatte einen kurzen Text auf dem Handy.

> Ich konnte nicht lange schlafen, ich hätte dich gerne bei mir gehabt. Ich melde mich aber nachher. Schlaf noch gut schöne Frau. Gruß Benny

Ich war erleichtert. So schlimm war mein Abschied dann gestern doch nicht gewesen und ich war gespannt, was er später zum gestrigen Abend sagen würde. Ich kuschelte mich wieder beruhigt in meine Decke ein und schlief noch ein wenig. Den ganzen Tag wartete ich auf ein Zeichen, auch im Büro war er nicht und so wollte der Tag anfangs nur langsam vergehen. Ich konnte mir schon denken, wie knülle er war. Erst der Alkohol und dann auch noch so ein Schlaflager, eine gesunde Nacht sah anders aus. Ich wollte ihm aber auch nicht schreiben, ging nach dem Mittag zur Videothek und lieh mir ein paar Liebesschnulzen aus. Den ganzen Tag verbrachte ich mit einer kuscheligen Decke auf meiner Couch. Zwischendurch ging ich unter die Dusche und machte mir einen Latte Macchiato. Es ging mir wirklich gut und ich strahlte über beide Ohren. Endlich hatten wir uns geküsst und das fühlte sich auch noch so unheimlich toll an. Nichts konnte mir an diesem Tag meine gute Laune vermiesen. Und als ich am Abend auf der Couch lag und der letzte Film gerade zu Ende war, rief er doch noch an. Ich war aufgeregt, ließ das

Telefon ein paar Mal in meiner Hand vibrieren. Ich wollte nicht zu überschwänglich wirken und atmete noch einmal tief durch. Ich wusste nicht, was er mir nach dem gestrigen Abend sagen wollte und hatte Angst davor, dass er unseren Kuss vielleicht doch bereuen könnte. Ich ging vorsichtig ran und war gespannt, was er mir zu sagen hatte.

&gt;&gt;Hey Line, ich hoffe bei dir ist alles gut? Es tut mir wegen gestern sehr leid. Ich hatte zu viel getrunken und hab dich dann auch noch so zugequatscht. Ich konnte heute nicht zur Arbeit gehen und musste erst einmal richtig ausschlafen. Ich möchte das aber gerne alles wieder gut machen. Hättest du jetzt Zeit und kommst runter zu mir? Ich stehe vor der Tür. &lt;&lt;

Er hatte wie immer ein gutes Timing. Ich war abgeschminkt, hatte eine Jogginghose an und meine Haare waren zum Knäul zusammen gesteckt.

&gt;&gt;Ähm, ja, jetzt hast du mich echt überrascht, aber geb mir 5 Minuten, okay? Ich beeile mich. &lt;&lt;, antwortete ich und sprang aus meinen Wohlfühlsachen raus.

Ich wuschelte mir durch die Haare, zog noch schnell den Kajal nach, um nicht voll und ganz wie eine Nacktschnecke auszusehen und ging die Treppen hinunter zur Straße. Er saß im Auto vor der Tür, das Fenster leicht geöffnet und aus dem Radio dudelte leise Musik. Ich fing an zu grinsen, denn so richtig fit sah er noch nicht aus. Seine Haare waren zerzaust

und seine Augen waren glasig. Aber auch so gefiel er mir unheimlich gut, denn er sah so schön normal aus. Als er gesehen hat, dass ich auf ihn zukam, öffnete er von innen die Beifahrertür und blickte zu mir hoch.
>>Na Süße. Schön, dass du Zeit hast. Ich möchte dich gerne entführen, vertraust du mir?<<, fragte er mich ganz vorsichtig.
Natürlich habe ich ihm vertraut, was war denn das für eine Frage? Wir kannten uns mittlerweile ein halbes Jahr, verstanden uns auch ohne Worte und gestern haben wir uns geküsst. Ich hätte mir nichts Schöneres vorstellen können und freute mich, dass er sich etwas Zeit für mich nahm. Ich stieg daher ein und er fuhr los. Ohne ersichtliches Ziel, ohne etwa zu sagen. Das war für mich schon wieder eine neue Seite, die ich an Benny noch nicht kannte. Bisher konnten wir immer sofort darauf los reden, jetzt herrschte zwischen uns peinliche Stille. Wir fuhren die belebte Straße meines kleinen Wohnortes entlang. In den Häusern brannte vereinzelt Licht und ich lauschte der Musik aus dem Radio. Benny sagte immer noch kein einziges Wort. Bog zuerst Richtung Berlin ab, um dann nach etwa 10 Minuten, an einem einsamen Parkplatz zu halten, der an einer dunklen Landstraße lag. Das Auto war auf den Wald gerichtet, der genau vor uns endete und das Motorengeräusch durchdrang die Stille der Umgebung. Ein paar Mal guckte er nach links und rechts und hat dann zuerst

das Licht und dann den Motor ausgemacht. Langsam drehte er sich zu mir, zog mich zu sich rüber und sagte mir mit seiner wundervollen Stimme:
>>Ich wollte dich unbedingt heute noch küssen. <<
Unsere Lippen trafen sich und seine Hände umfassten gefühlvoll mein Gesicht. Er atmete tief ein, als wäre es ihm ein Bedürfnis gewesen, seinen Wunsch heute noch umsetzen zu wollen und es fühlte sich unheimlich gut an. Nach ein paar Minuten endete langsam unser Kuss, er sah mich an und strich mir über mein Gesicht. Sein Lächeln gab mir so viel Bestätigung, dass ich sofort wusste, dass er unseren gestrigen Kuss nicht bereut hat und es ihm gefiel, dass wir uns endlich näherkamen. Er zog hinter seinem Sitz einen Blumenstrauß hervor und ich guckte gespannt, was jetzt kommen würde.
>>Herzlichen Glückwunsch und alles Liebe und Gute zum Geburtstag, Line. Du dachtest wohl, dass ich deinen Geburtstag komplett vergessen hätte, stimmt´s ? <<
Ich grinste über beide Ohren, obwohl ich meinen eigenen Geburtstag nie gerne gefeiert und ihn auch an diesem Tag, erfolgreich verdrängt habe. Die ganze Zeit habe ich wirklich nicht daran gedacht, dass er sich diesen Tag gemerkt hat. Und umso mehr freute ich mich über seine kleine Überraschung und gab ihm einen flüchtigen Kuss. Aus dem Handschuhfach

zauberte er noch ein kleines Törtchen und zündete eine rote Kerze darauf an.

>>Wünsch dir etwas Süße. <<, sprach er leise und hielt sie mir zum Auspusten hin.

Nachdem ich meine Augen wieder öffnete und die erloschene Kerze sah, brach ich das kleine Törtchen in zwei Teile und führte Benny das eine Stück zum Mund. Langsam biss er zu und blickte mir dabei tief in die Augen. Selbst wie er dieses kleine Stückchen Kuchen aß und seine Lippen bewegte, machte mich unheimlich an. Und als Benny aufgegessen hatte, nahm er meine Hand und drehte sich noch weiter zu mir.

>>Line, ich bin so unheimlich gerne in deiner Nähe. Und auch, wenn ich wenig Zeit für dich habe, sehne ich mich nach genau solchen Momenten mit dir. Ich bin wirklich verwirrt. Schon lange habe ich nicht mehr so für eine Frau gefühlt. Ich bin wie ein kleiner Junge, wenn du mich mit deinen tiefbraunen Augen anguckst. Ich werde nervös, wenn du neben mir stehst und ich liebe es dich zu küssen. Ich bin wirklich gerne an deiner Seite. Es fühlt sich so unheimlich gut an, weiß aber nicht, ob es richtig ist, wenn mehr zwischen uns passieren würde. Immerhin bin ich acht Jahre älter als du. Du könntest doch so viele andere Männer an deiner Seite haben. <<

Ich stand auf und lehnte mich zu ihm rüber. Über seine Worte konnte ich nicht allzu schnell

nachdenken. Ich wusste ganz genau, was ich jetzt wollte und wie ich es bekam. Ich fing ihn an zu küssen und gleichzeitig mit meinen Händen seinen Körper zu erforschen. Unsere Küsse wurden intensiver. Ich liebte es, seine Zunge in meinem Mund zu spüren oder wie sie meine Lippen liebkoste. Ich merkte das erste Mal bei Benny, dass er etwas aufgeregt war und er sich am Anfang, viel zu viele Gedanken über alles machte. Ich zog den Reißverschluss seiner Jacke auf und fühlte, dass er darunter nichts anhatte. Meine rechte Hand wanderte von der Brust, über seinen Bauch, bis hin zu seiner Lende. Und obwohl er noch seine Zweifel kurz vorher aussprach, spürte ich wie sehr er mich wollte und sich meinen Bewegungen hingab. Ich wusste nicht, wie er das mit dem
>>Ich weiß nicht, ob es richtig ist. <<
gemeint hatte und verbannte diesen Satz aus meinem Kopf. Seine Hände merkte ich überall auf meinem Körper. Er fuhr mir den Rücken runter bis hin zu meinem Po, durch seine Berührungen bekam ich eine Gänsehaut und ein wohliger Schauer durchfloss meinen ganzen Körper. Es war eng im Auto, da ich aber bereits zu ihm vorgebeugt war, konnte ich leicht meine Beine spreizen, um ihn mehr Freiraum zu bieten. Ich merkte beim Küssen, dass er grinste und seine Zunge kurz stoppte. Ihm gefiel, was passierte und vor allem was er fühlte, denn aus

Zeitmangel hatte ich nur einen kurzen Rock übergezogen. Ich wollte, dass er anfängt zu genießen. Wollte, dass er jeden Moment und jede Berührung intensiv in sich aufnimmt und sich einfach von seiner Lust treiben lässt. Seinen harten Schwanz in der Hose, spürte ich plötzlich an meinem Oberschenkel und es machte mich noch verrückter und unheimlich heiß auf ihn. Ich zog ihm langsam die Jacke aus, küsste ihn auf seine muskulöse Brust und öffnete gekonnt seine Hose. Durch seine Boxershorts blitzte bereits die Spitze seines Schwanzes hervor.
>>Siehst du Benny, er weiß, was gut für ihn ist.<<, flüsterte ich grinsend und griff vorsichtig zu, befreite ihn aus der engen Shorts.
Als ich mit meinem Kopf küssend nach unten wanderte, stöhnte er tief auf. Mit meinen Lippen umfasste ich vorsichtig seine Eichel, meine Hand rutschte dabei vorsichtig den Schaft hoch und runter. Meine Zunge liebkoste langsam jeden einzelnen Teil seiner Erektion. Ich habe im Dunkeln nicht allzu viel gesehen, aber das was ich sah und gefühlt habe, war einfach nur perfekt. Meine Fingerspitzen ließ ich weiter hoch und runter gleiten, beugte mich aber wieder zu ihm hoch und gab ihm einen innigen Kuss. Es wurde immer enger und wärmer im Auto und ich öffnete meine Tür, um draußen auf ihn zu warten. Er kam mir ohne zu zögern oder zu fragen hinterher. Sein Gesicht und die funkelnden Augen waren für

mich in diesem Augenblick unbezahlbar und Zuspruch genug, draußen mit allem weiter zu machen. Ich zog ihn an der Hose zu mir ran und lehnte ihn beim Küssen auf die Motorhaube, mein Mund wanderte von seinem Gesicht, den Hals hinab. Meine Fingerspitzen suchten sich den Weg erneut runter zu seiner Hose, die immer noch geöffnet war. Ich zog sie etwas weiter runter, um vollends freie Sicht zu haben und mich auszutoben. Erneut stöhnte er auf, als ich meine Finger um seine Eier legte und sanft über sie strich. Meine Fingerspitzen wechselten zwischen seinen Eiern und den Seiten seines Beines hin und her. Und während ich mit meiner Zunge meine Entdeckungstour fortsetzte, legte er beide Hände auf meinem Kopf und griff in meine Haare. Alles was ich in diesem Augenblick wahrnahm, waren ein paar leise Worte. >>Oh mein Gott Line, du machst mich verrückt, ich will dich jetzt und hier! <<
Er griff plötzlich nach meinem Oberkörper und zog mich zu sich hoch. Er sah mir in die Augen und grinste. Fing an mich zu küssen, wilder als die Male zuvor, nahm mich hoch und drehte mich zur Motorhaube um. Ich merkte seine Hände überall. Er schob meinen Rock hoch und den Slip beiseite und er konnte fühlen, wie heiß ich auf ihn war. Mit seinen Fingern, suchte er sich gekonnt den Weg und je näher er meinem Schritt kam, desto schneller und tiefer wurde mein Atem. Er drang vorsichtig in mich

ein und ich konnte jede Bewegungen in mir spüren. Sein Kopf lag auf meiner Schulter und er küsste mir am Hals entlang. Er wusste genau, wie sehr es mir gefiel. Ich spürte wie die Hitze in mir stieg und unsere Körper sich lustvoll bewegten. Ich nahm seinen Schwanz in meine rechte Hand und führte ihn zu der heißesten Stelle an meinem Körper. Er blickte mich lustvoll an, seine Hand umschloss meine Brust und ich legte mich weiter nach hinten, um ihn den Anblick auf meinen halbnackten Körper nicht zu verwehren. Zögernd drang er in mich ein. Sein Blick war aber willig und ich wusste, dass er es genauso genoss, wie ich selber. Er schloss seine Augen und atmete einmal tief ein und aus. Nach all den Wochen, all unseren Treffen, war das der Höhepunkt und wir wussten beide, dass wir viel zu lange darauf gewartet haben. Unter lustvollem Gestöhne fing er an, mich immer und immer wieder zu stoßen. Auf diesen Augenblick habe ich seit Monaten gewartet. Kein anderer Mann kam in dieser Zeit an mich ran. Ich habe nur auf Benny gewartet, er machte mich so unheimlich an und genau dieser Moment gab mir die Gewissheit, dass es das Richtige war. Ich legte ein Bein um ihn, um die Geschwindigkeit etwas zu beschleunigen, denn ich merkte, dass meine Lust mit jedem einzelnen seiner Stöße und Küsse in mir stieg. Und auch sein Stöhnen wurde lauter und ungehemmter. Als er dann noch damit begann, seinen Daumen anzufeuchten und dann mit diesen meinen Kitzler zu massieren, war ich bereit mit ihm zusammen zu kommen. Ich blickte in den dunklen Nachthimmel, schloss die Augen und ließ mich treiben. Es war wundervoll, ihn in mir zu spüren und seinen pulsierenden Schwanz zu merken. Er gab sich keine Mühe sich zurück zuhalten und kam direkt in mir. Ich fühlte seine Hände an meinem Becken und unsere Atem durchdrangen die Stille der Nacht. Langsam beugte er sich zu mir runter und gab mir einen letzten Kuss.

>>Du bist wundervoll. <<, sagte er leise zu mir und zog seinen Schwanz vorsichtig aus mir raus.

Ich wollte nicht aufstehen, zu schön war dieser Augenblick. Genau so, wollte ich schon lange Sex haben. Genau so wollte ich von einem Mann begehrt und genommen werden. Ich wusste ja, dass sich manche Wünsche beim Kerzenauspusten erfüllen können, doch dass es so schnell ging, fand ich faszinierend. Es war mir egal, was er jetzt dachte. Ob er es bereuen würde oder nicht. Ich kam auf meine Kosten und das war nach so langer Zeit für mich unbeschreiblich. Endlich hatte ich das erreicht, was ich mir so viele Wochen gewünscht habe. Ich wusste schon immer, wie ich auf Männer gewirkt habe und wusste, dass ich sie mit meiner Art um den Finger wickeln kann. Und auch wenn Benny sich anfangs etwas zurücknahm und mich lange warten ließ, wusste ich, dass er mir irgendwann nicht mehr widerstehen könnte. Und dieses Gefühl war einfach fantastisch. Nachdem wir noch eine kurze Zeit verharrten, stand er auf, zog sich seine Shorts hoch und machte seine Jacke zu. Er strich sich durch sein verschwitztes Haar, zog zwei Zigaretten aus seiner Tasche und zündete sie an. Bereits jetzt, hätte ich mich gerne noch einmal von ihm vögeln lassen, aber er tat es nicht. Wir saßen mitten auf der Landstraße auf seinem Auto und blickten in die Nacht. Er atmete leise und ich hörte jeden Zug seiner Zigarette, er war ruhig und befriedigt. Ich wollte den Moment nicht zerstören und sagte nichts. Ich hätte es auch nicht gekonnt, mein Körper bebte immer noch und meine Gedanken waren damit beschäftigt, das alles zu realisieren und dieses wundervolle Gefühl in mich aufzusaugen. In meinen Gedanken waren wir noch mittendrin. Als er fertig war, gab er mir einen kurzen Kuss und ging zu seiner Autotür. Auch ich schnipste meine Zigarette weg, zupfte meine Sachen wieder in die richtige Position und stieg zu ihm ins Auto. Ohne etwas zu sagen, fuhr er mich nach Hause. So richtig wusste ich nicht, ob alles in Ordnung wäre, aber ich wollte es auch nicht wirklich wissen. Ich bedankte mich für diesen Kurztrip und wollte gerade aussteigen, als er mich am Arm festhielt und noch einmal zu sich drehte. Er sah mich lange an, strich mit seinem Finger über meine Lippen und hielt mit seiner restlichen Hand meinen Kopf fest. Erneut zog er mich an sich ran und küsste mich innig. Dieses sexuelle Verlangen nach diesem Mann und dieses Kribbeln in meinem Körper, wenn er mich dominierte, waren einfach unbeschreiblich. Ich verabschiedete mich von Benny und ging nach oben. Ich war immer noch fix und fertig, aber glücklich, dass es endlich soweit gekommen ist. Wie oft hatte ich mir das alles in dem letzten halben Jahr gewünscht, aber es war schöner, als ich mir je hätte erträumen können. Ich machte mich für das Bett fertig und ging mit den Bildern in meinem Kopf schlafen. In der Nacht fing ich an von wirren Sachen zu träumen...

Ich war in einem Haus, in der Mitte eines großen Zimmers. Ich wachte auf einer großen Tafel auf und war an Händen und Füßen gefesselt. Ich konnte kaum etwas sehen, die Vorhänge der großen Fenster waren geschlossen und es blitzte nur etwas Licht hinein. Ich sah mich um und drehte meinen Kopf so weit ich konnte. Auf den kleinen Tischen neben mir standen Früchte, Weinflaschen und leere Gläser. Hinter einer großen Tür hörte ich Stimmen. Sie waren leise und ich konnte nichts von dem verstehen, was sie sich erzählt haben. Ich blieb ruhig liegen und hatte keine Angst davor, was gleich passieren würde. Doch plötzlich wurden die Stimmen immer lauter und die Tür ging auf. Es kamen nach und nach junge Männer und Frauen herein, sie waren fast alle nackt, ihre Gesichter waren von Masken und Tüchern verhüllt. Einige von ihnen machten die Kerzen an, die auf dem Boden des großen Saales verteilt standen, die anderen gossen den Wein in die Gläser und legten die Früchte neben mir auf die Tafel. Ich lag einfach nur da und bildete anscheinend ein lebendes Buffet. Ich beobachtete ihre Körper, die sie lasziv durch den Raum bewegten, sah wie sie auf mich zukamen, mich einölten und massierten. Ihre Hände glitten über meinen Körper, ihre Finger liebkosten meine erogenen Zonen, drangen in mich ein. Um mich herum waren Schwänze, Brüste und Muschis, die sich an mir rieben. Ich wurde losgebunden und geküsst. Auf jeder Stelle meines Körpers befanden sich Lippen und Zungen, die den Drang hatten mich zu befriedigen. Männer, die mich von vorne und von hinten nahmen, Frauen, die meine Brüste liebkosten und mich zwischendurch leckten. Es fühlte sich fantastisch an, ich liebte es im Mittelpunkt zu stehen und alle Augen auf mich gerichtet zu haben. Ich habe mich noch nie so begehrt gefühlt und genoss jede einzelne Bewegung der unbekannten und verhüllten Personen. Doch auf einmal stoppten alle um mich herum und hielten den Atem an. Langsam gingen sie zur Seite und bildeten eine Gasse zu der offenen Tür. Ein junger Mann stand in der Tür und bewegte sich auf uns zu. Er war größer und kräftiger, als all die anderen, sein definierter Körper leuchtete im Kerzenschein. Er hatte wunderbar braune Haut und sein Tattoo, das den Rücken runter bis vor zu seinem Schwanz ging, ließ meinen Blick sofort auf seinen erigierten Penis wandern. Auf seinem Weg zur großen Tafel nahm er ein paar Früchte in die Hand und einen großen Schluck aus der Weinflasche. Beides ließ er langsam über mich ergießen und kam meinem Gesicht ganz nah. Er nahm seine Maske ab und ich sah, dass es Benny war.

>>Jetzt bin ich an der Reihe.<<, hauchte er mir ins Gesicht und fing an, die Früchte und den Wein von meinem Körper zu naschen…

Schweißgebadet wachte ich in meinem Bett auf und realisierte, dass alles nur ein Traum war. Doch dieses erregende Gefühl durchdrang meinen ganzen Körper und ich freute mich auf die nächste wundervolle Nacht mit Benny.

***

Am nächsten Tag konnte ich nicht anders, als mich sofort mit Maja zu treffen und ihr von der gestrigen Nacht zu berichten. Es war Samstag und Benny eh nicht im Büro. Ich kam mit einem breiten Grinsen in das Café, in dem wir uns immer trafen. Maja sah mir meine Freude schon von Weitem an und konnte es kaum erwarten, dass ich ihr endlich jedes einzelne Detail von gestern Abend erzählen würde. Doch zuerst gratulierte sie mir nachträglich zum Geburtstag und nahm mich in den Arm. Ich bestellte uns einen Latte Macchiato und grinste sie nur an. Das Café lag direkt neben unserer Schule. Wenn wir Ausfall hatten oder einen freien Tag, verbrachten wir hier die meiste Zeit und ließen es uns gut gehen. Mittlerweile war es unser zweites Zuhause geworden und es war immer einer hier, den man kannte.

>>Na los, erzähl schon, hat deine gute Laune etwa mit Benny zu tun. Hast du dich etwa gestern Abend selber beschenkt und ihn endlich vernascht? <<, fragte sie mich mit ihrem neugierigen Blick.

Ich konnte nicht anders und redete einfach darauf los. Ihre Augen wurden immer größer, selbst ihr Atem wurde schneller, als ich ihr erzählte, was gestern alles auf der Landstraße zwischen uns passiert ist. Zu erregend waren die Details, wie er mich berührte und mich auf der Motorhaube nahm und ich musste aufpassen, dass ich nicht allzu laut zu schwärmen anfing. Die älteren Damen am Nachbartisch guckten schon ganz verdutzt. Zu gerne hätte auch Maja so einen Benny an ihrer Seite gehabt, mit dem sie wild auf Motorhauben rummachen könnte. Sie sehnte sich nach einem Mann, der genau wusste, wie er Frauen glücklich machen konnte und sich sexuell an ihnen austobte. Wir wussten beide, dass Benny genau der Richtige war, um einfach nur Spaß zu haben und sich nicht gleich Hals über Kopf in einen verliebt. Männer, die nach dem zweiten Date bereits eine Zukunft zusammen planten, törnten uns beide komplett ab. Das war immer so, als würde jemand eine Schlinge um meinen Hals legen und ganz langsam zuziehen. Doch bei Benny war alles anders. Ich musste mich erst interessant machen, musste lange warten, um das alles zu bekommen. Er war einfach so anders. Das Gefühl in mir konnte ich kaum in Worte fassen. Ich war hin und her gerissen. Zuerst dieses Über-Wochen-Zappeln-lassen, danach der Kuss im Büro und dann überrumpelte er mich am Abend und nimmt mich auf seinem Auto so, wie mich noch kein anderer Mann zuvor gevögelt hatte. Gibt mir zuerst das Gefühl begehrenswert zu sein und redet dann auf der Rückfahrt kein Wort mehr mit mir. Und zum Schluss will er mich nicht gehen lassen und küsst mich so, als wäre es unser letzter Kuss. Ich wurde aus diesem Mann einfach nicht schlau, aber genoss jede einzelne Erinnerung in meinem Kopf. Genoss es, von ihm beherrscht zu werden und seine sexuelle Dominanz zu fühlen. Er gab mir das, was mir nie ein Mann zuvor geben konnte – absolute Befriedigung. Ich wusste, dass er am Wochenende nie in der Stadt war und immer von allem abspannen wollte und beschloss, mich vorerst nicht bei ihm zu melden. Natürlich hatte ich im Hinterkopf den Wunsch, etwas von ihm zu hören, aber ich kam auch damit klar, als es nicht so war. Ich verbrachte Zeit mit meinen Freunden, ging feiern und lenkte mich von meinen Gedanken ab. Auch das ständige Gucken auf mein Telefon nahm ab und so verging das Wochenende sehr schnell und ich konnte mich etwas auf mich konzentrieren. Doch schon am Montagmorgen auf dem Weg zum Unterricht, bekam ich wieder einen Text von Benny. Er musste mich gesehen haben, als ich das Haus verließ.

> Hey schöne Frau. Tut mir leid, dass ich mich nicht gemeldet habe, aber ich war mit dem Motorrad unterwegs und habe viel nachgedacht. Ich musste einfach mal raus. Ich würde mich freuen, wenn wir uns nach dem Feierabend kurz sehen könnten. Kuss Benny P.S. Du siehst heute wieder super aus.

Ich freute mich sehr über seine Worte und konnte es kaum abwarten, ihn am Abend zu treffen. Meine Gedanken kreisten sofort um das Wiedersehen, den letzten gemeinsamen Abend und diese knisternde Erotik zwischen uns. Er machte mich derartig wuschig, dass ich bereits jetzt schon wieder umdrehen hätte können, um ihm die Kleider vom Leib zu reißen. Doch ich musste zum Unterricht. Das fiel mir aber erst wieder ein, als ich, auf mein Display guckend und vor mich hin strahlend, fast vor den Laternenmast gerannt wäre.

> Hey schöner Mann. Sag einfach Bescheid, wenn du Zeit hast. Ich bin am Abend zu Hause, dann komm ich kurz rüber. Kuss Line

Wie gesagt, ich erkannte mich selbst nicht wieder. Kein Mann hatte es vor ihm geschafft, mir derart den Verstand zu rauben. Und auch wenn ich ständig an Benny denken musste, war es nicht irgendein Verliebtsein, sondern einfach das Verlangen nach fantastischem Sex. Im Unterricht bekam ich andauernd Nachrichten. Er versüßte mir den Tag mit kleinen Textzeilen von unserem gemeinsamen Abend und schrieb mir, wie geil die Gedanken daran, ihn jetzt auf Arbeit machten. Natürlich ließ ich es mir nicht nehmen, an seine Nachrichten anzuknüpfen und die Lust noch etwas zu steigern. Ich war völlig

weggetreten, saß im Unterricht und konnte nicht folgen. Ich hätte ihn am liebsten auf der Stelle gefickt, er brachte einfach mein Blut zum kochen. Nach der Schule ging ich schnell nach Hause. Ich freute mich ihn wiederzusehen und konnte es kaum erwarten um die Ecke zu biegen. Er guckte bereits aus seinem Fenster und winkte mir zu.
>>Ich freue mich schon auf nachher, Hübsche! <<, rief er zu mir runter und schloss das Fenster. Ahhhh, was für ein tolles Gefühl meinen Körper durchflutete, aber es war wieder so typisch für Benny. Erst zwei Tage nichts von sich hören lassen und dann wieder so unheimlich lieb und aufmerksam zu mir sein. Aber wenigstens hatte er sich gemeldet und nicht erst wieder drei Wochen auf sich warten lassen. Ich freute mich schon Stunden zuvor ihn wiederzusehen, wollte ihn endlich wieder küssen und anfassen, wollte ihn riechen und wenigstens einen kurzen Moment mit ihm verbringen. Ich machte mich langsam fertig und zog nichts Besonderes an, warum auch? Für ein schnelles Treffen hat auch eine kurze Jeans und ein Oberteil gereicht. Außerdem musste ich mich nicht immer für ihn aufbrezeln. Er wusste wie ich im Freizeitlook aussah und es gefiel ihm. Ich wusste, dass er nach seinem Feierabend immer wenig Zeit hatte und oft mit seinen Jungs zum Training verabredet war, daher habe ich mich besonders gefreut, wenn er sich wenigstens 15

Minuten Zeit für mich nahm. Die Lichter im Büro gingen aus und schon klingelte mein Telefon.

> Kommst du nach hinten, ich steh an der Tür...

Ich ging die Treppen runter und über die Straße nach hinten zur Tür, an der wir uns immer trafen. Er bat mich hinein und runter in die Tiefgarage. In einem Nebengang war der Aufbewahrungskeller der Firma und eh ich fragen konnte, warum wir hier wären, umschloss er mich von hinten mit seinen Armen. Er hatte sein Gesicht in mein langes, braungelocktes Haar gelegt und holte einmal tief Luft.
>>Ich habe dich vermisst. Du riechst so gut, Line. <<
Ich drehte mein Gesicht zu ihm und fing ihn an zu küssen. Sofort waren die Gefühle von Freitagabend wieder da und wir rissen uns die Sachen vom Leib. Wir fingen an, wie wild an uns herum zu zerren, küssten uns leidenschaftlich und fielen gegen die halbgeöffnete Tür. Er schloss sie hinter mir, während er noch sein letztes Kleidungsstück herunterzog. Er drehte mich zur Tür, sodass ich mich mit meinen Armen an ihr abstützen konnte. Mit beiden Händen strich er mir über meinen Rücken, hinunter zu meinem Po, den ich ihm nackt entgegenstreckte. Er krallte sich in ihn fest und ging in die Hocke. Als ich seine Zunge zwischen meinen Beinen spürte, während er meine Pobacken auseinanderzog,

stöhnte ich kurz auf. Ich genoss jede seiner Bewegungen, denn er wusste genau, was er da tat und das machte mich unheimlich an. Ich konnte mich kaum noch auf den Beinen halten, sie zitterten vor Lust. Und bevor ich dieses Gefühl weiter in mir aufnehmen konnte, stand er wieder auf und drückte meinen Oberkörper an sich heran.
>>Ich finde es toll, wenn du feucht bist und ich merke, dass es dir gefällt. Dich zu schmecken, macht mich unheimlich verrückt. Das Wochenende war viel zu lang. <<, hauchte er mir erregt ins Ohr.
Ich hätte vor Ekstase laut schreien können. Er drehte mich von der Tür weg und schob meinen Oberkörper langsam nach vorne, nahm seinen harten Schwanz in die Hand und kreiste auf meinen Pobacken hin und her. Bis er anfing, meinen Hintern mit kleinen Klapsen seines Schwanzes zu versohlen. Ich konnte es kaum erwarten, dass er mich von hinten nimmt und guckte ihn flehend von unten herauf an. Er grinste kurz, erfüllte mir aber meinen sehnlichsten Wunsch und drang ganz langsam in mich ein. Jeden einzelnen Teil seiner Erektion konnte ich intensiv in mir spüren. Er konnte sich nicht weiter zügeln und fing an, immer schneller und schneller seinen Körper entgegengesetzt zu bewegen. Seine Hände griffen an meine Taille und mit jedem Stoß wurde er wilder, mit jedem Mal konnte ich merken, wie viel Kraft er entfaltete. Ich hatte das Gefühl, als würde er sich frei

vögeln, als würde er alle Anspannungen in sich loswerden wollen. Ich genoss es sein Stöhnen zu hören, als er kurz davor war, in mir zu kommen und streckte mich etwas nach oben.

>>Spritz mich an Benny. <<, stöhnte ich ihm entgegen und kam in diesem Augenblick selber.

Unsere Körper zitterten und Benny hielt sich an mir fest. Ich legte beide Arme nach hinten um seinen Nacken, um mich auf den Beinen halten zu können. Ich fand es immer toll, wenn wir noch einen Augenblick so verharrten. Er küsste mir den Hals entlang und ich schloss für einen kurzen Moment meine Augen, bevor ich meine Hände löste und mich zu ihm umdrehte. Da stand ich nun, nackt und befriedigt und das einzige was ich noch trug, waren meine hohen Schuhe. Er sah mich von oben bis unten an, als wäre ich eine Frau aus einem Katalog, die er sich gerade aussuchen konnte und umarmte mich mit einem breiten Grinsen. Sein Atem war schwer und schnell, sein Körper war nass und warm. Ich hätte alles dafür getan, diesen Moment für immer beizubehalten, doch er musste wieder los. Er wischte mir mit einem Taschentuch seinen Saft von meinem unteren Rücken, wir zogen uns an, gaben uns einen letzten Kuss und ohne Zigarette danach, stieg er in sein Auto und fuhr los. Ich zündete mir eine Zigarette an und schloss die Tür vorsichtig hinter mir. Und als ich aus der Tiefgarage nach oben auf die Straße kam,

stand er bereits mit dem Auto vor mir, lachte mich an und gab mir noch einen Kuss aus dem Auto heraus.
>>Schlaf nachher schön, hübsche Frau und bleibe ja anständig. Gute Nacht meine Süße.<<, waren seine Worte, als er langsam losfuhr.

***

Ich wusste nicht, was in meinem Kopf vorging. Dieses Fremdgesteuertsein, diese Anziehung und diese Erotik von Benny, machten mich unheimlich scharf. Doch was ging in ihm vor? Manchmal wirkte er nachdenklich, als wäre er mit seinen Gedanken woanders, als würde ihn etwas beschäftigen. Doch ich hatte keine Antwort darauf, so unterschiedlich waren meine Gedanken zu diesem Thema. Dieses Spiel aus Zuneigung und Abstinenz, aus Hingabe und Gleichgültigkeit, aus liebevollen Texten und schmutzigem Sex, brachten mich einfach um den Verstand. Benny hatte mich genau an dem Punkt getroffen, an dem ich Männern am ehesten verfallen bin. Er gab mir ein Rätsel auf und ich wollte seine Gedanken und Gefühle verstehen, wollte ihn einfach richtig kennenlernen. Doch das war gar nicht so einfach. Er ließ es nicht zu, dass ich mehr von ihm erfahre und erzählte kaum etwas von seinem Privatleben. Ich wusste, dass er in einem Nachbarort wohnte, aber er nahm mich nie mit zu sich nach Hause. Wusste, dass er oft mit seinen Kumpels oder Arbeitskollegen unterwegs war, die einige Male auch ihre Frauen mitbrachten, aber fragte mich nie, ob ich mitkommen würde. Wir haben uns immer nur kurz vor der Tür gesehen oder waren ab und zu in der Mittagspause unterwegs, doch am Wochenende hatte er immer etwas zu tun. War entweder mit dem Motorrad unterwegs, hat seine Eltern in Hamburg besucht oder ist spontan mit Freunden in die Berge gefahren. Und wenn es nichts Privates war, dann musste er mal wieder durcharbeiten. Er schaffte es einfach nicht, sich am Wochenende mal freizuschaufeln und Zeit mit mir zu verbringen. Und je mehr Zeit verging, umso größer wurde mein Bedürfnis ihn zu entschlüsseln, endlich das Geheimnis um ihn zu lösen. Am Anfang war es nur ein Flirt und ich machte es mir zur Aufgabe, ihm den Kopf zu verdrehen. Als ich dann gemerkt habe, dass er mich mit seinem Auftreten und seiner Art in den Bann gezogen hat, wollte ich mit ihm schlafen. Doch als ich merkte, dass mein Herz anfing verrückt zu spielen, als immer mehr Zeit verging und er sich nicht wirklich zu uns äußerte, wollte ich plötzlich mehr. Ich wollte mit ihm glücklich werden, wollte nach all den Monaten eine feste Beziehung. Bisher war es nichts Ernstes. Doch zu all den Hormonen, die meinen Körper durchfluteten, wenn ich mit Benny geschlafen habe, kamen jetzt auch noch Gefühle auf. Das Verlangen mit ihm mehr als nur Sex zu haben, wurde so groß, dass ich auf einmal wusste, dass ich mich in ihn verliebt hatte und da nicht mehr so einfach rauskam. Er war genau der Typ Mann, der mich faszinierte und für den ich kämpfen würde. Dennoch musste ich mir klar machen, dass ich mich nicht wie ein kleines Mädchen benehmen konnte, schließlich hatte er bereits acht Jahre mehr Lebenserfahrung und war bereits ein richtiger Mann. Meine Angst, dass er mich wegen des Altersunterschiedes zurückweisen würde, war groß und ich versuchte alles, um ihn das nicht spüren zu lassen. Zu viel Interesse auf einmal, kann auch genau das Gegenteil bewirken. Ich musste mich rar machen, um bei ihm das Gefühl auf mehr zu wecken. Das hatte ich erst vor Kurzem in einem Buch gelesen. Ich interessierte mich ja schon vorher für Ratgeber in Sachen Liebe, Sex und Anziehungskraft. Was passiert zwischen zwei Menschen, wenn die Chemie stimmt und was kann man machen, um den anderen den Kopf zu verdrehen. Ich kaufte mir Ratgeber mit Tipps, wie man Männer um den Finger wickelt oder befasste mich mit Sternzeichen- und Männertypen. Ich bekam heraus, dass er ein Zwilling war und las folgenden Text auf einer Internetseite.

Der Zwilling-Mann ist ein rastloses Wesen, ständig unterwegs, von einem Ort zum nächsten, stets auf der Suche nach etwas Neuem. In die Karten schauen, lässt er sich nicht gerne. Geschickt verbirgt er seine Gefühle hinter einer Fassade. Als Frau weiß man nicht so richtig, woran man bei ihm gerade ist. Der Zwilling-Mann ist ein kommunikativer Typ, der meist in großer Gesellschaft anzutreffen ist. Wo er auftaucht, kommt Stimmung auf, er sprüht nur so vor

Geist und Witz und weiß mit seinen Geschichten und Späßen seine Umgebung zu unterhalten. Mit seiner offenen und charmanten Art gewinnt er die Herzen der Frauen meist im Sturm, dennoch fällt es ihm schwer sich voll und ganz auf eine neue Partnerin einzulassen. Die Frau, die ihn erobern will, muss sich schon etwas ganz besonderes einfallen lassen.
Es passte wie die Faust aufs Auge, genauso war Benny. Ich hätte schwören können, dass er der Mann war, den diese Internetseite als Beispiel genommen hatte, um den Zwilling-Mann beschreiben zu können. Es war nicht wirklich einfacher für mich, das alles zu lesen, doch jetzt wusste ich, warum er so war und sich nicht wirklich äußern konnte. Und auch wenn einige Menschen nicht daran glauben, beeinflussen uns die Sterne doch mehr als wir denken und ich habe versucht, mich auf diese neue Situation so gut es ging einzustellen. Jetzt lag es an mir, was ich daraus machen würde und konnte gucken, ob ich das Gelesene auch mit dieser Geduld umsetzen könnte. Es war auf jeden Fall leichter gesagt als getan. Es fiel mir schwer mich nicht zu melden, mich auf meinen Tag zu konzentrieren und meine Gefühle zu kontrollieren. Die Spannung zwischen uns aufrecht zu erhalten und ihn neugierig auf mehr zu machen. Ich wusste, dass er da war und dass er mich auch heimlich beobachtete, aber trotzdem war es zwischen uns immer irgendwie distanziert. Und auch

wenn wir uns die ganze Zeit zwischendurch trafen, wieder miteinander geschlafen haben und er alle Momente genauso genoss wie ich, wollte dieses Spielchen einfach nicht enden. Es hätte doch alles so einfach sein können, doch irgendwas lag ihm auf der Seele und genau das, wollte ich herausbekommen. Ich wusste zwar, dass es ihm schwer fiel, sich auf etwas Neues einzulassen, doch die Hoffnung, dass alles gut wird, gab ich nicht so schnell auf. Und als Fische-Frau wird man eh mehr von seinen Gefühlen, als von seinem Verstand geleitet und so konnte ich nicht einfach aufgeben.

***

Am Nachmittag ging ich zum See, um meine Freunde zu treffen und um mich etwas abzulenken. Maja und Sandy waren schon da und lagen auf einem Handtuch in der Sonne. Ich war schon lange nicht mehr unten am Strand, war in diesem Jahr noch nicht einmal baden. Endlich war es richtig warm draußen, der Sommer ließ in diesem Jahr ganz schön auf sich warten und so freute ich mich umso mehr, endlich in das kühle Wasser zu springen. Ich breitete meine Decke aus und ließ mich einfach fallen. Es war ein wundervolles Gefühl und die warmen Strahlen auf meinem Rücken erinnerten mich an den letzten Urlaub am Meer. Ich schloss die Augen und sah den Strand vor mir. Die Wellen peitschten ans Ufer und ich hörte von Weitem Kinder spielen. Wie gerne wäre ich jetzt wieder da und alles wäre wie früher. Oft war ich mit meinen Großeltern und meiner Mom in einer Ferienanlage am Mittelmeer. Wir machten zwei, manchmal auch drei Wochen Urlaub und ließen es uns gut gehen. Doch seitdem beide verstorben waren, sind wir nicht einmal in den Urlaub geflogen, zu groß waren die schönen Erinnerungen an diesen Ort. Eine ganze Weile lag ich auf meiner Decke und lauschte dem bunten Treiben in meiner Nähe. Ich erinnerte mich an tolle Zeiten als komplette Familie und zerrte von den schönen Momenten. Doch die

Sonne brannte wie verrückt und mir wurde zu warm, um noch länger auf der Decke liegen zu bleiben. Ich stand auf, sagte Maja und Sandy, dass ich schwimmen gehen würde und ging langsam durch den warmen Sand vor zum Strand. Meine Füße wurden bereits vom Wasser bedeckt und ich ließ meinen Blick über die Köpfe bis hin zum anderen Ufer schweifen. Mit jedem Schritt merkte ich, wie ich mich entspannte und mein Körper abkühlte. Doch auf einmal blieb ich in Gedanken stehen. Etwa zwanzig Meter von mir entfernt, stand ein Pärchen Arm in Arm im Wasser. Sie hatte ihre Beine um seinen Körper geschlungen und mit ihren Armen fasste sie an seine breiten Schultern. Dann fing sie an ihrem Freund etwas zu erklären und wirbelte mit beiden Armen wild in der Luft umher. Ich musste lachen, denn es sah einfach zu herrlich aus, wie sie miteinander kommunizierten. Ich sah, wieviel Spaß die beiden zusammen hatten und merkte, wie glücklich sie waren. Ich habe mich danach gesehnt, auch so unbeschwert den Sommer mit Benny zu genießen und wünschte mir, dass wir es wären, die im Wasser eng umschlungen Spaß hätten. Leider konnte ich ihre Gesichter, von der Sonne geblendet, kaum erkennen, doch ihr Lachen übertönte das ganze Ufer. Und schon waren meine Gedanken wieder bei Benny. Nicht ein Tag konnte einfach mal so vergehen, ohne an ihn denken zu müssen. Nach

ein paar Minuten habe ich es endlich geschafft, dem kühlen Nass zu trotzen, tauchte meinen Oberkörper unter Wasser und schwomm los. Ich musste direkt an dem Pärchen vorbei, denn um uns herum waren überall Kinder mit Luftmatratzen und Wasserbällen. Und als ich die ersten Züge geschafft hatte, ließen sich die beiden Verliebten los und der junge Mann drehte sich zu mir um. Ich hörte sofort auf zu schwimmen und stand auf meinen Zehenspitzen im Wasser. Mein Atem stockte und ich brachte kein Wort heraus. Es war Benny, der mir direkt in die Augen blickte. Er wirkte überrascht, stand aber einfach nur da und sagte kein Wort.
Plötzlich erschrak ich und blickte mich um. Mein Herz raste wie verrückt. Ich lag auf meiner Decke, fühlte noch den harten Boden unter meinem Gesicht und neben mir, waren Maja und Anna gerade damit beschäftigt eine Wassermelone zu inhalieren. Ich realisierte erst einige Sekunden später, dass alles nur ein Traum und ich gar nicht im Wasser war. Mein Herz schlug immer noch sehr schnell und ich konnte mich gar nicht beruhigen. Dieser Blick von Benny war einfach in meinem Kopf eingebrannt und so verblüffend realistisch. Wie er mich angeblickt hatte, aber kein Wort mit mir sprach. Sofort hatte ich ein komisches Gefühl im Bauch und konnte nicht anders, als ihm eine Nachricht zu schreiben.

> Liebe Grüße vom See. Ich hoffe, du hast heute nicht allzu viel Stress auf Arbeit. Ich musste gerade an dich denken. Kuss Line.

Ich musste nicht lange auf eine Antwort warten und bekam prompt einen Text zurück.

> Hey meine Süße. Wird ja auch mal Zeit, dass du dich meldest ☺ Habe schon den ganzen Tag auf eine Nachricht von dir gewartet. Ich wäre jetzt gerne mit dir unten am See. Hoffe aber, dass du auch ohne mich etwas Spaß hast. Hättest du Lust mit mir morgen etwas zu unternehmen? Würde dich gerne wieder entführen. Wenn ja, hole ich dich um 12 Uhr von zu Hause ab. Bring dir bitte Wechselsachen mit. Kuss Benny

Ich war durch seine liebe Nachricht unheimlich beruhigt und alles war einfach nur ein schlechter Traum. Dennoch fühlte es sich so verdammt real an und ich las immer wieder seine SMS. Es verging noch einige Zeit bis dieses miese Gefühl nachließ und die Freude auf das Treffen überwiegte. Und so saß ich auf meiner Decke und atmete noch einmal tief durch. Nahm mir dann ein großes Stück Melone und ging mit den Mädels ins Wasser. Auf diesen Schrecken brauchte ich dringend eine Abkühlung und verdrängte meinen Traum, als Sandy an mir vorbei ins Wasser rannte und sich einfach fallen ließ. Ich stellte mir einfach noch einmal vor, dass wir das Pärchen aus meinem Traum wären und wir endlich zueinander finden würden. Als ich am Nachmittag nach Hause kam, war Benny bereits weg, das Büro war dunkel und die Fenster geschlossen. Zu gerne hätte ich ihn noch einmal sehen, ihn in den Arm nehmen und küssen wollen, doch ich tröstete mich mit seinen morgigen Plänen. Ich machte mir Abendbrot und legte mich auf die Couch. Im Fernsehen kam gerade eine Dokumentation über Auswanderer. So etwas habe ich immer gerne gesehen. Einfach alles stehen und liegen lassen und weg von hier. Ich würde zwar nicht gleich auswandern wollen, aber eine Zeit lang woanders leben und arbeiten, war ein geheimer Traum von mir. Ich würde mir Benny schnappen und mit ihm eine Auszeit nehmen. Wir könnten uns endlich richtig kennenlernen und er müsste sich nicht immer Gedanken machen. Es fühlte sich toll an über eine gemeinsame Zeit nachzudenken und als ob er es gemerkt hätte, dass ich gerade an ihn denken musste, schickte mir Benny eine Nachricht und mein Handy vibrierte neben mir auf der Couch.

> Hey Liebes. Ich sitze gerade bei einer Firmenfeier mit völlig langweiligen Menschen. Alle sprechen über Kunden, Zahlen und Verkauf

und ich nicke hier gleich weg. Was machst du gerade Schönes?

> Ich bin zu Hause und gucke ein bisschen Fernsehen. Wollte aber gleich duschen und dann noch kurz zu Maja. Das hört sich ja wirklich nicht spannend bei dir an. Aber warte kurz, ich werde dich wachhalten.

Ich sprang von der Couch auf, zog mich bis zur Unterwäsche aus und knipste mit der Handykamera ein Foto. Danach zog ich den BH aus, legte mich auf den Badläufer und wiederholte meine Fotoaktion. Schickte ihm beide Fotos und wartete gespannt auf seine Antwort.

> Oh du kleines Miststück ☺ Ich sitze hier neben einen Haufen Anzugtypen und kann nicht mehr aufstehen, weil ich nen Ständer in der Hose habe. Vielen Dank junge Frau. Zu gerne würde ich jetzt mit dir duschen gehen, dich unterm Wasserstrahl anfassen, dich lecken und bumsen.

Von seiner Nachricht angestichelt, habe ich die nächsten Fotos aus der Dusche gemacht. Ich hielt die Kamera über meinen Kopf, sodass meine nassen langen Haare, mein Rücken und meine prallen Pobacken zu sehen waren und drückte auf Abschicken.

> Du bist der Wahnsinn. Zu gerne würde ich jetzt bei dir sein. Du weißt nicht, wie sehr ich mich nach dir sehne. Ich kann nur noch an dich und deinen wundervollen Körper denken. Aber dass du dich auch auf morgen freust und nachher schnell schlafen kannst, schick ich dir auch gerne ein Foto. Und dann muss Schluss sein, sonst spritze ich hier noch ab.

Einige Minuten später bekam ich von Benny ein Foto von seinem Schwanz, heimlich musste er auf die Toilette gegangen sein. Er war groß und stand prall nach oben, Bennys Finger umschlossen seinen Schaft. Zu gerne würde ich jetzt an ihm lecken und ihn bis zum Anschlag in meinen Mund nehmen. Und das konnte ich mir nicht verkneifen und habe genau diese Worte in eine Nachricht verpackt. Danach kam leider keine Antwort mehr, wahrscheinlich brachten ihn diese Worte komplett um den Verstand. Und so stand ich alleine unter der Dusche und fuhr mir durch mein langes Haar. Es wäre wundervoll gewesen, wenn er jetzt Zeit gehabt hätte, denn ich war am Abend wieder alleine zu Hause und hätte genug Zeit für ihn gehabt. Doch so konnte ich mich nur an seinen Worten und unseren Erlebnissen aufheizen, strich mir die Duschcreme über meine Brüste und glitt meinen Körper hoch und runter. Es machte mich verrückt, als ich mir vorstellte, dass er es wäre, der mich berühren würde. Ich konnte nicht anders, als es mir selber zu besorgen, zu erregt war ich durch seine Nachrichten. Es war ein herrliches Gefühl zu kommen und zu wissen, dass er mich morgen wieder richtig bumsen würde. Und so stieg ich mit einem breiten Grinsen auf meinem Gesicht aus der Dusche, trocknete mich ab, zog mir meine Wohlfühlsachen an und ging schnell zu Maja rüber. Als beste Freundin hielt ich sie immer auf dem Laufenden. Natürlich kannte sie fast alle Details und umso mehr freute sie sich mit mir. Ich konnte mit ihr über alles reden, egal wie peinlich es war. Generell unterhielten wir uns gerne über Sex, Fähigkeiten und Spielzeug und vor allem viel ausgiebiger, als Männer darüber sprechen würden. Man glaubt es immer kaum, aber Frauen sind schon ein versautes Völkchen. Wir hatten nie Hemmungen voreinander und konnten uns bei der jeweils anderen immer Rat und Tipps holen. Und je mehr wir an dem Abend über mich und Benny sprachen, umso schneller verging die Zeit und ich freute mich auf den nächsten Tag. Ich war gespannt darauf, was mich erwarten würde und er sich wieder ausgedacht hatte. Denn mit Benny war jeder Tag ein Abenteuer und es wurde nie langweilig.

***

Ich hatte Benny am Tag zuvor zugesagt und wartete auf seinen Anruf. Es war sehr warm draußen und ich konnte mir denken, dass er mich zu einem See entführen wollte. Woanders hätte man es draußen auch nicht länger ausgehalten. Daher zog ich mir gleich kurze Shorts und ein dünnes, aber etwas längeres Oberteil an. Benny seiner Bitte kam ich aber trotzdem nach und packte meinen Bikini und einige Strandkleider in eine kleine Umhängetasche. Auch wenn ich nicht wusste, wofür das alles gut sein sollte. Ich war sehr gespannt und etwas aufgeregt, was er überhaupt vorhatte, denn wie bereits gesagt, wurde es mit diesem Mann nie langweilig und bis auf die Gedanken mit dem Ausflug an den See, kam ich auf keine andere Idee. Mein Telefon klingelte kurz auf und ich sah einen verpassten Anruf von Benny auf dem Display. Ich guckte vorsichtig aus dem Fenster hinunter auf die Straße, doch er war nicht zu sehen. Schnappte mir meine Riemchensandalen und ein Paar Flipflops, ging die Treppe hinunter und öffnete die Haustür. Er wartete bereits auf der Straße. Ganz lässig saß er auf seinem schwarzen Motorrad, den Helm zwischen seinen Beinen abgelegt und blickte zur Kreuzung vor ihm. Ich hätte ihn am liebsten so, wie er jetzt aussah, umgeknutscht. Er war einfach so unheimlich sexy. Das eine Bein hatte er angewinkelt,

sein Blick war verträumt. Wie ein Fotomodel aus einem Frauenmagazin posierte er gerade unbewusst und einfach umwerfend für mich. Ich musste in mich hinein grinsen und guckte ihn fragend an.
>>Ich habe dir einen Helm mitgebracht. Wir werden jetzt erst einmal ein bisschen die Gegend unsicher machen, okay? Komm, steig auf, Süße. <<, sagte er mit seinen großen, dunklen Augen.
Und was konnte ich anderes machen, als ihm auf Anhieb zu gehorchen, obwohl ich das völlig falsche Outfit anhatte. Ich stieg auf, legte meine Arme um seinen Körper und wir fuhren los. Es war einfach toll, sich an ihn zu lehnen und zu wissen, dass die nächsten Stunden nur uns gehören werden. Benny fuhr wieder hinaus aus der Stadt, doch dieses Mal in die andere Richtung. Hier hinten waren nur weite Felder, grüne Wiesen und viel Wasser. Ich genoss jede einzelne Sekunde, mich an seinen Oberkörper zu schmiegen, während der Fahrtwind durch meine Haarspitzen und die kurzen Shorts wehte. Er nahm die eine Hand vom Lenkrad und strich mir übers Bein. Wie nah wir uns waren und wie geborgen ich mich fühlte. Es war das erste Mal, dass er in der Öffentlichkeit so normal zu mir war. Alles war so, wie ich es mir schon lange erträumt hatte. Er nahm sich endlich Zeit, um mit mir etwas zu unternehmen und fuhr an einem sonnigen Tag, zu einem ganz besonderen Platz. Die Ängste, die ich wegen des

Traumes am See hatte, waren verflogen. Er nahm meine Hand, zog sie zu seinem Herzen und gab mir, genau in diesem Moment und völlig unbewusst, das Gefühl, dass all meine Sorgen unberechtigt waren. Genau das habe ich gebraucht. Meine Blicke waren auf die weiten Felder und die bunten Wiesen gerichtet. Wie schön es war, wenn die kleinen Dinge im Leben, einen persönlich so glücklich machen konnten. Und als wir eine halbe Stunde unterwegs waren, bog Benny in einen kleinen Feldweg ein und stellte vorsichtig das Motorrad ab. Ich blickte vom Rücksitz aus fragend um uns herum. Hier war nichts weiter als ein weites Feld, ein paar Bäume und ganz viel Sonne. Ich stieg ab, zog den Helm von meinem Kopf und nahm meine Tasche in die Hand. Etwas verdutzt war ich im ersten Augenblick schon, denn so richtig wusste ich nicht, was wir hier verloren hätten. Doch Benny wollte wirklich hier bleiben, zog aus seiner Motorradtasche etwas zu trinken und eine kleine Decke und breitete diese, ein paar Meter vom Motorrad entfernt, auf dem Feldboden aus.

\>\>Ein Picknick? <<, fragte ich und ließ die Tasche auf den Boden fallen.

\>\>Oh nein, einfach nur eine kleine Pause zwischendurch. Ich wollte mit dir an den See. Tut mir leid, dass ich dich nicht mit einem Picknick überrascht habe. Ist es schlimm, dass wir hier nur kurz gehalten haben? <<, antwortete er irritiert und

strich seine Hand über die Decke, um sie glatt zu machen.
>>Nein, alles gut. Hier ist es sehr schön. <<, erwiderte ich und setzte mich zu ihm.
Um uns herum war nichts weiter als ein großes Roggenfeld und viel Sonne. Eigentlich war es perfekt, um einfach mal abzuschalten. Ich nahm einen großen Schluck aus der Wasserflasche, zog meine Zigarettenschachtel aus der Tasche und ließ mich nach hinten fallen. Es war herrlich hier und obwohl ich mich über ein Überraschungspicknick gefreut hätte, war es einfach schön mit Benny Zeit zu verbringen. Es war mir egal, wo wir waren - Hauptsache er war bei mir. Wir rollten uns beide auf die Seite und stützten uns auf unsere Ellenbogen ab. Dann nahm Benny meine Hand und fing an über die letzten Tage zu sprechen, erzählte mir von seiner Arbeit und vom letzten Abend. Er gestand mir, sich auf meine Bilder in der Toilette einen runtergeholt zu haben. Daraufhin lachte ich laut los und fühlte mich geschmeichelt.
>>Ich war also deine Wichsvorlage? Das fühlt sich ungewohnt, aber dennoch sehr gut an. <<, grinste ich ihn an.
>>Ich hätte nicht noch einmal raus gehen können, jeder hätte die Beule in meiner Hose gesehen. <<, fügte er noch hinzu und gab mir einen Kuss.

>>Ich muss dir leider auch gestehen, dass ich mich bei deinen anzüglichen Nachrichten nicht zurückhalten konnte und es mir unter der Dusche besorgen musste. <<, grinste ich und ließ meine Finger über seine Hose wandern.

Da der Augenblick einfach passte und wir uns gegenseitig Sachen gestanden haben, fing ich an Benny von meinem Traum am See zu erzählen.

>>Ich habe gestern von dir geträumt, Benny. Ich war am See und wollte baden gehen, als ich ein Pärchen vor mir im Wasser sah. Sie haben gelacht und rumgealbert, sahen unheimlich glücklich aus. Die Frau habe ich durch die Sonne nicht erkannt, aber der Mann drehte sich irgendwann zu mir um. Und das warst du, der plötzlich vor mir stand und kein Wort rausbrachte. Du hast mich gesehen, aber nichts gesagt. Du hast einfach so dagestanden und warst wie gelähmt. Ich erschrak und wurde wach. Erst dann bemerkte ich, dass alles nur ein schlechter Traum war. <<

Benny fing an zu lachen und drückte mich fest an sich.

>>Was träumst du denn da, Süße? Du musst überhaupt keine Angst haben. Ich will nur dich. Nur du allein gibst mir ein tolles Gefühl, nur bei dir fühle ich mich endlich verstanden. <<

Es war wundervoll und beruhigend zugleich, genau diese Worte von ihm zu hören.

>>Du kannst mir immer alles sagen Benny, hörst du? Auch wenn dich etwas bedrückt oder du dich unwohl fühlen solltest. Ich möchte einfach, dass du mir immer die Wahrheit sagst, okay? <<
Er presste nur die Lippen aufeinander, zwinkerte mit den Augen und brachte ein kleines Schmunzeln hervor. Ich gab ihm einen Kuss auf die Stirn, ging zur Straße und drückte meine Zigarette aus. Danach ging ich zurück zur Decke und ließ mich auf ihn fallen. Mein Körper lag auf seinem, seine Hände umfassten meinen Po und wir guckten uns tief in die Augen.
>>Danke, dass du dir heute Zeit genommen hast. Ich freue mich, dass wir zusammen hier sind. <<, sprach ich und fing ihn an zu küssen.
Er rollte mich auf die Seite und hielt mich fest. Seine Zunge liebkoste meine Lippen, seine Küssen wanderten zu meinem Nacken und ich fühlte mich bei Benny so unheimlich begehrt. Er legte seinen Kopf neben meinem, nahm meine Hand und wir sahen zusammen in den strahlend blauen Himmel.
>>Weißt du Line, wenn ich mit dir zusammen bin, vergesse ich alles um mich herum. Ich bin so glücklich, dass ich dich kennengelernt habe und will dich nicht wieder hergeben. Ich kann dir nicht erklären, was ich genau fühle oder wie es mit uns beiden weitergeht, aber ich merke, dass du mir gut tust und ich ständig an dich denken muss. <<

Das war das Schönste, was er jemals zu mir gesagt hat, mein Herz sprang vor Freude auf und ab.

>>Weißt du Benny, ich hätte am Anfang nie gedacht, dass ich unsere Zeit irgendwann so sehr genießen würde, wie es gerade der Fall ist. Aber egal, was ich mache oder versuche, du machst mich einfach verrückt. Ich freue mich wirklich, dass es dir genauso geht und du gerne Zeit mit mir verbringst. Und ich kann dir nur sagen, dass du mich zurzeit unheimlich glücklich machst und ich einfach alles mit dir auf mich zukommen lasse. <<, antwortete ich ihm und drehte meinen Kopf auf die Seite.

Zu gerne wäre ich jetzt in seinen Kopf gesprungen und hätte seine Gedanken lesen wollen. Er guckte mich einen kurzen Augenblick an, setzte sich hin und nahm die Wasserflasche in die Hand. Und genau diese Momente habe ich bereits in den letzten Wochen verflucht. Er war kurz davor, mir irgendetwas zu erzählen, seine Gefühle endlich einmal richtig rauszulassen und hat dann doch wieder geschwiegen. Dennoch wusste ich durch seinen letzten Satz, dass ich ihm nicht egal war und er die Zeit mit mir genoss. Ich setzte mich zu ihm und nahm ihm die Wasserflasche aus der Hand. Plötzlich sprang Benny auf und ging zum Motorrad. Ich beobachtete ihn vom Boden aus, während ich einen Schluck aus der Flasche nahm. Vorsichtig holte er eine Kamera aus der Seitentasche und kam zurück zur Decke .

>>Darf ich dich fotografieren? <<, fragte er mich von der Seite und ich spuckte das ganze Wasser in einem hohen Bogen vor die Decke.

Mein Blick sprach wohl Bände, worauf er mir entgegnete, dass ihm die Fotos von gestern sehr gefielen, er aber noch mehr wollte. Das Feld und die Sonne waren perfekte Bedingungen für ein kleines Fotoshooting und jetzt wusste ich auch, wofür ich die Wechselsachen mitnehmen sollte. Er wollte mich und diese Situation festhalten und ein Andenken von mir haben, welches er immer bei sich tragen und es angucken könnte, wenn ich mal nicht da wäre. Wie ein kleines Fotoalbum mit all den vielen Erinnerungen an unsere Ausflüge. Anfangs war ich nicht sonderlich davon angetan. Alleine ein paar Fotos zu machen, fühlte sich anders an, als sie von einem Mann schießen zu lassen. Vor allem weil ich bei meinen eigenen Fotos immer darauf geachtet habe, dass mein Gesicht nicht zu erkennen war. Und auch wenn ich Benny vertraut habe, konnte ich mich anfangs nicht so ganz unbefangen fallen lassen. Doch nachdem er ein paar Schnappschüsse von mir machte und wir gemeinsam die Fotos anguckten, gefiel es mir sein Fotomodel zu sein. Am Anfang trug ich noch meine Shorts und das leichte Oberteil, ich setzte mich in Pose und konnte selbst über die

Situation bestimmen. Es war schon etwas ungewohnt, denn ich hatte noch nie Fotos von mir machen lassen. Vor allem aber war es komisch, mich zu konzentrieren und nicht zu lachen, wenn ich zu meinem persönlichen Fotografen gucken musste. Die erste halbe Stunde hatten wir viel gelacht, für uns beide war es absolutes Neuland, doch mit fallender Hemmung vor der Kamera, wuchs auch bei mir die Neugier auf mehr. Ich erinnerte mich an den Text auf der Internetseite. Als Frau muss man sich etwas Besonderes einfallen lassen, um den Zwilling-Mann zu begeistern und genau dieser Ort war meine große Chance. Ich wurde also immer offenherziger und zog zuerst das Oberteil und dann die Shorts aus. Benny hatte Gelegenheit ein paar Fotos in Unterwäsche zu machen, ich legte mich in das Feld und die Sonne zauberte eine natürliche Bräune auf meine Haut. Drehte mich auf den Bauch und guckte in die Kamera, winkelte die Beine an und drehte mit meinen Fingern ein paar Locken in das Haar. Öffnete den Verschluss meines BH's und schmiss ihn zur Seite weg. Er grinste an der Linse vorbei und schoss ein Foto nach dem anderen. Seine Blicke auf meinem Körper und das Klicken des Apparates, genoss ich immer mehr. Ich kniete mich hin und schob meinen Po nach hinten weg. Meine Freizügigkeit machte ihn wild, das sah ich ihm bereits von Weitem an. Er kam zu mir und zog mir meinen Slip über den Po nach hinten weg und ohne, dass ich mich unwohl fühlte, so nackt, im Tageslicht, vor ihm zu liegen, schoss er in Ruhe ein Foto. Als wir uns ein paar Tage später alle Aufnahmen anguckten, befanden wir beide genau dieses Foto, als das Schönste von allen. Die Gräser verdeckten einen Teil meines Körpers, eine Haarsträhne fiel mir ins Gesicht und dennoch sah man genug, um seine Fantasie anzuregen. Es wurde seit dem Tag sein Lieblingsfoto von mir. Er legte die Kamera zur Seite und kam zu mir zurück ins Feld. Er blickte auf meinen nackten Körper, knickte sich einen Grashalm ab und fing an mir diesen über meinen Rücken zu streichen. Danach folgten meine Arme und dann mein Gesicht. Ich genoss diese kribbelnden Berührungen und drehte mich um. Denn ich wollte, dass er an meinen Brüsten weitermacht. Seine Augen blitzten und ich freute mich, dass ich ihm eine Freude machen konnte. Und gerade als er mit dem Grashalm meinen Venushügel berühren wollte, hörte ich sein Telefon in der Tasche am Motorrad klingeln. Mit einem Seufzen stand er auf und ging ran. Dann ging er ein paar Schritte von mir weg und lehnte sich an einen Baum. Ich hörte nur, wie er sagte, dass er unterwegs sei, aber gleich kommen würde. Es folgte ein genervtes >>Tschüss<< und ein völlig regungsloser Moment. Er wirkte traurig, als er zurück ins Feld kam.

>>Tut mir leid Line, ich muss jetzt los. Mein Chef hat mich aus Berlin angerufen, wir haben heute noch ein Treffen mit wichtigen Kunden. Ich würde sehr gerne mit dir noch hier bleiben, aber dieser Auftrag ist wirklich wichtig. Bitte sei nicht böse. <<, sagte er zu mir, während er völlig überstürzt seine Sachen zusammenpackte.

Überrascht und enttäuscht über diese Entwicklung, zog ich mir meine Sachen wieder an und nahm meine Tasche vom Boden auf. Er umarmte mich und küsste mich innig, aber so richtig erwidern, konnte ich diesen Kuss nicht. Ich habe mir mehr von diesem Ausflug erhofft und das ließ ich ihn auch spüren. Auf der Rückfahrt guckte er ein paar Mal in den Rückspiegel zu mir, doch meine Laune war im Keller und das änderte sich auch durch seinen Hundeblick nicht. Vor meiner Haustür nahm er noch einmal seinen Helm ab und entschuldigte sich bei mir.

>>Ja, ja, kein Problem, dafür kannst du ja nichts. <<, antworte ich ihm und schmollte ihn mit großen Augen an.

Doch es half alles nichts. Er war jetzt schon unter Zeitdruck und musste los. Und mir blieb erneut nur die Hoffnung, ihn bald wiederzusehen und einige Zeit für mich zu haben.

\*\*\*

Erst sehr spät am Abend hat er sich bei mir gemeldet. Ich lag schon einige Zeit auf der Couch und bin kurz vorher weggenickt. Er schrieb, dass er jetzt erst zu Hause wäre und dass er sich in den Raucherpausen, die Zeit mit den Fotos versüßte. Er fand es wirklich schade, dass wir so plötzlich aufbrechen mussten und legte mir aber noch einmal ans Herz, dass das Treffen mit diesen Kunden sehr wichtig für seine Arbeit war. Er schlug mir vor unser Date gleich am nächsten Tag zu wiederholen, um es wieder gut zu machen und ich dachte, dass ich nicht richtig lesen würde. So schnell hätte ich nicht mit einem weiteren Treffen gerechnet, sprang von der Couch auf und tanzte freudestrahlend durch die Wohnung. Ich sollte aber dieses Mal zum Motorradfahren etwas Passenderes anziehen und mich auf eine längere Fahrt einstellen. Dieses Mal würde ich ihn nicht so einfach gehen lassen, versprach ich mir selber, wünschte ihm eine gute Nacht und ging nach dem Zähneputzen in mein Bett. Ich konnte es kaum erwarten, wieder in seinen Armen zu liegen und freute mich auf den nächsten Tag. Doch richtig entspannen, konnte ich in der Nacht nicht. Andauernd bin ich aufgewacht und blickte auf die Uhr. Und als ich mich dann dazu zwang, wieder die Augen zu schließen, sah ich Benny und sein wunderschönes Gesicht. Und immer, wenn ich an ihn und unsere Treffen dachte, schlug mein Herz schneller. Dieses schöne Gefühl wollte einfach nicht vergehen und begleitete mich durch die ganze Nacht. Kurz nach 8 Uhr war ich wieder hellwach und ging in die Küche, um mir Frühstück zu machen. Meine Mom war noch im Bad, stand ein paar Minuten später mit einem Handtuch auf dem Kopf vor mir und stammelte mir entgegen:

>>Du bist ja schon wach Süße? Wie kommt denn das? <<

Ich reichte ihr einen Kaffee und erzählte ihr von unserem geplanten Ausflug. Sie wusste von Benny, hatte ihn bereits ein paar Mal auf der Straße gesehen und nichts dagegen. Er machte auf sie einen guten Eindruck, war sehr gepflegt und zuvorkommend. Wir tranken einen Kaffee in der Küche und gingen gemeinsam eine Runde mit dem Hund.

>>Bist du glücklich Maus? <<, fragte mich meine Mom, während der Hund bellend zur Straße rannte.

>>Ja, das bin ich wirklich, Mom. Benny macht mich unheimlich glücklich und vor allem ist er lieb und aufmerksam. <<, erwiderte ich ihre Frage und hakte mich bei ihr ein.

Sie war froh, dass es mir gut ging und wünschte mir viel Spaß. Meine Mom ist auch heute noch eine meiner besten Freundinnen und ich kann über alles mit ihr reden. Sie versteht mich, auch wenn ich nichts sage und gibt mir wertvolle Ratschläge. Dafür war ich ihr auch damals wirklich dankbar. Benny stand gegen Mittag überpünktlich vor meiner Tür und ich ließ ihn etwas warten, um sein schlechtes Gewissen mir gegenüber, noch ein bisschen zu verschlimmern. Ich packte noch die restlichen Sachen in meine Tasche, ging noch einmal ins Bad und dann langsam nach unten. Als ich die Tür öffnete, strahlte er übers ganze Gesicht.

>>Es tut mir sehr leid wegen gestern, das war wirklich nicht so geplant. Aber dafür möchte ich dich heute länger entführen.<<, sagte er reumütig, gab mir einen Kuss und schob den Helm über mein Gesicht.

Wir fuhren wieder raus, hin zu den Feldern, zurück in die freie Natur. Es fühlte sich einfach gut an, Benny seine Wärme zu spüren und mit ihm die Zeit zu verbringen. Nach einer Stunde Fahrt kamen wir an einer alten Werft an. Es war sehr ruhig hier, man konnte sich alles genau anschauen und am Wasser spazieren gehen. Dieser Ausflug überraschte mich wirklich und gab dem, was zwischen uns lief, noch einmal eine ganz andere Richtung. Es war eine ganz andere Erfahrung, die ich plötzlich mit ihm machte. Ich entdeckte an und mit ihm ganz neue Sachen, die nicht nur auf der rein sexuellen Ebene beruhten. Wir gingen am Wasser entlang und Benny nahm meine Hand. Zwischendurch nahm er mich in den Arm und küsste mich innig. Es passte einfach alles zwischen uns und die Atmosphäre untermalte dieses tolle Treffen. Er hatte sich bei Auswahl dieses Ortes wirklich viel Mühe gegeben und wusste, dass es mir gefiel. Ich entdeckte beim Spazieren ein kleines Café am anderen Ende des Deiches. Ich freute mich schon auf eine kleine Pause und auf einen heißen Kaffee, als mir Benny ins Wort fiel.

>>Ich habe eine kleine Überraschung für dich. Und ich freue mich schon den ganzen Tag darauf, dir diese endlich zu zeigen. <<

Er war ganz aufgeregt und nahm meine Hand. Bei einer kleinen Wiese vor dem Café bog er ab. Den Platz, den er auf einmal fixierte, war etwas abgelegen. Von Weitem konnte ich eine große Decke, etwas zu trinken und zu essen erkennen. Mein Herz klopfte, meine Freude wuchs mit jedem Schritt, den wir näherkamen. Wehe, es holt mich jetzt einer aus meinen Träumen. War das wirklich die Realität? Ich konnte es nicht fassen. Da hat Benny ganz still und heimlich ein Picknick organisiert und im Laufen drehte er sich zu mir um.

>>Gefällt es dir Line? Kannst du mir wegen gestern noch einmal verzeihen? <<, fragte er mit freudiger Stimme und blieb einen Moment lang stehen.

Und ob es mir gefiel, es hat noch nie ein Mann vorher, etwas so Schönes für mich getan. Ich wusste gar nicht, wo ich zuerst hingucken sollte. Er hatte einfach an alles gedacht. Es lagen Weintrauben und Kirschen in einer kleinen Schale auf der Decke. Ganz ordentlich wurde das Besteck und zwei Teller hindrapiert und die Flasche Sekt in einen silbernen Kühler gestellt. Daneben stand ein großer Korb voll mit Brot, Käse und vieler Leckereien. Ich konnte mich nicht gleich hinsetzen, ging zu Benny, der gerade noch die letzten Sachen aus dem großen Korb holte und zog ihn an der Hand hoch zu mir.

>>Vielen Dank für diese tolle Überraschung. Ich bin wirklich gerührt und verbringe unheimlich gerne Zeit mit dir. Ich hätte dir auch so verziehen, aber das macht die Sache natürlich viel leichter. <<

Ich stand da und blickte zu ihm hoch. Benny war einen ganzen Kopf größer als ich und ich kam mir wie ein kleines Mädchen vor. Mit meinen großen Augen blickte ich ihn an und strahlte über das ganze Gesicht.

>>Line, ich bin wirklich froh, dass wir uns getroffen haben. Dass du endlich an meiner Seite bist und ich mit dir Zeit verbringen darf. Ich will dir das mit dem Picknick heute einmal richtig zeigen und dir danken, dass du so eine wundervolle und vor allem geduldige Frau bist. Du hast es oft nicht leicht mit mir. <<, sprach er ganz ruhig und überzeugend.

Ich konnte ihm darauf nichts antworten. Zu sehr war ich von seinen Worten berührt und musste ihn einfach küssen. Wir setzten uns auf die Decke und fingen an zu essen. Wie ich es liebte, wenn er mir tief in die Augen sah und ich, nur allein durch seinen Blick und sein bezauberndes Lächeln, meinen kompletten Verstand verlor. Er war einfach unbeschreiblich. Wir lachten sehr viel, schenkten uns den Sekt ein und fütterten uns mit Weintrauben. Wir genossen die Zweisamkeit, philosophierten über das Hier und Jetzt. Irgendwann lag ich in seinem Arm, wir guckten, wie bereits den Tag zuvor, in den strahlend blauen Himmel und ließen uns die Sonne ins Gesicht scheinen. Dieser Moment hätte nie enden brauchen, denn ich entschied mich in diesem Moment voll und ganz für Benny. Und mit jeder Sekunde, die verging, spürte ich das Verliebtsein immer mehr. Er streichelte mir über meinen Arm, die Schulter entlang und seine Fingerspitzen verschafften mir eine wohlige Gänsehaut. Doch plötzlich sprang er auf, nahm meine Hand und zog mich zu sich hoch. Direkt hinter dem Stückchen Wiese und einigen Bäumen gab es einen kleinen See, der zum Schwimmen einlud. Und um das Treffen noch einmal zu toppen, guckte mich Benny fragend an und rannte auf einmal los. Auf dem Weg zum Wasser, zog er all seine Sachen aus, drehte sich zu mir um und lachte verschmitzt.

\>\>Hier wollte ich gestern schon mit dir hin. Dieser See war mein eigentlicher Plan. Komm Süße, beeil dich. Ich will nicht alleine baden gehen. \<\<

Ich ließ meine Sachen auf den warmen Sand fallen und ging mit kleinen Schritten Richtung Ufer. Wir hatten beide keine Angst davor, dass uns irgendjemand sehen könnte und waren völlig nackt. Das Wasser war herrlich und ohne große Mühe, stand Benny bereits bis zu den Schultern im kalten Wasser. Ich versuchte gerade noch meine Bauchregion zu überwinden, als er aufsprang und mich mit einem Ruck ins Wasser zog. Er nahm mich hoch, legte meine Beine um seinen Körper und küsste mich. Es war herrlich, ihm so nah zu sein. Bereits jetzt konnte ich seine Erektion an meinem Po merken und es schmeichelte mir, dass er sofort scharf auf mich war. Und je mehr wir uns küssten, so innig und leidenschaftlich, umso härter wurde sein Schwanz. Seine Hände wanderten meinen Körper entlang, seine Küsse suchten sich den Weg von meinen Hals hinab zu meinen Brüsten. Seine Fingerspitzen schoben sich langsam über meinen Rücken bis hin zum Po. Mit der einen Hand hielt er mich fest, so dass ich entspannen konnte und mit der anderen, glitt er mein Bein entlang. Das Gefühl, welches sich durch meinen Körper zog, als er an der Oberschenkelinnenseite ankam, brachte ein leises Stöhnen hervor. Im Wasser nahm ich jede kleine Bewegung, jede einzelne Berührung, noch viel intensiver wahr. Er genoss es, mich leiden zu sehen, mich heiß auf ihn zu machen und immer wieder zu küssen. Und ganz unverhofft, erinnerte ich mich an meinen Traum. Genauso glücklich, wie das Pärchen im Wasser, waren wir in diesem Moment. Meine Beine lösten sich von seinem Körper, er nahm mich mit beiden Armen hoch und brachte mich vorsichtig zum Ufer. Mit dem Körper im warmen und nassen Sand, lag ich vor Benny und war ihm willenlos ausgeliefert. Ich sah, wie er mit seinen Augen meinen nackten Körper von oben bis unten erkundete. Er kniete sich ins Wasser, welches direkt unter meinen Pobacken endete. Er legte die Hände zärtlich auf meine Brüste, zog behutsam Kreise drum herum bis runter zu meinem Bauch. Das kurze Zucken, wenn er diese eine Stelle berührte, die sich zwischen Bauchnabel und Lende befand, machte mich wahnsinnig vor Lust. Er schaffte es, dass ich nie die Neugier auf ihn verlor, schaffte es mich vollends geil zu machen, bevor wir überhaupt miteinander schliefen. Mit einem Lächeln, ließ er seine Finger vorsichtig über meine Oberschenkel gleiten, er winkelte meine Beine an, griff dann plötzlich zu und schob sie auseinander. Dieses Spiel aus Zärtlichkeit und Grobheit, machte mich unheimlich an. Ich fühlte mich bei ihm gut aufgehoben. Bei keinem anderen Mann konnte ich mich bisher so hingeben, wie bei ihm. Er genoss den Blick, als das Wasser immer wieder leicht gegen meine Pobacken schwappte. Er stützte sich mit dem einen Arm auf, zwei Finger dieser Hand fassten vorsichtig an meine Lippen, sein Handballen lag auf meinem Venushügel. Er machte mir dadurch unmissverständlich klar, dass er kein Anfänger war und ganz genau wusste, was mir gefallen wird. Vor allem zeigte er mir aber das erste Mal so richtig, dass er nicht nur auf den schnellen Sex aus war, sondern mich glücklich machen wollte und sich Zeit nahm. Der Gedanke daran, dass er mich auch noch gleich mit der anderen Hand zärtlich berühren würde, löste erneut ein leises Luftschnappen bei mir aus. Er küsste meine Taille und blickte nach oben. Sein Blick sagte alles, denn er wusste, wie sehr er mich quälte. Er ließ erneut ein paar Sekunden vergehen bis ich seine Finger an den Außenseiten meiner Lippen spürte. Er strich vorsichtig links entlang, dann rechts entlang. Und als ich ihm mit meinem Atem symbolisierte, dass ich ihn jetzt sofort in mich spüren wollte, fing er an seine Zunge über meinen Kitzler rollen zu lassen. Durch die eine Hand, die ihm freie Sicht auf diesen ganzen Bereich gab, konnte er sich mit seiner Zunge völlig austoben. Auf einmal merkte ich, dass er auch die andere Hand mit ins Spiel brachte. Er ließ mich spüren, dass diese direkt auf ihren Einsatz wartete, es aber ihm überlassen war, wann und wie und ich nichts dagegen tun könnte. Zu sehr genoss er meine Hilflosigkeit. Doch auch er war irgendwann einfach zu geil, um noch länger abzuwarten. Er fing an mich mit

Zunge und Fingern zu verwöhnen. Wie bereits erwähnt, wusste er genau, was er mit mir machte und wurde mit seinen Bewegungen immer schneller. Ich merkte, wie mein Unterkörper anfing, dieses einzigartige Gefühl zu verspüren, das Kribbeln und Zusammenziehen im ganzen Körper, ich war kurz davor zu kommen.

>>Ohja, ja, bitte hör nicht auf. <<, konnte ich noch stöhnend sagen, bevor ich mich kurze Zeit später mit beiden Händen im Sand festkrallte.

Ich nahm seine Küsse nur verschleiert wahr, hatte immer noch das wunderbare Gefühl im Körper und konnte mich die ersten Sekunden auf nichts anderes konzentrieren. Es war fantastisch einen Orgasmus zu haben, vor allem aber, wenn er durch Benny seine Zunge verursacht wurde. Er fiel neben mir in den Sand und blickte in den Himmel. Ich rollte mich zu ihm hinüber und küsste seine Brust. Er sah so männlich aus, seine Tattoos strahlten in der Sonne, seine Haut war weich und nass. Ich strich ihm den Sand vom Bauch und näherte mich seinem Schoss. Er spürte, wie nah ich mit meinem Mund seiner prallen Eichel kam und stand langsam auf, um ihn genauso zappeln zu lassen. Ich stellte den einen Fuß links und den anderen Fuß rechts neben seinem Po auf. Er sah mich von unten hinauf an und ich fing an, mit meinem Becken in der Luft hin und her zu kreisen. Ich ging in die Knie, bis ich kurz vor seinem Schwanz

war, stoppte und bewegte mich wieder nach oben. Er atmete tief ein und aus und sein Blick sprach Bände. Ich griff hinab und konnte selbst kontrollieren, wann und wie ich es ihm besorgen würde. Seine Schwanzspitze führte ich direkt vor meine Spalte und Benny guckte mich an, als würde er gleich platzen. Mit einem Zug schob ich seinen harten Schwanz in mich hinein. Er war so erregt, dass er mit einem Ruck und lautem Stöhnen seinen Oberkörper aufrichten musste und wir mit Armen und Beinen ineinander verschmolzen. Ich genoss seine Größe tief in mir, ließ leicht mein Becken kreisen und brachte ihn so um den Verstand. Ich kontrollierte das Tempo, bewegte mich auf und ab. Manchmal spielte ich nur etwas an der Eichel, dann wieder den ganzen Schaft rauf und runter. Der Blick in seine Augen, in sein lustverzerrtes Gesicht, war für mich unbezahlbar und machte mich etwas stolz. Genau das, wollte ich erreichen - er fühlte sich wohl. Es war in diesem Augenblick ein unbeschreiblich schönes Gefühl. Wir waren endlich vollkommen eins miteinander. Seine Hände griffen immer wieder nach meinem Körper, sein Atem spürte ich auf meinem Hals und meinen Brüsten. Wir küssten uns und waren fest miteinander verbunden.
>>Fick mich. <<, stöhnte Benny auf und diese Bitte erfüllte ich ihm nur zu gerne.
Immer schneller ließ ich meinen Körper auf und ab wandern. Wir windeten uns in unserer immer stärker

werdenden Lust und ich merkte, dass ich erneut bereit war zu kommen. Ich spürte seinen Schwanz tief in mir und erneut hatte ich dieses wohlige Gefühl im Unterleib. Alles zog sich in mir zusammen, jede einzelne meiner Körperpartien war betroffen. Benny atmete tief ein und aus und stöhnte schneller. Auch er hatte etwas davon, dass ich gerade einen Orgasmus bekam. Alles war noch enger, noch wärmer, noch feuchter und in mehreren Schüben ergoss er sich pulsierend in mir. Mehr hätte er mir an diesem Tag nicht bieten können. Er hat mir all das gegeben, was mich glücklich machen konnte. Mit meinen Fingern strich ich ihm durch sein zerzaustes Haar und küsste seine Stirn. Benny atmete noch tief und blickte mich befriedigt an, als ich mich neben ihn in den warmen Sand legte. Wir verharrten noch ein wenig Arm in Arm am Ufer, er drückte mich zärtlich an sich heran und gab mir einen Kuss auf die Stirn. Wie gut es uns beiden ging. Niemals habe ich daran gedacht, dass sich zwischen uns etwas ändern könnte. Es war einfach Schicksal, dass wir uns trafen und so gut miteinander klarkamen. Und seit diesem Tag, wussten wir das beide. Langsam gingen wir zurück zu unserer Decke und verbrachten den Nachmittag nackt auf der Wiese. Zwischendurch hörten wir ein paar Menschen, die im See nach Abkühlung suchten, doch unser Platz war so abgelegen, dass uns niemand fand. Als es langsam kühler wurde, packten wir unsere Sachen zusammen und gingen zum Motorrad. Eine ganze Stunde Fahrt lag noch vor uns. Eine Stunde, die wieder viel zu schnell vorbeiging. Er setzte mich zu Hause vor meiner Haustür ab und verabschiedete sich, während er meine Taille umfasste.

\>\>Dieser Tag war unbeschreiblich. Du bist unbeschreiblich, Line. Ich genieße jeden Moment mit dir. Du gibst mir das Gefühl, endlich so sein zu können, wie ich bin. Ich muss mich bei dir nicht verstellen. Danke noch einmal Line, dass du mitgekommen bist und diesen Tag zu etwas ganz Besonderem gemacht hast. \<\<

Dann fuhr er los, mit einem traurigen Gesichtsausdruck unter seinem Helm. Mir gegenüber versuchte er diesen zu verheimlichen und den Coolen zu spielen, doch ich sah es an seinen Augen, dass er nur ungern wieder losfuhr und mich zurücklassen musste. Ich ging nach oben, stand unter der Dusche, um mir den restlichen Sand vom Körper zu spülen und machte mir Gedanken. Ich habe heute gemerkt, wie ernst ihm das alles war. Habe gemerkt, wie sehr er die Zweisamkeit genoss und vor allem, was er alles tut, um mir das zu beweisen. Und dennoch hatte er Tränen in den Augen, als er sich verabschiedete. Hatte er etwa ein Problem mit dem Alter? Immerhin trennten uns acht Jahre voneinander. Vielleicht hatte er Angst davor, seiner Familie oder seinen Freunden etwas über uns zu erzählen. Heutzutage werden Pärchen wie wir immer noch belächelt. Es ist nicht normal, dass ein Mann mit vierundzwanzig Jahren, seine jüngere Freundin zum Freundeabend mitbringt. Ich war mittlerweile siebzehn, doch jünger als seine Freunde und dessen Freundinnen. In ihren Augen war ich wahrscheinlich noch ein kleines Kind und wir würden nicht zusammenpassen, obwohl ich schon viel weiter war, als alle anderen in meinem Alter. Doch die Chance das zu beweisen, bekam ich erst gar nicht angeboten. Viele Gedanken und Fragezeichen schossen mir durch den Kopf. Doch als ich noch einmal den Tag Revue passieren ließ, gab es nur ihn und mich und unsere Zuneigung zueinander. Dieser Ausflug hatte alles zwischen uns noch mehr intensiviert. Ich konnte jetzt nicht wirklich mehr sagen, dass es nur eine Schwärmerei war. Ich konnte wirklich nicht mehr sagen, dass es einfach nur Sex war. Ich habe gemerkt, dass ich echte Gefühle für ihn hatte und ich richtig in Benny verliebt war. Noch mehr, als die Tage zuvor.

\*\*\*

In den darauffolgenden Tagen bemerkte schließlich auch meine Mom, dass irgendetwas anders war. Ständig war ich in Gedanken bei Benny, war ab und zu mit ihm unterwegs und strahlte über beide Wangen, als ich wieder nach Hause kam. Mittlerweile kannten sich die beiden auch noch etwas besser. Er grüßte sie lieb, wenn er sie sah oder redete mit ihr, wenn sie mit unserem Hund unten war. Ich fand es ein gutes Zeichen, dass er sich nicht vor ihr versteckte. Und sie fragte andauernd, was nun zwischen uns lief. Und auch, wenn ich sonst mit ihr über alles reden konnte, war es bei Benny etwas anderes. Ich konnte ihr nichts sagen, konnte ihr nicht erklären, wie bisher unsere Treffen abgelaufen sind oder was wir uns geschrieben haben. Vor allem konnte ich ihr aber nicht sagen, wie es mit uns weitergehen würde. Ich kannte seine Gefühle nicht, wurde aus diesem Mann einfach nicht schlau. Mit ihm war jeder Tag anders und unser beider Gefühlsleben, war wie eine kleine Achterbahn. Mal ging es rauf, dann mal wieder runter, doch ohne Adrenalin und Kick, konnten wir beide nicht mehr. Und so war ich unwissend und konnte meiner Mom die Situation nicht ansatzweise erklären. Ich war an diesem Tag zu Hause. Wir hatten Schulfrei und ich lag am Morgen auf der Couch in der Wohnstube.

Irgendwie war es einfach nicht mein Tag. Ich wollte auch gar nicht raus und mich mit meinen Mädels treffen. Meine Mom bot mir an, vom Bäcker aus dem Supermarkt, Brötchen mitzubringen und für uns Frühstück zu machen. Ich freute mich über diese tolle Idee und beschloss schon einmal alles vorzubereiten. Setzte Kaffeewasser auf, deckte den Tisch und piekste die Eier an, um sie danach in den Topf zu schmeißen. Ich liebte Frühstückseier und genoss ein ruhiges Frühstück mit meiner Mom. Und als ich gerade in der Küche war, um die letzten Dinge in die Wohnstube zu tragen, hörte ich sie bereits im Treppenhaus. Ich öffnete ihr schon vorher die Tür, stellte die Aufschnittdosen auf den Tisch und ging zurück in die Küche.

>>Redet Sie schon wieder stundenlang mit den Nachbarn?<<, dachte ich mir uns goss das kochende Wasser in unsere Kaffeetassen.

Sie kam ganz langsam die Treppen hinauf, doch anscheinend nicht allein.

>>Guck mal Schatz, wen ich dir mitgebracht habe.<<, schallte es freudig durch den Flur in der Wohnung.

Ich drehte mich um und sah Benny, wie er hinter meiner Mom in die Wohnung kam.

>>Hey Liebes, ist es okay, wenn ich mit euch frühstücke?<<, fragte er mit zögernder Stimme und hielt vorsichtig die Türklinke in der Hand.

Nach unserem Date am See hatten wir uns noch ein paar Mal gesehen, doch mittlerweile ist schon wieder eine Woche vergangen, in der er nichts von sich hören ließ.

>>Ja klar, komm doch rein. Ist doch überhaupt kein Problem, jetzt bist du ja eh schon hier. <<, war meine schnippige Antwort auf seine völlig unnötige Frage.

Was wollte er hier? Und warum spielte er so mit meinen Gefühlen? Am liebsten hätte ich ihm alles an den Kopf geworfen, doch ich wollte mich nicht vor meiner Mom streiten. Und warum sollte ich mal wieder meine ganze Energie in diesen Mann stecken. Mal war alles toll zwischen uns, dann wieder tagelang Funkstille. Und als ich gerade aus der Küche gehen wollte, zog er mich zu sich ran und küsste mich. Ich wollte es nicht, ließ die Arme an den Seiten runterhängen, aber ich konnte nicht anders. Konnte mich nicht wehren, konnte ihm keine Ansage machen, ich war einfach wie fremdgesteuert. Egal was er in der Vergangenheit machte oder auch nicht, er hatte mein Herz und ich verzieh ihm alles. Ich konnte ihm nicht lange böse sein, wenn er mich so berührte und mich um Verzeihung bat. Ich stubste Benny gegen die Brust und guckte ihm dabei tief in die Augen.

>>Lass mich doch nicht immer so lange warten, Benny. Ich habe dich vermisse. <<, sagte ich ihm direkt ins Gesicht und küsste ihn lange.

Er blieb noch einen kurzen Moment regungslos stehen und kam mir dann hinterher. Vielleicht war ihm das bisher nicht bewusst, dass ich so unter der Situation gelitten habe. Vielleicht war ihm aber auch einfach alles zu viel, konnte nicht über seine Gefühle entscheiden und hatte Angst davor, sich fest zu binden. Doch ich wollte mir nicht schon wieder den Kopf darüber zerbrechen und beschloss, einfach den Moment mit ihm zu genießen. Jetzt war er hier und alles war gut. Wir aßen mit meiner Mom gemütlich Frühstück, sie hatten beide Zeit sich auch mal näher kennenzulernen und wir lachten sehr viel. Ab und zu musste ich meine Mom ein wenig ausbremsen, wenn sie von meinen Kindergeschichten erzählen wollte, aber sie merkte dann immer ganz schnell, dass einige von ihnen, mir sehr unangenehm waren. Dennoch war es den ganzen Morgen über sehr angenehm und entspannt. Es gefiel mir sehr, wie eine kleine Familie in der Wohnstube zu sitzen und den Tag mit einem ausgiebigen Frühstück zu beginnen. Doch irgendwann bemerkte ich, dass Benny in Gedanken war. In Gedanken bei unseren Treffen, bei unserem Sex und all den verbundenen Gefühlen. Sein ständiger Blick, die Gier in seinen Augen mich hier auf den Tisch flachlegen zu wollen, brachten mich erst recht wieder in Stimmung. Er musste mich nur angucken, seine dunklen Augen auf meinen Körper richten und ich merkte, wie ich seine Finger überall auf meiner Haut spürte. Eigentlich hätte alles nicht schöner sein können, doch wir waren nicht alleine und konnten unsere Lust aufeinander nur an Erinnerungen stillen. So ging es noch eine ganze Weile und die Leidenschaft in unseren Augen ließ sich nur schwer verbergen. Heimlich küssten wir uns oder ich strich zärtlich über seine Hose, wenn meine Mom mal aus dem Zimmer war. Ich wollte ihn am liebsten hier und jetzt, doch Benny musste los zur Arbeit und gab mir zum Abschied einen zärtlichen Kuss. Seine Lippen schmeckten nach mehr, doch er musste wieder rüber ins Büro, denn seine Arbeitskollegen warteten bereits auf ihn. Nachdem Benny gegangen ist, fragte ich meine Mom, was sie zu ihm und vor allem zum Altersunterschied denn wirklich sagen würde.

>>Ich sehe, dass ihr euch gegenseitig gut tut und dass er dich sehr mag. Seine Augen funkeln, wenn er dich ansieht. Ich habe überhaupt nichts dagegen. Bist du glücklich, bin ich es auch. <<, sagte sie und brachte die Teller in die Küche.

Ich war froh, dass sie so dachte und ich wusste jetzt, dass ich nicht nur meine Mädels, sondern auch meine Mom hinter mir zu stehen hatte. Sofort bekam ich einen Text von Benny und blickte neugierig auf meinTelefon.

> Mensch Line, du sahst zum Anbeißen aus, dein kurzes Kleidchen ließ mir Platz für meine Fantasien. Ich habe gesehen, dass du darunter einen sexy String anhattest. Am liebsten hätte ich dich sofort vernascht. Du wärst mir ausgeliefert gewesen und hättest nichts gegen meine Spielereien tun können. Ich hätte dich zu gerne verwöhnt. Du machst mich unheimlich scharf, ich muss dich heute noch sehen…

Super, ich saß ohne ihn zu Hause und er schrieb mir solche Nachrichten. Ich hätte explodieren können. Nichts Schöneres hätte ich mir in diesem Augenblick vorstellen können. Ich, gefesselt auf meinem Bett, ihm völlig ausgeliefert. Aber was sollte ich jetzt machen? Ich konnte nichts daran ändern, meine Mom war zu Hause und er musste arbeiten. Doch meine Gedanken daran wurde ich nicht so einfach los und daher fing ich an, ihm einen kleinen Brief zu schreiben, um Benny damit ein wenig den Nachmittag zu versüßen.

Ich möchte gerne da anknüpfen, wo wir vorhin aufhören mussten…
Deine Blicke wandern von meinem Gesicht, zu meinen Brüsten bis hin zu meinem Po. Ich blicke dir dabei tief in die Augen und nehme einen großen Schluck aus meiner Kaffeetasse. Langsam steh ich

von meinem Stuhl auf und komme zu dir rüber auf die Couch. Ich drehe dich so, dass du mich nicht anfassen kannst und du mir versprechen musst, dass du es auch nicht versuchen wirst. Ich knie mich auf die Couch, nehm mein Kleid in die Hand und lasse es nach oben tanzen. Das erste Mal so, dass du nur erahnen kannst, was ich vielleicht darunter anhaben könnte. Das zweite Mal so, dass das Kleid höher rutscht und du in deiner Annahme bestätigt wirst, dass ich einen kleinen, schwarzen String trage. Und zum Schluss so, dass ich es langsam über meinen Bauch, meinen Brüsten und den Kopf wandern lasse. Du kannst auf meine prallen Brüste gucken, ich fahre mir mit den Händen vom Oberschenkel hinauf zum Bauch und lasse meine Fingerspitzen über meinen Oberkörper gleiten. Ich umkreise meine Brüste vorsichtig und spiele an meinen harten Nippeln. Ich drehe mich etwas zur Seite und beuge mich nach vorne, sodass du mich von der Seite sehen kannst. Blicke dir tief in die Augen und verlange innerlich nach mehr. Strecke meinen Rücken nach unten durch, lass meinen Kopf nach hinten fallen und meine langen Haare gleiten über den Rücken bis runter zu meinem Po. Zu gerne würdest du jetzt hinter mir stehen und mich anfassen wollen, aber du darfst nicht. Du darfst nur in der Ecke sitzen und mir zugucken. Ich drehe mich noch ein Stück weiter, mit dem ganzen Rücken zu dir, immer noch nach vorn gebeugt und kniend. Erst jetzt wird dir klar, dass mein Slip in der Mitte geteilt ist und du etwas Sicht auf meine Lippen hast. Ich fasse mir zwischen die Beine, meine Hand liegt genau zwischen beiden Pobacken und ganz langsam lasse ich sie wieder nach vorne gleiten. Ich drehe mich elegant von dieser Position, über den Po, auf die andere Seite und befehle dir, etwas näher zu kommen, aber immer noch so weit entfernt von mir sitzen zu bleiben, dass du mich nur leicht berühren könntest, wenn ich es dir sagen würde. Doch ich drohe dir mit allem aufzuhören, sobald du mich anfassen würdest und du vorher keine Anweisung von mir erhalten hättest. Daraufhin gehorchst du brav und lässt beide Hände da, wo sie sind. Ich spreize die Beine vor dir. Meinen Oberkörper lasse ich dabei ganz langsam auf die Couch gleiten und du kannst mir dabei zusehen, wie ich anfange mich ganz sanft zu berühren. Unter dem Kopfkissen zaubere ich ein Gleitgel hervor und lasse es ganz langsam auf meine Brüste und meinen Kitzler tropfen. Nach und nach, siehst du, wie feucht alles ist. Meine Hände verreiben die Creme überall auf meinem Körper. Es macht dich unheimlich scharf, mir dabei zuzusehen. Mein Zeigefinger gleitet ganz langsam über meine Lippen und um dir eine noch bessere Sicht auf meine intimste Stelle zu ermöglichen, nehm ich die andere Hand und ziehe meine Lippen weit auseinander. Du kannst nun voll und ganz entspannen und mir dabei zugucken, wie ich anfange mich zu stimulieren. Du siehst, wie ich mich genüsslich mit der Creme über die Lippen streiche, die von der linken Hand immer noch gespreizt sind. Ich zeige dir, wie ich meinen Daumen auf meinen Kitzler lege und den Mittelfinger sanft in mich hinein gleiten lasse. So nah, hast du noch nie einer Frau dabei zusehen dürfen, während sie es sich selber besorgte. Und du nimmst wahr, wie sehr es mich antörnt, dass du hier bist und mir dabei zuguckst. Vor Lust strecke ich meinen Rücken von der Couch nach oben. Ich stelle mir vor, dass du es wärst, der mich anfassen würde und zucke zusammen. Ich werde immer schneller, mein lüsterner Blick fleht dich an, mich endlich zu bumsen, aber du hast mir versprochen, dass du nichts machst bevor ich es dir nicht ausdrücklich erlauben würde. Und um dich noch verrückter zu machen, sage ich dir, dass ich mir vorstelle, dass es deine Finger wären, die mich befriedigen, die mich penetrieren und geil machen. Und es deine Zunge wäre, die mir zum Höhepunkt verhilft. Mit jeder Sekunde, die vergeht, mit jedem Wort, dass ich dir sage, wirst du schärfer auf mich und bevor du irgendetwas machen könntest, ziehe ich meine Lippen Richtung Bauchnabel, um meinen Kitzlers noch etwas freier zu legen und merke, dass sich alle Energie im Zentrum bündelt und ich alles herausschreien muss. Ich komme in mehreren

Etappen. Immer und immer wieder zuckt mein Körper vor dir zusammen, ich bin kaputt und vollends befriedigt. Als ich mich wieder fange, sehe ich, dass du dir in der Zwischenzeit die Hose aufgemacht und dir einen gewichst hast. Ich liebe diesen Anblick und liebe jeden einzelnen Gedanken daran...

Ich beendete diesen Brief und wusste, dass Benny gleich Mittagspause haben müsste. Zu gerne, wäre ich jetzt erst einmal duschen gegangen, ich war verschwitzt und total feucht, aber ich zog mir schnell eine Hose an und ging zügig hinunter in das Restaurant. Ich fragte die Kellnerin, ob sie Benny diesen Brief übergeben könnte und legte ihr ans Herz, dass es ausgesprochen wichtig wäre. Er müsste arbeitstechnisch etwas für mich klären. Sie wusste sofort, welchen Mann ich meinte und versprach mir, ihm den Brief zu übergeben. Dankend und überglücklich, lachte ich sie an und ging durch den Innenhof nach Hause, um nicht weiter aufzufallen. Einige Minuten später tapste Benny mit seinen Kollegen in das Restaurant und da es sehr warm draußen war, entschieden sie sich im Vorgarten des Restaurants Platz zu nehmen. Er hatte sich so hingesetzt, dass er mich am Fenster beobachten und ich sein Gesicht sehen konnte, wenn er den Brief lesen würde. Ich setzte mich also provokant mit einem Buch auf die Fensterbank und wartete ab.

Doch auf einmal tat er so, als würde er sich nur auf das Gespräch mit seinen Kollegen konzentrieren und mich nicht sehen. Ich war plötzlich wie Luft für ihn und daher blieb mir nichts anderes übrig, als abzuwarten und ab und zu über den Buchrand zu ihm rüber zu gucken. Es verging eine ganze Weile. Zuerst bestellten sie etwas zu Trinken, dann kam das Essen und auch der Nachtisch ließ die Minuten wie Stunden vergehen. Ich blätterte immer wieder aufgeregt in meinem Buch hin und her, ohne auch nur eine Zeile gelesen zu haben und dachte, dass der Brief von der Kellnerin vergessen wurde. Doch kurz bevor ich dachte, dass sie gleich bezahlen würden, kam sie mit dem Umschlag von der Seite und steckte Benny den Brief zu. Mein Atem stockte kurz, als sie ihm etwas ins Ohr flüsterte und er flüchtig, aber grinsend zu mir hochguckte. Vorsichtig öffnete er den Briefumschlag und holte das Stückchen Papier heraus. Sorgfältig klappte er es auf und fing an zu lesen. Nach und nach sah ich, wie er auf seinem Stuhl von der einen Seite zur anderen rutschte. Er wurde nervös, versank einige Sekunden im Stuhl, um sich dann wieder aufzurichten. Er nahm einen großen Schluck aus seinem Glas, faltete den Brief zusammen und steckte diesen in die Tasche. Danach wartete er kurz ab, holte langsam sein Telefon heraus und fing an zu schreiben.

> Du kleines Biest. Ich sitze hier und lese deine wundervollen Fantasien und kann nicht mehr aufstehen, weil ich schon wieder wegen dir einen Harten habe. Warum tust du mir immer diese Qualen an? Du weißt doch, wie einfach du mich um den Verstand bringen kannst und wie verrückt ich nach dir bin. Du kannst dich heute noch frisch machen. Wir treffen uns später in der Tiefgarage und ich möchte keine Ausrede hören. Kuss Benny

Ich grinste über beide Ohren, schlug das Buch zu und schloss das Fenster. Bis zum Abend ließ ich mich nicht mehr am Fenster oder auf der Straße blicken, ließ mir ein Bad ein und machte mir leise Musik und eine Zigarette an. Ich konnte unser Treffen kaum erwarten, zerrte von seinen Blicken auf dieses Stückchen Papier und seinen Worten in der letzten Nachricht. Dieses Gefühl ihn endlich an der Angel zu haben, mit ihm die schönsten Stunden zu verbringen, wollte ich nicht mehr missen. Ich entspannte erst einmal eine Viertelstunde mit den versauten Gedanken im Kopf, seifte mich ein und rasierte alle Stellen an meinem Körper. Alles sollte für Benny vorbereitet sein, er sollte meine weiche Haut auf sich spüren und sich nicht beherrschen können. Ich griff zu meinem Telefon und las all seine Nachrichten noch einmal durch, die er mir an dem Abend geschickt hatte, als er auf der Firmenfeier war. Ich konnte nicht anders, als mir meinen Brief zu Herzen zu nehmen und es mir selbst zu besorgen, zu intensiv waren die Worte, die er mir geschrieben hatte. Als ich fast vor Lust beim Kommen ertrunken wäre, stieg ich aus dem Wasser und trocknete mich ab. Ich zog einen kurzen Rock und hohe Pumps an, das Oberteil habe ich im Nacken zusammengebunden und konnte von Benny leicht geöffnet werden. Meine langen Haare trug ich offen, meine Locken fielen über meine Schultern bis hin zum Po. Ich sah mich ein letztes Mal im Spiegel an, drehte mich hin und her und konnte es kaum noch erwarten, dass er sich bei mir melden würde. Mein Telefon klingelte ein paar Minuten später kurz auf, für mich das Zeichen runter zu kommen. Ich entschied in letzter Sekunde den Slip doch noch auszuziehen, steckte diesen in meine kleine Tasche und ging hinter zur Tür. Sofort packte er mich und zog mich in den Hausflur. Zuerst dachte ich, dass es nur die Begrüßung wäre und wir uns wieder im Keller amüsieren würden, doch er hatte seine Hose schon geöffnet und ich kam noch nicht einmal dazu, ihn zu küssen. Er spuckte sich auf zwei Finger, um sie mir dann sofort und unangekündigt reinzustecken. Ich war ein wenig verwirrt, aber es törnte mich anfangs trotzdem an. Diese Seite kannte ich an Benny noch gar nicht, abgebrüht und kalt, egoistisch und grob. Er legte mein rechtes Bein über seinen Arm, mit der anderen Hand griff er zu meinem Po, sodass ich nicht weg konnte, geschweige denn überhaupt Bewegungsfreiheit hatte. Ich dachte, dass es seine Art war, ein neues Vorspiel zu gestalten, doch als er sich den Weg mit seinem Schwanz zwischen meine Beine suchte und hart zustieß, wusste ich, dass er keine Zeit hatte und sich beeilen musste. Ich musste durch den Schmerz kurz aufstöhnen, so halbtrocken gebumst zu werden, war kein schönes Gefühl. Ich genoss es nicht und konnte mich keine Sekunde auf unseren Sex konzentrieren, aber das war ihm völlig egal. Es ging alles ziemlich schnell und er vögelte mich direkt im Hausflur. Immer und immer wieder waren es dieselben Bewegungen. Die linke Hand schob kräftig meinen Po zu sich ran, die rechte hielt das angewinkelte Bein, dann schob er meinen Körper von sich weg, um dann wieder kräftig zu zustoßen. Ich musste ständig an das Warum denken und schaute ihn mit schmerzverzerrtem Gesicht an. Doch er hatte die Augen geschlossen, stand mit gebeugten Beinen gegen die Wand gelehnt und bumste mich, als würde es keinen Morgen geben. Doch ich war so irritiert, dass ich einfach alles über mich ergehen ließ. Ich konnte mich einfach nicht von ihm lösen, geschweige denn fragen, was das hier alles sollte. Es dauerte nicht lange, da lief mir sein Saft die Beine hinunter und ich guckte ihn verwundert an. Ich stand einfach

nur da und bekam kein einziges Wort aus meinem Mund. Er ließ mein Bein los und zog sich die Hose hoch, nahm mit beiden Händen meinen Kopf und küsste mich.
>>Ich muss leider los, Süße. Es tut mir unheimlich leid, aber ich habe noch einen Termin, ich melde mich morgen bei dir. Bitte sei mir nicht böse. <<, sagte er ganz hastig und ließ mich frisch gevögelt im Hausflur stehen.
Ich war immer noch geschockt und zutiefst enttäuscht von seiner schnellen Art, mir einen schönen Abend zu wünschen. Es war zwar schön, zwischendurch auch mal einen Quickie zu haben, aber Benny hätte mich schon in der Nachricht darauf vorbereiten können. Und jetzt so einfach loszugehen und mich hier allein im Hausflur stehen zu lassen, fand ich schon echt hart. Ich fühlte mich wie eine Hure, die mal kurz hinhalten durfte, um ihn zu befriedigen. Mir fehlten die Emotionen, die liebevollen Blicke, nicht nur beim Sex sondern auch danach. Und außerdem fehlten mir die gemeinsamen Minuten und die Zigarette nach unserem Liebesspiel. Es war einfach unschön, schon alleine, weil wir am Tag so wenig Zeit füreinander hatten und ich mich jetzt so benutzt fühlte. Das einzige was jetzt noch fehlte, war eine angemessene Bezahlung für meine Liebesdienste...

***

In den darauffolgenden Tagen hatte ich mehrere Nachrichten auf meinem Handy. Andauernd klingelte das Telefon und Benny wollte wissen, was mit mir los sei. Doch ich meldete mich immer nur oberflächlich zurück, schrieb ihm kaum liebe Worte. Benny hatte an einigen Abenden sogar an der Haustür geklingelt, doch darauf reagierte ich nicht, denn ich wollte ihn nicht sehen. Ich war immer noch verletzt und konnte den Schock nicht so einfach wegstecken. Mich da einfach halbnackt im Hausflur stehen zu lassen, war schon ne krasse Nummer, sich aber dann auch wieder mit seinen Terminen rauszureden, setzte dem Ganzen noch die Krone auf. Ich konnte und wollte es einfach nicht mehr hören. Die Enttäuschung saß so tief, weil ich mir einfach mehr mit ihm vorstellen konnte, als nur ein paar Treffen und ein bisschen Sex. Ich gab mir bei ihm so viel Mühe, stellte mich auf seine Art ein, arrangierte mich mit seiner Arbeit und seiner wenigen Zeit. Und ich glaube, es ist ihm noch nicht einmal aufgefallen, wieviel Mühe ich mir bei unserer Treffen gab. Dass ich mich schick angezogen habe oder mein Slip bereits ausgezogen war, um ihn zu überraschen. Natürlich habe ich mich über die Motorradtour gefreut oder war überrascht, als er zum Frühstück vorbeikam, doch jetzt wollte ich mehr. Ich wollte Benny an meiner Seite haben, wollte mit ihm glücklich sein und es der ganzen Welt zeigen. Doch mit seinem Verhalten, gab er mir immer das Gefühl, uns verheimlichen zu wollen. Und darum musste er jetzt da durch und sich etwas Besseres einfallen lassen, als mal wieder nur rumzusülzen, wie leid ihm das alles tue. Das hatte ich in den letzten Monaten oft genug gehört und noch einmal diese Entschuldigung zu hören, hatte ich endgültig satt. Dieses ganze Spielchen wurde mir immer suspekter. Ich wusste einfach nicht, was Benny von mir wollte und wie er sich die Zukunft vorstellte. Dachte er vielleicht, dass alles ewig so weitergehen könnte? Vielleicht wollte er ja wirklich nur seinen Spaß und benutzte mich dafür? Aber warum erzählte er mir dann so tolle Sachen und hatte Tränen in den Augen, wenn er sich von mir verabschieden musste? Ich war wieder einmal hin- und hergerissen, meine Gefühle fuhren Achterbahn und ich wurde aus meinen Gedanken nicht schlau. Je mehr ich darüber nachgedacht und Thesen aufgestellt habe, umso komplizierter und bizarrer wurde die ganze Geschichte mit Benny. Und so konnte ich nicht anders, als wieder einmal den Abend bei Maja zu verbringen. Sie war mittlerweile auch verzweifelt und konnte sich die ganze Situation zwischen uns nicht erklären. Zu unterschiedlich waren meine Aussagen und Erlebnisse von Benny. Es gab Tage, an denen er mich unheimlich glücklich machte, mich überraschte und mir seine Gefühle offenbart hat und dann gab es Tage, an denen er so tat, als würden wir uns nicht kennen und er mir die kalte Schulter zeigte. Und auch Maja hatte keinen Rat für mich, wusste nicht, was sie in meiner Situation machen würde. Sie konnte es sich nicht erklären, warum er so zu mir war, obwohl er anscheinend die Zeit mit mir genoss. Und so wussten wir beide, weder ein noch aus. Meine letzte Hoffnung war aber, dass ich mich mal ein paar Tage nicht bei Benny melden würde, um ihm die Möglichkeit zu geben, sich endlich mal Gedanken über uns und unsere momentane Beziehung machen zu können. Ich war froh, dass ich Maja hatte, die mir immer beistand. Dennoch war sie an einem Punkt angelangt, an dem sie mich nicht mehr verstand. Viel zu lange habe ich das jetzt schon alles mit mir machen lassen und unter der Situation sehr gelitten. Daher nahm sie mich ganz fest in den Arm, während mir Tränen der Verzweiflung und Hilflosigkeit über mein Gesicht rollten.

>>Lass dich nicht verarschen, okay Maus? Ich liebe dich und ich will, dass du glücklich bist. Aber wenn du irgendwann nicht mehr kannst, dann musst du loslassen. Hörst du? <<, sagte sie mir und wischte mir die Tränen von der Wange.

Ich wusste genau, was sie meinte und wie einfach sich so etwas sagt, aber ich hatte mich verliebt und ich wollte keinen anderen Mann. Ich verabschiedete mich von Maja und lief nach Hause. Von Weitem sah ich das Auto von Benny auf dem Parkplatz stehen und guckte auf die Uhr. Zu der Zeit war er sonst nie in der Stadt, aber vielleicht musste er Überstunden machen und war deshalb noch im Büro. Ich wollte ihn aber gerade jetzt nicht sehen. Natürlich weil ich gerade geweint hatte, aber auch, weil ich wusste, dass ich wieder schwach werden würde. Doch als ich um die Ecke kam, war die gesamte Etage dunkel und die Fenster geschlossen. Benny war nicht im Büro, sondern saß wieder einmal alleine im Restaurant und blickte mich durch die Scheibe an. Am liebsten hätte ich sofort umgedreht, denn ich wusste, dass jetzt wieder seine Einlullversuche kommen würden und danach war mir jetzt gar nicht. Aber er war schneller als ich, stand vom Tisch auf, während ich noch überlegte, lief zur Tür und kam über die Straße gerannt.

>>Bitte Line, komm zu mir an den Tisch. Bitte gebe mir eine Chance dir alles zu erklären, ich möchte unbedingt mit dir sprechen. Gebe mir bitte diese eine letzte Chance, um dir zeigen zu können, wie sehr ich dich mag und wieviel mir an dir liegt. Ich will dich nicht verlieren. <<

Ich habe ihn dafür gehasst. Gehasst für dieses Winseln in der Stimme und für seine Hände, die nach meinen griffen. Schon wieder hatte er mich um seinen Finger gewickelt und mit diesem Blick, den er gekonnt aufsetzte, konnte ich ihm nichts abschlagen. Ich ärgerte mich innerlich, dass ich es nicht ein einziges Mal geschafft habe, ihm zu wiederstehen. Und so nahm er mich an die Hand, öffnete gentlemanlike die Tür und ging mit mir zum Tisch. Ich habe mich wirklich dafür ohrfeigen können, aber ich konnte nichts machen. Warum musste ich immer gleich so schwach bei diesem Mann werden? Was hatte er nur so Anziehendes an sich? Warum verzauberte er mich so? Ist es nur der geile Sex oder auch seine Art und Weise mit mir zu spielen? Brauche ich jemanden, der so mit mir umgeht und stand indirekt auf seine zwiespältige Persönlichkeit? Ich wusste keine Antwort auf die vielen Fragen in meinem Kopf. Ich wusste einfach nur, dass er mich verrückt machte und mich und meinen Körper voll und ganz unter Kontrolle hatte. Ich blickte ihn lange an. Er war anfangs ganz still und schaute auf sein Glas. Von dem Gespräch, was er mit mir so dringend führen wollte, war nichts zu spüren und so musste ich dem Schweigen ein Ende bereiten.

>>Benny, hast du 100€ bei? <<, durchbrach ich die Stille und guckte ihn völlig ernst in seine Augen.

Erschrocken sah er von seinem Glas hoch. Sein Blick war fragend und überrascht.

>>Du hast mich vor ein paar Tagen vergessen zu bezahlen. Ich habe mich gefühlt wie eine Hure, die du mal schnell bestellt hast, um dir selber das

Wichsen zu ersparen. Nächstes Mal sagst du Bescheid, wenn du keine Zeit hast, dann kann ich mich darauf einstellen. Ich stehe auf Erniedrigung beim Sex, aber nicht so. Und am besten sagst du nächstes Mal noch all deinen Kollegen im Bürokomplex Bescheid, dass ich halbnackt und alleine unten im Hausflur stehe, dann haben auch die anderen etwas davon und können mal gucken kommen. <<

Schon lange war meine Stimme nicht mehr so klar und bestimmend. Und auch wenn ich Angst vor seiner Reaktion hatte, war es ein tolles Gefühl, ihm endlich einmal meine Meinung gesagt zu haben. Seine Augen wurden größer und er schnappte nach Worten.

>>Es tut mir alles so leid. Ich will nicht, dass du so etwas von mir denkst. Ich würde dir am liebsten alles erklären, aber ich habe Angst dich zu verlieren! <<, sagte er mit zitternder Stimme.

Ich wusste nicht was er mit seinen Andeutungen meinte. Nie im Leben würde er mich verlieren. Ich will doch einfach nur Zeit mit ihm verbringen, könnte mir doch nichts Schöneres vorstellen, als mit ihm glücklich zu werden. Ich nahm seine Hand und beugte mich über den Tisch. Ich küsste ihn lange und beruhigte ihn etwas. Egal was bisher war, ich habe gewartet. Egal was bisher war, ich war eisern und hartnäckig. Und egal was war, ich hatte endlich diesen Mann soweit, dass er mich wollte. Ich habe das bekommen, was ich mir bereits vom ersten Tag an gewünscht hatte. Wir kannten uns nun über ein Jahr und auch wenn wir nicht jeden Tag aufeinander gehockt haben, er kaum Zeit hatte und wir uns zwischendurch nur zum Vögeln sahen, hatte ich mich in Benny verliebt. Es konnte nichts zwischen uns kommen, was uns beide hätte trennen können.

>>Benny, ich verstehe nicht, warum du solche Angst hast. Ich habe dir in den ganzen Monaten nicht einmal das Gefühl gegeben, dass du mich verlieren würdest. Ich habe mich nur etwas zurückgezogen, um an der Situation nicht kaputt zu gehen. Wenn es nach mir gehen würde, dann wären wir schon längst zusammen, aber ich akzeptiere es, wenn du dich noch nicht fest binden möchtest, doch rede mit mir darüber. Ich bin doch kein Unmensch. Ich will doch einfach nur mehr Zeit mit dir verbringen und dich noch besser kennenlernen. Und wenn du Zeit brauchst, dann geb ich sie dir, okay? Nur rede mit mir und lass mich nicht immer so im Regen stehen. <<, versuchte ich Benny zu beruhigen und ihm meinen Standpunkt klarzumachen.

Er atmete tief ein und verzog grinsend seinen Mund, dann blickte er mir tief in die Augen. Und da er wieder einmal für einige Sekunden seine Sprache verloren hatte, bestellte ich uns noch etwas zu trinken, machte uns zwei Zigaretten an und stieß mit

Benny auf uns und diese komplizierte Situation an. Er lachte, gab mir einen zärtlichen Kuss und wir alberten rum. Wir vergaßen all die schlechten Gedanken und unterhielten uns wie immer, als würde nichts zwischen uns stehen. Er wusste nun, was ich fühlte und was mir wichtig war. Vor allem wusste er aber, dass ich ihn niemals unter Druck setzen würde und ihm Zeit gab, um sich für oder gegen eine Beziehung mit mir zu entscheiden. Doch das Letztere schloss ich komplett für mich aus. Zu schön war das, was zwischen uns war und das merkte ich auch bei Benny. Er strahlte über das ganze Gesicht und daher wusste ich einfach, dass irgendwann alles gut werden wird. Und während wir den Moment genutzt haben, um uns endlich über unsere Gefühle zu unterhalten, ging plötzlich hinter uns die Restauranttür auf und eine junge Frau kam direkt auf uns zu. Benny blickte nach hinten und war auf einmal wie versteinert. Er guckte mich einen Augenblick lang mit seinen großen Augen an und sagte nichts. Sein Mund war halb geöffnet, doch kein Wort kam über seine Lippen. Er wusste, was jetzt gleich passieren wird, nahm sein Glas und ging ohne etwas zu sagen zum Kellner an die Bar. In diesem Moment dachte ich, dass ich im falschen Film wäre. Ich habe das alles überhaupt nicht verstanden und saß nur da – allein und mit Fragen in meinem Kopf. Von der Tür aus näherte sich nur diese Frau. Sie war etwas älter als ich und in schwarz gekleidet. Eine sehr hübsche Frau, ihre Haare hatte sie nach hinten zu einem kleinen Zopf gebunden. Sie wirkte nervös, beinahe wütend und ihre Blicke trafen erst Benny und dann mich. Doch ich war in Gedanken noch bei der Situation von gerade eben und versuchte mir zu erklären, was die Aktion von Benny schon wieder auf sich hatte und er einfach aufstand. Mit keiner Silbe habe ich daran gedacht, dass diese Frau mir gleich meine kleine heile Welt zerstören könnte. Doch anstatt an mir vorbei zu gehen, kam sie direkt auf mich zu und setzte sich genau an unseren Tisch. Ich guckte sie mit meinen verwirrten Augen an. Was sollte das denn jetzt alles? Ich verstand überhaupt nichts mehr. Ich saß mit meinem Traummann hier, der mir gerade noch seine Ängste erzählte, endlich seine Gefühle offenbarte und mir ein tolles Gefühl dabei gab und jetzt kippte dieser Moment und diese Frau saß bei mir gerader über am Tisch. Ich wartete auf die versteckte Kamera, auf die Auflösung dieser unangenehmen Situation und musste gar nicht lange darauf warten.

>>Ist es schön, wenn man eine Ehe zerstört? Ist es schön, wenn du dich mit meinem Mann amüsierst, während ich mich um unseren gemeinsamen Sohn kümmere, der seinen Vater schon tagelang nicht gesehen hat, weil dieser angeblich Überstunden

macht? <<, sagte sie mit einer Stimme, die mich erstarren und gleichzeitig zittern ließ.

Ich weiß nicht mehr, wieviele Gedanken mir in diesem Moment durch den Kopf geschossen sind, aber ich habe nach Luft geschnappt.

>>Wie bitte? Ich verstehe nicht? Benny ist Ihr Mann? <<

Ich konnte es nicht glauben, wusste nicht ob ich lachen oder weinen sollte. Diese ganzen Monate, die bereits vergangen waren, in denen wir uns kennen- und liebengelernt haben, in denen wir die vielen Ausflüge zusammen gemacht haben und mir Benny seine Gefühle und Sehnsüchte entgegenbrachte, waren auf einer einzige Lüge aufgebaut und das riss mir den Boden unter den Füßen weg. Ich hatte mir in den letzten Wochen ein Luftschloss aufgebaut, das von der einen auf die andere Sekunde zerstört wurde. Wie eine große Seifenblase zerplatzten all meine Wünsche und Hoffnungen mit Benny glücklich zu werden. Ich hatte Tränen in den Augen und mein Magen drehte sich.

>>Ja, Benny ist mein Mann. Wir sind schon sechs Jahre verheiratet und haben einen kleinen Sohn. Ich weiß nicht, was du Flittchen von ihm willst. Du bist doch höchstens achtzehn Jahre alt und machst mit einem Mann rum, der dein Vater sein könnte. Du solltest dich etwas schämen. <<, fügte sie ihren ersten Anschuldigungen noch hinzu.

Ich saß nur da und ließ alles auf mich einprasselten. Jedes einzelne Wort traf mich mitten ins Herz und wie ein großes Messer, stach sie immer und immer wieder zu. Für eine kurze Zeit bekam ich überhaupt keine Luft mehr und dachte, dass ich gleich ohnmächtig werden würde. In mir ist in den vergangenen Minuten so viel kaputt gegangen und am liebsten wäre ich auf der Stelle im Erdboden versunken. Es schmerzte sehr das alles zu hören. Erst jetzt begriff ich, warum er nie Zeit für mich hatte. Warum er sich nie nach Arbeit oder am Wochenende gemeldet hat und warum er so oft nervös war. Erst jetzt fiel es mir wie Schuppen von den Augen, warum wir uns immer in der Tiefgarage oder an einem abgelegenen Platz trafen und wie dumm und naiv ich in der ganzen Zeit war. All sein Verhalten ergab plötzlich einen Sinn. Endlich bekam ich die Antworten auf all meine offenen Fragen. Seine Frau wurde ruhiger, doch sie genoss es, dass ich nun die Wahrheit wusste. Ich war wie versteinert und selbst wenn ich versucht hätte aufzustehen, um diesen Spuk zu beenden, hätte ich nicht gekonnt. Mein ganzer Körper war starr und ich krallte mich an meinem Stuhl fest. Sie bestellte uns beide etwas zu trinken und fing an über Benny zu erzählen. Sie kannte ihn in- und auswendig, erzählte mir von ihrem gemeinsamen Leben und ihrer Ehe. Sprach über den gemeinsamen Sohn und über die vielen Wünsche, die

sich die beiden noch zusammen erfüllen wollten und ich merkte erneut das Messer, welches sie mir mit voller Wucht ins Herz stach. Ich wusste ein paar Minuten später alles über die beiden. Auch sie war bereits eine Affäre von ihm. Damals trennte er sich von seiner ersten Frau und beide wurden zusammen glücklich.
>>Ich lasse es nicht zu, dass es mir genauso ergeht, wie seiner ersten Frau und du ihn mir wegnimmst. Ich werde um meinen Mann kämpfen und rate dir, die Finger von ihm zu lassen, sonst lernst du mich einmal richtig kennen. <<, drohte sie mir über den Tisch.
Meine Anspannung löste sich in diesem Augenblick und ich sackte immer weiter auf meinem Stuhl zusammen. Und als ich gerade mit den Tränen kämpfen musste, weil ich immer mehr von dieser beschissenen Situation realisierte, rief sie Benny von der Bar an unseren Tisch.
>>Jetzt bist du dran Casanova. Sage uns doch beiden einmal, was hier Sache ist und was du für ein Spielchen treibst. Du hast dir das eingebrockt, dann steh jetzt auch dazu. <<, befahl sie mit erniedrigender Stimme und drehte sich zu ihm um.
Benny stand vor uns, sein Glas in der Hand zitterte und er biss sich auf die Lippen.

>>Sage jetzt endlich was, Benny. Ansonsten drehe ich hier richtig durch.<<, forderte sie ihn erneut auf und schlug mit der Hand auf den Tisch.

>>Es tut mir alles so unendlich leid, ich wollte keinem von euch weh tun. Susann, du bist meine Frau, wir haben geheiratet, weil der Kleine unterwegs war. Und für das Kind danke ich dir auch aus tiefstem Herzen. Doch zwischen uns als Ehepaar war es schon lange nicht mehr so wie früher. Und als ich Line sah, war ich wie verzaubert. Ich habe sie kennen- und liebengelernt, bei ihr verliere ich den Verstand und kann so sein, wie ich bin. Das ist seit dem ersten Tag an so und ich kann nichts dagegen tun. <<

Ich konnte nicht glauben, was er gerade gesagt hat und das auch noch direkt in das Gesicht seiner Frau. Dieser Moment war für jeden von uns nicht schön und man konnte spüren, dass die Luft um uns brannte. Da stand er nun, wie ein kleiner Junge, der sich für etwas entschuldigt, was er gerade kaputt gemacht hatte. In diesem Moment stand seine Frau auf und verpasste Benny eine schallende Ohrfeige. Ich konnte mir das alles nicht mehr länger mit ansehen und stand auf. Ich wusste auch nicht, was ich darüber noch denken sollte oder ob ich Benny seinen Worten trauen konnte. Und selbst wenn, er war auf einmal verheiratet und Vater eines Sohnes, das konnte ich ihm nicht verzeihen. Er guckte mich mit flehenden Augen an, doch es war zu spät. Er hatte nie den Mut mir die Wahrheit zu sagen und darum brach er mir das Herz. Mir blieb nichts anderes übrig, als endlich die Flucht zu ergreifen und ihn seinem Schicksal zu überlassen. Auf dem Weg hinüber zum Haus, hörte ich Schreie, denn als ich weg war, ging der Streit erst richtig los. Doch ich wollte mit all dem Streit und den vielen Lügen nichts mehr zu tun haben. Beeilte mich, dass ich in den Flur kam, sackte auf den kalten Boden zusammen und fing erst dann an zu weinen und die ganze Verzweiflung aus mir heraus zu lassen.

\*\*\*

Ich konnte kaum schlafen. Immer wieder dachte ich über diesen Abend nach, immer wieder erinnerte ich mich an die Situation, in der die Tür aufging und Benny mich mit leerem Blick anstarrte. Und immer wieder hörte ich ihre Worte, die sich auf meine Seele brannten. Hätte ich jetzt nicht einfach aufwachen können? Warum klingelt genau in solchen Momenten nicht einfach der Wecker und man merkt, dass alles nur ein schlechter Traum war? Meine Augen waren zugequollen, meine Haare waren zerzaust, ich wollte nichts essen und hatte einfach keine Lust aufzustehen. Ich konnte mich auf nichts konzentrieren. Immer und immer wieder sah ich Bennys verzweifeltes Gesicht vor meinen Augen und die wütenden Blicke seiner Frau. Hörte ihre drohenden Worte und fühlte sämtlichen Schmerz vom Vorabend. Jede einzelne Erinnerung brannte sich in mir ein und ich fühlte mich so unglaublich schlecht. Natürlich war seine Frau sauer auf mich, sie war die Betrogene und ich die Frau, die mit ihrem Mann schlief, aber ich wurde doch auch zutiefst von Benny enttäuscht. Mir ging es doch genauso wie ihr. Ich wusste doch nichts davon, dass er verheiratet war und bin diesem Mann einfach verfallen. Hätte ich vorher gewusst, dass er verheiratet ist, hätte ich Benny doch nie eine Chance gegeben, mich näher kennenzulernen. Ich verfluche den Tag, an dem er mich geschnappt und auf die Tanzfläche gezogen hatte. Warum tut ein verheirateter Mann so etwas? Wollte er sich austesten, ob er noch attraktiv genug für junge Frauen ist? Erst schnappte er sich meine Gedanken, dann meine Gefühle und zuletzt mein Herz. War ihm das nicht bewusst, als er mit mir schlief? Waren alle Gefühle zu mir nur vorgetäuscht? Und dann auch noch unsere Ausflüge ins Feld und an den See und erst recht dieses wundervolle Picknick. Erst da hatte ich mich doch erst richtig in ihn verliebt. Durch diese Zweisamkeit und diesen fantastischen Sex am Wasser, haben doch erst recht meine Gefühle verrückt gespielt. Er hatte Fotos von mir gemacht, um mich immer bei sich zu haben. Wollte er sich die am Frühstückstisch mit seiner Frau angucken? Wollte er die in seinem Portemonnaie verstecken, in der Hoffnung, dass niemand diese Fotos jemals entdecken würde? Er hatte alle manipuliert und verarscht - mich, meine Freunde und auch meine Mom. Alles, was er bis zu diesem beschissenen letzten Abend gesagt und getan hat, war eine einzige Lüge. Und wieder liefen mir die Tränen über mein Gesicht. Ich habe endlich einen Mann an mich heran gelassen, ließ das erste Mal in meinem Leben solche Gefühle zu und wurde so enttäuscht. Am liebsten wäre ich auf der Stelle gestorben. Es vergingen ein paar Tage, ohne dass ich das Bett verließ. Zuerst habe ich mich krankschreiben lassen und dann fingen zum Glück die Ferien an. Das Positive daran war, dass ich nicht aufstehen brauchte und keinem in meinem Freundeskreis erzählen musste, warum es mir so dreckig ging. Ich war fix und fertig. Doch das Schlimmste war, dass ich mich nicht zwischen meinen Gefühlen entscheiden konnte. Auf der einen Seite gab es die Enttäuschung, weil er mir über ein Jahr nicht die Wahrheit gesagt und mir etwas vorgespielt hatte. Und auf der anderen Seite gab es den Schmerz, den ich fühlte, weil ich ihn endgültig verloren hatte. Es fiel mir sehr schwer klare Gedanken zu fassen. Er war in meinem Kopf und da wollte er so schnell auch nicht mehr raus. Diese ganze Benny-Geschichte wurde erst recht durch seine Arbeit auf der anderen Seite erschwert. Er war die Woche über immer präsent. Ich sah ihn im Restaurant, in seinem Büro und an seinem Auto. Ich musste irgendwann aber auch wieder raus und so machte ich die ersten Schritte mit unserem Hund bei einem Spaziergang an der frischen Luft. Meine Mom wollte, dass ich mal wieder raus gehe und wenigstens versuche, mich etwas abzulenken. Ich habe mich wirklich angestrengt, Benny aus dem Weg zu gehen und würdigte ihn keines Blickes. Zu groß war die Scham ihm und auch seiner Frau gegenüber zu treten. Ich habe erst gar nicht versucht auf meine vielen Fragen eine Antwort erhalten zu wollen, nur so konnte ich der Versuchung widerstehen, mit ihm sprechen zu wollen. Er wusste, dass es das Beste für uns beide wäre, wenn er mich in Ruhe lassen würde und dafür war ich Benny sehr dankbar. Dennoch spürte ich seine Blicke, wenn ich nach Hause kam, spürte es, wenn er am Fenster stand und zu mir rüber blickte und merkte es, dass er gerade an mich dachte, wenn ich abends alleine im Bett lag. Und ich wurde dieses Gefühl einfach nicht los, dass auch er sich gerne an unsere Zeit zurückerinnerte, sich danach sehnte, mich in den Arm zu nehmen und zu küssen. Egal wieviel Zeit verging, er war jeden Tag bei mir und ich konnte nichts daran ändern. Und das zerrte wie verrückt an meinen Nerven. Und da sich die ganze Situation auch nicht ändern wollte und wir gerade Ferien hatten, beschloss ich kurzerhand mit Maja und Anna in den Urlaub zu fliegen. Und zwar zurück zu dem Ort, an dem es mir immer gut ging und ich unheimlich glücklich war. Es war Zeit, endlich einmal abschalten zu könnte und so buchten wir drei eine Reise ans Mittelmeer. Dieses ständige Hin und Her machte mich müde. Ich hatte keine Kontrolle mehr über meine Gefühle und ich fühlte mich ausgelaugt. Die Reise sollte mir gut tun, ich wollte einfach mal etwas anderes sehen und neue Leute kennenlernen. Ohne Abstand hätte ich nie eine Chance gehabt von Benny wegzukommen. Ich schnappte mir also die beiden Mädels und flog mit ihnen weg. Viel zu langsam verging die Zeit bis zu unserem Abflug. Doch endlich war der Tag gekommen und ich packte meine Sachen in meine Koffer und tapste voller Vorfreude nach unten. Ich stand vor der Tür und wartete auf Maja, die vorgeschlagen hatte mit Auto zum Flughafen zu fahren und mich vorher einzusammeln. Meine beiden Koffer waren randvoll mit schönen Sachen gepackt und ich freute mich schon so sehr auf die Sonne, das Meer und die viele Ablenkung. Aus dem Augenwinkel heraus merkte ich, wie Benny das Fenster seines Büros öffnete und zu mir hinunter guckte. Ich wollte ihn aber nicht sehen, ich wollte endlich abschließen und nahm mein Telefon aus der Tasche, um Maja zu fragen, wo sie bleiben würde. Was sollte das schon wieder von ihm? Warum machte er es uns beiden so schwer? Zum Glück kam Maja einige Sekunden später um die Ecke gebogen und blieb mit quietschenden Reifen direkt vor mir stehen. Ich war so erleichtert und stieg schnell in ihr Auto ein, würdigte Benny dabei keinen einzigen Blick. Es ist mir schwer gefallen, aber es war das Richtige ihm zu zeigen, dass ich keine Puppe bin. Dass er nicht das Recht hatte, mich wie ein Spielzeug zu behandeln. Ich war eine junge Frau mit Gefühlen und es war unfair mich so in seinen Bann zu ziehen ohne mit mir vorher über die Wahrheit zu sprechen oder mir ansatzweise die Chance zu geben, mich selber zu entscheiden. Bereits am Flughafen angekommen, bekam ich dann den ersten Text von Benny.

> Es tut mir alles so unendlich leid, Line. Ich hasse mich dafür, dir nicht früher die Wahrheit gesagt zu haben. Aber ich hatte Angst. Darf ich fragen, wo du jetzt hinwillst und wann du wiederkommst?

Nein, durfte er nicht. Ich beschloss nicht zu antworten, mein Telefon auszumachen und Benny wenigstens erst einmal für zwei Wochen und so gut wie es ging, zu vergessen. Er hatte keinen Anspruch darauf zu erfahren, was ich vorhatte oder wo ich hinwollte, geschweige denn, wann ich wiederkommen würde. Seine Nachricht hätte er sich sparen können. Für einen kurzen Augenblick war ich nachdenklich, aber die Mädels brachten mich auf andere Gedanken und lenkten mich wieder ab. Der Flug war fantastisch, Anna flirtete mit dem Steward und Maja löste Kreuzworträtsel. Ich versuchte derweilen etwas zu schlafen, doch ich konnte kein Auge zumachen. Blickte zuerst in die weißen Wolken, dann runter auf die Landschaft und danach in das wunderschöne Taurusgebirge. Ich erinnerte mich an die Flüge und an den Urlaub, den ich mit meiner Familie immer gemacht habe und es hatte sich landschaftlich nichts verändert. Alles sah immer noch wie gemalt aus und die Sonne zauberte eine wundervolle Farbe auf die Berge. Und während der Pilot das Flugzeug sicher landete, hielten wir drei uns an den Händen. Waren wir froh, endlich wieder Boden unter den Füßen zu haben. Wir stiegen aus dem Flieger, holten uns unsere Koffer und schlenderten zum Bus, der uns direkt zum Hotel brachte. Dort angekommen, sahen die Mädels erst wie schön es hier alles war und verstanden, warum ich hierher zurück wollte. Unsere Hotelanlage glich einem Paradies. Den großen Pool sahen wir schon vom Foyer aus und als wir in unser Hotelzimmer kamen, ließen wir uns drei vor Glück auf das große Bett fallen. Vom Balkon aus konnten wir direkt auf das Meer gucken, die Dusche glich einer Kleinraumdiskothek und der Boden war mit Marmor belegt. Und als wir nach dem Auspacken durch die Anlage spazierten, die Pflanzen, die Bars und das Meer sahen, wussten wir, dass dieser Urlaub unvergessen bleiben wird. Wir wechselten unsere Sachen gegen Bikinis und rannten runter zum Strand. Es war herrlich, einfach nur mal mit den Mädels unterwegs zu sein und Spaß zu haben. Wir lagen am Strand, ließen uns die Sonne auf den Bauch scheinen und die frische Meerbrise um die Nase wedeln. Dieser weite Blick aufs Meer erinnerte mich an meine Auszeit. Ein halbes oder vielleicht sogar ein ganzes Jahr von zu Hause zu flüchten, hier zu arbeiten, Spaß zu haben und einfach mal abzuschalten. Die ganzen letzten Wochen und Monate endlich zu vergessen, den ganzen Trubel und die ganzen schlechten Erinnerungen einfach im Sand zu vergraben, nahm ich mir als guten Vorsatz gleich am ersten Tag vor. Zu herrlich war diese Vorstellung und ich fing an abzuschalten. Ich blickte noch eine ganze Weile auf das Meer, bis Maja mit drei Pina Coladas und einer großen Ananas an den Strand zurück kam. Sie sah witzig aus, wie sie alles in ihren kleinen Händen balancierte. Genau das war es, was ich jetzt brauchte, um vergessen zu können. Meine Mädels waren einfach der Knaller und brachten mich zum Lachen. Bereits am ersten Tag konnten wir beobachten, wie schön es ist, ein Single zu sein. Wir genossen die Blicke der Männer und die kurzen Sprüche, die sie vor sich her brabbelten, wenn wir zum Wasser gingen und uns vorher die kurzen Shorts oder das Strandkleid ausgezogen haben. Es war einfach herrlich, ich fühlte mich wieder begehrt und liebte jedes einzelne Kompliment. Ich brauchte keinen Benny, um wieder glücklich zu sein, ich schaffte es auch so. Am Abend machten wir uns für das Essen fertig, gar nicht so einfach bei drei Mädels, die alle gleichzeitig das Bad benutzen wollten. Doch wir arrangierten uns, schafften alles mit einer halben Stunde Verspätung und gingen gemütlich in das große Restaurant. Im Vorraum waren die Kellner, die

wir bereits am Pool gesehen haben, verkleidet und damit beschäftigt den Gästen Spezialitäten des Landes anzubieten. In ihren Kostümen sahen sie echt witzig aus. Doch einer von ihnen fiel mir besonders ins Auge, da er mit einem strahlenden Lachen und einem Tablett voll mit Gläsern direkt auf mich zukam.
>>Darf ich Sie auf ein Glas Raki einladen, schöne Frau? <<, sprach er in einem gebrochenen Deutsch und streckte mir das Tablett entgegen.
Ich nahm dankend an und ging zu den anderen Mädels an den Tisch.
>>Darf ich Ihnen ein Glas Raki anbieten? <<, ahmten die beiden den hübschen Kellner mit Akzent nach und lachten.
Er erinnerte mich irgendwie an Benny, seine charmante Art und sein Lächeln ließ ein wohliges Gefühl in mir aufsteigen.
>>Mensch Line, was für eine Sahneschnitte. Er hätte dich eher mal fragen sollen, ob er dich auf mehr einladen dürfte, als nur auf ein Getränk. Der Typ ist echt heiß. <<, witzelte Maja und zwinkerte mir zu.
>>Es wird Zeit, dass du Benny endlich vergisst. Zu viel ist zwischen euch passiert, um das alles verzeihen zu können. Er ist es überhaupt nicht wert, noch länger Trübsal zu blasen. Machen wir uns einen schönen Urlaub und haben etwas Spaß. Und wer weiß, vielleicht kannst du ja statt Trübsal, noch etwas ganz anders blasen. <<, fügte sie noch hinzu, gab mir

einen Kuss auf die Stirn und ging arschwackelnd zum Buffet.

Wie recht sie hatte, lange genug habe ich mir wegen Benny das Leben schwer gemacht. Oft habe ich tagelang darauf gewartet, dass er sich bei mir meldet und war besessen von ihm und seinem Körper. Doch jetzt war ich nach all den verschwendeten Monaten an der Reihe. Ich wollte wieder leben und frei sein. Ich goss mir den Raki in den Hals und grinste den hübschen Kellner an, der die ganze Zeit zu mir rüber blickte. Es war schön, mal wieder das Gefühl zu haben, etwas flirten und spielen zu können, einfach wieder frei zu sein und begehrt zu werden. Ich war eine hübsche, junge Frau und warum sollte ich mir unnötig das Leben schwer machen, wenn ich nur mit dem Finger zu schnipsen bräuchte, um Spaß zu haben. Und so beschloss ich, unseren Urlaub in allen Zügen zu genießen. Nach dem Essen gingen wir noch runter zum Strand und tanzten auf der Beach Party. Wir feierten mit den andern Gästen und dem Personal, alberten rum, tranken ein paar Cocktails und fielen einige Stunden später fix und fertig in das große Bett. Ich konnte so gut abschalten und alles um mich herum vergessen. Schade nur, dass der hübsche Kellner bereits weg war und uns nicht auf der Tanzfläche besucht hat, sonst hätte ich ihn nach all den Cocktails bestimmt noch auf eine Zigarette eingeladen. Und so vergingen die ersten Tage wie im

Flug. Wir machten ein paar Ausflüge, fuhren mit dem Boot raus und verbrachten viel Zeit auf dem Wasser. Wir lagen am Strand, gingen zwischendurch zum Essen und abends an die Bar. Guckten uns einige Shows im hoteleigenen Theater an, lernten nette Leute kennen, flirteten und tanzten im warmen Sand bis in die frühen Morgenstunden. Erinnerungsfotos für unsere Freunde zu Hause durften natürlich auch nicht fehlen und mit einem Parasailingschirm guckten wir uns die Hotelanlage von oben an. Es war durch und durch ein wundervoller Urlaub, mit viel Musik, Tanz und Lachen. Die ganze Umgebung war einfach wundervoll, wir hatten herrliches Wetter und auch die Hotelgäste waren immer für einen Spaß zu haben. Natürlich dachte ich ein paar Mal an Benny und hatte in der Zwischenzeit auch einige Nachrichten von ihm bekommen, aber beschloss, mich nicht bei ihm zu melden. Ich wollte mich austesten, wollte sehen, ob ich mein Leben wieder alleine auf die Reihe bekommen würde. Und mit jedem Tag, der verging, konnte ich mehr und mehr abschalten und vergessen. Ich nahm mir die Worte von Maja am Anfang unseres Urlaubs zu Herzen, hatte meinen Spaß mit den Mädels und lernte andere Männer kennen. Und auch wenn einige sehr nett waren und sich wirklich viel Mühe gaben, lief nicht mehr mit all den Urlaubsbekanntschaften. So sehr ich auch vergessen wollte, ich verglich alle

Männer mit Benny und keiner machte mich so verrückt wie er. Keiner konnte mir diesen Gefühlscocktail aus Geborgenheit, Begierde und Liebe geben, den ich die letzten Monate so sehr liebte. Und daher genoss ich es nur zu flirten, wieder im Mittelpunkt zu stehen und die Blicke der anderen auf meinem Körper zu spüren. Bis zu einem Abend im Theater des Hotels. Erst da merkte ich, dass es einen Mann gab, der es schaffte meine Gedanken abschweifen zu lassen. Der es schaffte das Gefühl in mir aufkommen zu lassen, einfach mal egoistisch zu sein und mein sexuelles Verlangen nicht weiter zu unterdrücken. Es war kein anderer, als der hübsche Kellner aus dem Restaurant und ausgerechnet dieser, musste vorher immer arbeiten und hatte nie Zeit.

***

Auf der Bühne des Amphitheaters war das halbe Personal versammelt und tanzte zur Musik aus den Boxen. Das Hotel gab sich bei der Bühnengestaltung immer besonders viel Mühe und überraschte die Gäste jeden Tag mit neuen Dekorationen und Accessoires. Wir Mädels kamen mal wieder zehn Minuten nach Showbeginn und drängelten uns durch die Reihen, bis hin zu den freien Plätzen. Nie haben wir es geschafft, pünktlich zu sein und sind so immer ungewollt in den Mittelpunkt geraten. Als ich mich endlich hinsetzen konnte, bemerkte ich den hübschen Kellner auf der Bühne, der mich beobachtete und anlachte, während er mit seinen Kollegen die letzten Schritte zur Musik tanzte. Ich zuckte nur mit den Schultern und grinste ihn an, um mich wortlos zu entschuldigen, doch er lachte nur darüber und winkte ab. Mit der Weinschorle in der Hand, freute ich mich auf den Abend und wartete gespannt auf die neue Show. Das Hotel ließ sich immer etwas anderes einfallen, doch an diesem Abend sollte es weder Akrobaten oder Tanzgruppen, noch Musicals geben. An diesem Abend sollten einige Gäste aus dem Publikum die anderen bespaßen und an verschiedenen Spielen teilnehmen. Und während einige Freiwillige bereits auf der Bühne warteten und Mehmeth erwartungsvoll zu mir herüber sah, wurde ausgerechnet meine Hand durch eine hübsche Animateurin gegriffen und zu sich herangezogen. Ich hatte gar keine Chance abzulehnen und wurde direkt zur Bühne geleitet. Etwas zögernd lief ich die Treppen hinauf und fand mich bei den anderen „Freiwilligen" wieder. Da stand ich nun, mitten im Scheinwerferlicht, neben den anderen Gästen und blickte direkt zu Mehmeth. Er grinste mich an, während der Moderator das Publikum anheizte und die Spieler auf der Bühne in Teams einteilte. Und ob es nun Mehmeth war, der seinen Kollegen im Vorfeld manipuliert hatte oder es wirklich Zufall war, dass ich ausgerechnet mit ihm spielen sollte, war mir in diesem Augenblick völlig egal. Ich genoss seine Blicke und seinen Arm, den er um mich legte, als wir uns paarweise aufstellen mussten. Wir waren uns ja schon vorher sympathisch, aber als wir uns so nah waren, fühlte ich, dass zwischen uns einfach die Chemie stimmte. Ich fand es einfach schön, dass mir ein wildfremder Mann, so viel Herzlichkeit entgegenbrachte. Unsere Aufgabe bestand darin, Begriffe zu erklären, die der jeweils andere erraten musste und so lachten wir uns unter anderem bei den Begriffen „Lattenzaun", „Eis lecken" oder „Kleiderständer" fast schlapp. Mit jeder Runde wurden die Anforderungen etwas schwerer und so mussten wir die Dinge erklären, malen oder pantomimisch darstellen. Es war ein herrlicher

Abend, wir hatten Tränen in den Augen und holten uns sogar den ersten Platz. Zum Schluss gab er mir noch einen Kuss auf die Wange und bedankte sich, dass er so eine tolle Spielpartnerin hatte. Seine Komplimente konnte ich nur erwidern und war froh, dass wir endlich mal die Möglichkeit hatten, uns etwas näher zu kommen. Ich verabschiedete mich von ihm und ging wieder zurück zu den Mädels. Sie genossen es mich wieder glücklich und uns beide lachen zu sehen und malten sich schon wieder die versautesten Sachen aus. Und ja, es ging mir verdammt gut. Mehmeth hatte etwas an sich, was mir einen wohligen Schauer über die Haut laufen ließ. Und als ich später dachte, dass wir uns vielleicht noch einmal an der Bar auf ein Getränk treffen würden, war ich schon etwas enttäuscht, als es nicht so war. Mehmeth hatte bereits Feierabend und war nicht mehr zu sehen. Und so ging ich mit Maja und Anna noch ein wenig alleine in die Beachbar am Strand und tanzte auf den schönen Abend. Doch selbst auf der Tanzfläche hatte ich vor den beiden keine Ruhe. Sie erzählten mir die ganze Zeit, dass sie uns beide beobachtet hatten und fanden, dass es zwischen Mehmeth und mir unheimlich geknistert hätte. Und das konnte ich nicht verneinen. Die beiden hatten einfach vollkommen Recht. Seine Blicke auf meinen Körper machten mich scharf und seine Hände, die mich zwischendurch am Rücken berührten, ließen Platz für meine Fantasien. Und spätestens als Maja noch einmal meine Bewegungen zum Lattenzaun nachmachte, wusste auch ich, dass Mehmeth davon sehr angetan gewesen sein musste. Zu gerne hätte ich ihm auch noch „Angliederung", „Stoßstange" oder „Liebesmuschel" erklärt, aber dafür hätten wir alleine sein müssen und das wurde uns leider vergönnt. Und so verging dann auch dieser Abend ohne die Chance auf ein Gespräch oder einen Tanz mit ihm.

Die letzte Woche unseres Urlaubs war angebrochen und wir dachten wehmütig an zu Hause. Wie schnell so ein Urlaub immer vergehen musste. Keiner von uns dreien wollte schon nach Hause und so beschlossen wir, auf jeden Fall wiederzukommen. Die letzten Tage genossen wir noch einmal in vollen Zügen. Gingen zusammen tauchen, fuhren Jetski und kauften auf dem Markt ein paar schöne Klamotten. Und so packten wir am letzten Tag unsere Koffer, die fast auseinanderplatzten, machten uns ein letztes Mal für den Abend schick und gingen danach zum Essen. Das Buffet war wieder reich bestückt und die Abendsonne schien uns auf der Terrasse mitten ins Gesicht. Wir genossen das letzte Mal diesen wundervollen Ausblick, nahmen unsere Gläser in die Hand und beschlossen noch einmal in dieses wundervolle Hotel zurückzukommen. Nach dem Essen gingen wir zur Poolbar, die direkt unter dem

Restaurant lag. Alles war bunt geschmückt, eine Bühne ragte genau vor dem großen Amphitheater in die Luft und die Kellner dekorierten die letzten Tische für die große Party. Ich setzte mich mit Maja und Anna an einen Tisch, der von der Bar aus gut zu sehen war, schließlich wollten wir uns den Anblick auf das männliche Personal nicht verwehren. Mehmeth, mit dem ich das letzte Mal auf der Bühne gesprochen hatte, war ausgerechnet heute nicht im Dienst und so war ich etwas traurig, ihn nicht einmal auf Wiedersehen sagen zu können. Die Band fing an zu spielen und wir bestellten uns Sekt mit Pfirsichsaft und einen Baileys dazu. Es war grandios, am Pool zu sitzen und die anderen Gäste beim Tanzen zu beobachten. Maja war eine absolute Partymaus, sie stürzte nach ihren ersten Getränken sofort auf die Tanzfläche und bewegte ihren süßen Hintern gekonnt zur Musik, Anna folgte ihr unaufgefordert und ahmte Majas Bewegungen eins zu eins nach. Doch ich hatte irgendwie heute so gar keine Lust mich großartig zu bewegen. Die Luftfeuchtigkeit war einfach so hoch, dass mir bereits beim Sitzen das Wasser zwischen die Brüste lief. Und obwohl ich nur ein Minikleid trug, nahm mir die Hitze sämtliche Lust aufs Tanzen. Ich blieb also, im wahrsten Sinne des Wortes, auf meinem Stuhl kleben und beobachtete Maja und Anna, die von Männern umzingelt auf der Tanzfläche standen. Ich liebte die beiden einfach für

ihre unkomplizierte Art und lachte laut los, als Maja und Anna vor den anderen Gästen zu knutschen anfingen und so die Männer vor Geilheit in die Knie zwangen. Das war ein herrliches Schauspiel und zu gerne hätte ich die beiden dabei gefilmt. Doch ich verstand auch, dass sie am letzten Abend unbedingt noch einmal die Puppen tanzen lassen wollten. Ich nahm daraufhin mein Glas Sekt vom Tisch und wollte mit mir alleine auf unsere fantastische Freundschaft trinken, als ich einen heißen Atem auf meinen Nacken spürte.
>>Darf ich mit Ihnen tanzen, schöne Frau. <<, flüsterte mir Mehmeth ins Ohr.
Dieser Akzent ließ mein Blut pulsieren und meinen Atem stocken. Ich drehte mich vorsichtig um und sah ihm direkt in seine fast schwarzen Augen. Er hielt mir seine Hand hin, die ich ohne zu zögern ergriff und ging mit ihm auf die Tanzfläche. Bereits auf dem Weg dahin, sah ich seinen knackigen Arsch in den kurzen Shorts und sein Muskelshirt schrie danach, zerrissen zu werden. Es lief „Everything I do" von Bryan Adams und so konnte er nicht anders, als seinen Arm um meine Hüfte zu legen und mich vorsichtig an sich heran zuziehen. Da sein Deutsch dann doch nicht so gut war, dass es für ein Gespräch ausgereicht hätte, unterhielten wir uns auf Englisch weiter. Er war ein sehr guter Tänzer und hatte so eine bestimmende Art an sich, der ich mich sofort und bereitwillig

hingab. Ich wusste nicht, ob es die Erinnerung an Benny und unseren ersten Tanz war oder ob diese Anziehung alleine von Mehmeth ausging, aber fakt war, dass er eine warme und gleichzeitig erotische Aura um sich herum hatte, die mich seit der ersten Sekunde verzauberte. Er war ein kleines Stück größer als ich und seine dunklen Haare waren etwas nach hinten gegelt. Aber nicht machomäßig, sondern südländisch sexy. Er sah in seinem Freizeitlook noch besser als in seiner Kellneruniform aus. So einfach und reizvoll zugleich. Seine großen braunen, fast schwarzen Augen und seine weißen Zähne überstrahlten alles. Er war ein wirklich unbeschreiblich gutaussehender Mann, der seinen Charme spielen ließ und dennoch nicht plump wirkte. Er fragte mich, ob ich an dem Abend auf der Bühne Spaß hatte und wie lange ich noch bleiben würde. Natürlich hatte ich viel Spaß, es waren ja auch ein paar lustige Spiele. Und das wusste er auch, spätestens durch meine Tränen, die mir beim Lachen in die Augen schossen. Außerdem erzählte ich Mehmeth von unseren Eindrücken und Erlebnissen aus den letzten Tagen. Dass wir viele nette Menschen kennengelernt haben und die Hotelanlage einem Paradies sehr nahe kam. Das einzig Unerträgliche war das Wetter am Abend, als man an seinen Sachen gefesselt, nicht mehr baden gehen konnte. Er lachte mich an und verstand den Wink mit dem Zaunpfahl. Leider war es unser letzter Abend und wir hatten bereits die Koffer gepackt. Er fand es sehr schade, dass wir uns nicht schon viel früher zum Tanzen treffen konnten und dass es unsere letzte Chance war miteinander Zeit zu verbringen. Es fühlte sich wundervoll an. Endlich konnten wir wenigstens ein paar Minuten reden und er führte mich gekonnt über die Tanzfläche. Das Lied war zu Ende und wir lösten uns ungern voneinander. Lange guckten wir uns ohne etwas zu sagen in die Augen und grinsten uns an.

>>Ich komme sofort wieder. <<, flüsterte er mir ins Ohr und brachte mich zurück zum Tisch.

Ich atmete am Tisch einmal tief durch und strich mir beide Hände aneinander. Jetzt war es nicht nur die unausstehliche Wärme, sondern auch noch meine Fantasie, die mich einheizte. Mit einem Glas Sekt, einem Baileys und einem Cocktail in der Hand stand Mehmeth ein paar Minuten später lachend vor mir.

>>Darf ich mich zu dir setzen? <<, fragte er mich vorsichtig, bevor ich ihm den Stuhl zurück zog.

>>Nichts Schöneres als das. Bitteschön junger Mann. <<, schnurrte ich ihm entgegen und nahm ihm die Gläser ab, um sie vor uns auf den Tisch zu stellen.

Wir saßen da und unterhielten uns über mich, über seine Arbeit und das Hotel. Wir lachten über unsere Pantomime auf der Bühne und sahen uns zwischendurch, ohne etwas zu sagen, lange an. Seine

Blicke ließen mich keine Sekunde aus den Augen und Mehmeth beichtete mir nach einiger Zeit, dass es vom Hotel aus verboten sei, etwas mit den Gästen anzufangen und dass er mich so immer nur heimlich ab und zu am Pool beobachten konnte. Ich war überrascht, hatte ihn nirgendwo versteckt gesehen und fing an zu lachen. Außerdem erzählte er mir, dass er an dem Abend im Theater extra mit seinem Kollegen gesprochen hätte, um mich auf der Bühne mit ihm zu paaren. So hatte er wenigstens kurz die Möglichkeit, mit mir Zeit zu verbringen und mich etwas kennenzulernen. Die Komplimente, die er mir machte, schmeichelten sehr und er rutschte unterm Tisch mit seiner Hand vorsichtig über mein Bein. Vielleicht wollte er nur sehen, wie ich reagieren würde, doch ich zuckte nicht ein einziges Mal zusammen. Wir mussten aufpassen, dass keiner vom Hotel etwas bemerken würde, denn obwohl er frei hatte, galt immer noch das Verbot und das machte uns beiden unheimliche Lust auf mehr. Es war einfach so schön locker zwischen uns. Wir wussten beide, dass wir uns gegenseitig anziehend fanden und er sprach alles was er dachte, ohne große Umschweife oder Scheu aus. Genau diese direkte Art faszinierte mich an Mehmeth. Ich fühlte mich seit Wochen wieder wohl und vor allem begehrenswert. Dieser Augenblick ließ mich Benny vergessen. Ich war voll und ganz mit meiner Lust bei Mehmeth, der mir anbot mit ihm zu einem kleinen Pool zu gehen. Dieser lag etwas abgelegener in der Hotelanlage direkt neben dem Strand und es gab keine Kameras, die ihm Stress mit seinem Arbeitgeber verursachen konnten. Nur die anderen Gäste und das Personal hätten uns inflagranti erwischen können, doch das war da unten eher unwahrscheinlich. Ich lächelte ihn an, nickte kurz und stand mit ihm gemeinsam vom Tisch auf. Maja und Anna zwinkerten mir zu und machten in der Luft anzügliche Bewegungen. Maja bewegte den Po immer vor und zurück, Anna ballte ihre Hand zu einer Faust und ließ die Zunge gegen ihre Wangeninnenseite stoßen. Ich winkte ab und grinste verlegen. Manchmal dachte ich, dass ich mit Männern befreundet wäre, sie hatten keinerlei Scham und machten sich nie eine Platte über das, was sie taten. Aber wie gesagt, dafür liebte ich die beiden. Und so wussten sie, dass ich in der nächsten Stunde erst einmal nicht wiederkommen würde.

***

Wir gingen auf einem kleinen Holzweg Richtung Pool. Um uns herum standen Palmen und kleine Sonnenliegen und von Weitem konnten wir noch die Musik der Band spielen hören. Er nahm ohne zu zögern meine Hand und strahlte mich über beide Ohren an.
>>Du bist so wunderschön. <<, sprach er mal wieder auf Deutsch und ließ mich erröten.
Und auch wenn ich wusste, dass Mehmeth nur ein kleiner Urlaubsflirt bleiben wird, haben mir seine Worte neues Selbstbewusstsein gegeben. Am Pool angekommen, zog sich Mehmeth sofort und ungehemmt seine Sachen aus und glitt leise in den Pool. Seine Klamotten ließen nur erahnen, wie gut er gebaut war, aber als er dann in voller Pracht vor mir stand, war ich komplett überwältigt. Sein Körper war durchtrainiert, doch eher vom täglichen Schwimmen und Laufen, als vom Fitnessworkout in der Muckibude. Ich hatte keine Hemmungen davor, mich vor ihm zu entblößen, befreite meine Schultern von den Trägern und ließ mein Minikleid über meinen Po gleiten. Ich öffnete die Riemchen meiner hohen Schuhe und setzte langsam erst den rechten und dann den linken Fuß auf den Boden. Ich fühlte mich wie eine Stripperin, die ihrem Gast in einem Separee eine persönliche Show darbot und es gefiel mir, wie

mir Mehmeth dabei zusah. Ich ging mit grazilen Schritten zur Leiter, die direkt in den Pool führte und freute mich auf unsere gemeinsame Abkühlung. Seit der Abfuhr von Benny, hatte ich weder einen anderen Mann geküsst noch gebumst, daher war das Gefühl und die Vorfreude in mir unbeschreiblich. Sein Kopf guckte erwartungsvoll aus dem Wasser, seine Hände kreisten durch das kühle Nass und seine braune Haut sah über der Wasseroberfläche noch dunkler aus, als jemals zuvor. Als ich zu ihm schwamm, tauchte er leise ab und kam unter Wasser auf mich zu. Direkt vor mir tauchte er wieder auf, zog mich zu sich heran und küsste mich. Seine bestimmende Art setzte er auch im Pool fort und bereits seine Zunge zeigte mir, wie sexuell geleitet er war. Er küsste anders als deutsche Männer, es wirkte bereits im Mund so, als würde er mich küssend befriedigen wollen. Dann hörte er kurz auf und guckte mich einfach nur an. Er genoss es, mich nackt im Pool zu sehen und ich ließ meinen Kopf nach hinten ins Wasser eintauchen und meine Brüste dabei etwas herausblitzen. Ich sah, wie er meine Bewegungen verfolgte, stellte mich wieder auf und umfasste seinen kleinen festen Arsch. Ich zog ihn an mich heran und küsste ihn erneut. Und da war es wieder – das Gefühl mit einem Mann so spielen zu können. Seine Hände fassten mir in meine nassen Haare, leicht zog er diese nach hinten, um seine

lustvollen Küsse auf meinem Hals fortsetzen zu können. Es war anders, als mit anderen Männern, anders als mit Benny. Ich wusste, dass es ihm nur auf Sex ankam und konnte mich voll und ganz hingeben, konnte mich in seinen Armen fallen lassen. Er ließ seine Hände von den Haaren, an meinen Armen hinunter bis hin zu meinen Händen gleiten. Er griff nach ihnen und verschränkte sie hinter meinem Rücken und genoss es sehr, die dominante Rolle zu übernehmen. Diesen Druck, den er dabei ausübte, machte mich unheimlich scharf auf ihn.
>>Wenn das ganze Vorspiel schon so ist, wie würde es dann sein, wenn er erst richtig loslegt? <<, schoss mir als einziger Gedanke durch den Kopf und ließ meine Lust auf mehr steigen.
Er legte viel Wert darauf, mich zu verwöhnen, küsste mich innig, schob mich dabei zur Poolwand und ließ meine Hände ausgebreitet auf dem Rand nieder.
>>You and your body are making me crazy. <<, zischte er in seinem süßen Akzent und tauchte ab.
Ich spürte seine Finger an meinen Brüsten hinunter gleiten. Er hielt sich an meinem Becken fest und verharrte mit lang gestrecktem Körper im Wasser. Sein kleiner Arsch sah zum Anbeißen aus, er nahm meine Füße in beide Hände und spreizte sie unter Wasser so weit er konnte. Und plötzlich merkte ich, wie sein Mund meine Lippen umschloss und er daran saugte. Seine lange Zunge spaltete mich und leckte

genussvoll von meiner Klitoris bis hin zu meinem Arschloch. Er strahlte so eine unheimliche Erotik aus, machte mich total wild. Es war ein einzigartiger und völlig neuer Genuss. Noch nie hatte ich einen Mann kennengelernt, der mich von Anfang an und ausschließlich sexuell so erregte wie Mehmeth. Er kam kurz an die Wasseroberfläche um Luft zu holen und tauchte wieder ab. Mich am Poolrand festzuhalten, während er mir all seine oralen Fähigkeiten preis gab, war gar nicht so einfach. Und als er dann noch anfing, mich mit einem Finger vorn und einem anderen hinten zu stimulieren, während er genüsslich an meinem Kitzler lutschte, rutschte ich kurz mit einer Hand vom Poolrand ab. Ich war so von ihm erregt, dass es nicht lange dauerte, bis sich alles in mir zusammenzog. Ich war natürlich auch wochenlang untervögelt, aber das, was er mit mir machte, hätte mich auch mit regelmäßigem Sex sofort zur Ekstase gebracht. Mehmeth merkte das und holte mich beim Orgasmus zu sich unter Wasser. Er hielt mich fest in seinen Armen, während mein Körper bebte. Dieser Orgasmus war so intensiv und einzigartig, dass ich es kaum beschreiben kann. Unter Wasser hatte ich keine Chance tief durchzuatmen oder alles aus mir herauszuschreien. Es war der beste Orgasmus, den ich jemals hatte und war mit keinem anderen zu vergleichen. Wir tauchten beide nach einigen Sekunden auf und holten tief Luft.

\>\>You are amazing.<<, konnte ich noch sagen, bevor er mich packte und mit mir in eine kleine Ecke schwamm, in der unter Wasser eine Erhöhung war.
Am Tag konnte man sich hier whirlpoolartig massieren lassen, nun diente es uns als Bumsunterlage, was für mich eine herrliche Vorstellung war. Er setzte mich auf die Fliesen und wiederholte seine innigen Küsse. Er spitzte seine Zunge und ließ sie in meinem Mund rein- und rausgleiten. Er leckte mir von außen die Lippen entlang, biss leicht in meine Unterlippe und wiederholte sein Spiel mit der Zunge in meinem Mund. Er merkte, dass ich nur darauf wartete, endlich von ihm genommen zu werden und genoss es in vollen Zügen, mir nicht gleich meinen sehnlichsten Wunsch zu erfüllen. Sein Schwanz war schon die ganze Zeit hart, vor allem aber war er mächtig und etwas heller als der Rest seines Körpers. Er nahm ihn zwischen seine Hände und ließ seine Finger hoch und runter gleiten. Dabei guckte er mich willig an, als würde er sagen:
\>\>Na Baby, gefällt dir was du siehst? Mach dich auf etwas gefasst, jetzt bist du mir völlig ausgeliefert und ganz in meiner Gewalt. Ich freue mich darauf, es dir gleich so richtig besorgen zu können.<<
Er kam etwas näher, bäumte sich auf und stieß ihn mir direkt und ohne Vorwarnung hinein. Sein Schwanz und das Wasser in mir ließen mich lustvoll

aufstöhnen. Diesen Druck und jede einzelne Bewegung von ihm zu spüren, war nach der langen Abstinenz einfach grandios. Seine Stöße waren ruckartig, sein Unterkörper kreiste im Wasser. Dann zuckte er wieder, wie eine kleine Nähmaschine hin und her und das Wasser schwappte zwischen unsere Körper. Es fühlte sich so toll an, wieder gebumst zu werden und ihn dabei zu beobachten. Nach einigen Minuten zog ich meine Beckenbodenmuskulatur zusammen und Mehmeth schloss die Augen. Sein Gesicht zeigte mir, dass er es grandios fand und ich brauchte nicht lange, um ihn da zu haben, wo ich ihn hinhaben wollte. Er atmete tief ein und flüsterte mir leise zu:

>>No, no Baby, please not yet, no...<< und zog den Schwanz aus mir heraus.

Er sah so unheimlich sexy aus, als er vor mir kam und sein Gesicht wurde von der Ekstase durchzogen. Sein weißer Saft schwomm im Wasser neben uns her. Ich liebte diesen Anblick von purem Sex und viel Leidenschaft, auch wenn es bei näherer Betrachtung für die anderen Gäste ekelhaft sein musste, wenn sie gewusst hätten, dass er gerade in den Pool gewichst hatte. Doch was störten mich die anderen. Wir waren wahrscheinlich nicht die ersten, die sich der Lust im Urlaub hingaben und unsere Körperflüssigkeiten im Wasser verteilten. Doch während ich noch von diesem tollen Moment zerrte, war Mehmeth etwas pikiert darüber, dass er so schnell kam. Ausgerechnet er, der südländische Loverboy, gab sich mir gleich so hin und kam nach wenigen Minuten. Doch genau das, machte ihn so unheimlich sympathisch. Ich küsste ihn zärtlich, ließ ihn spüren, dass ich es toll fand und ging mit ihm langsam durch das Wasser zum Rand. Wir stiegen gemeinsam aus dem Pool, Mehmeth zog eine von den Sonnenliegen unter die Palmen, die direkt am Pool standen und legte sich hinauf. Mit offenen Armen lag er vor mir und bat mich liebevoll darum, mich zwischen seine Beine zu legen. Wie hätte ich ihm diesen Wunsch abschlagen können? Setzte mich erst auf die Seite und beugte dann meinen Oberkörper nach hinten. Er hielt mich fest, unsere Körper waren noch nass und er sagte mir, wie toll er es findet, dass ich jetzt bei ihm bin.

\>\>You are so realy fucking crazy, you are like a dream, Line. No way, for staying here next to me?<<, flüsterte er mir ins Haar und gab mir einen Kuss.

\>\>No way, baby. No way.<<, antwortete ich ihm und küsste ihn zurück.

Ich genoss es in seinen starken Armen zu liegen. Wie oft habe ich mir das bei Benny gewünscht. Mehmeth gab mir ein tolles Gefühl, er war sexy und liebevoll zugleich. Eine Mischung aus Macho und Softie, eigentlich perfekt, doch nur für den Augenblick. Klar wusste ich, dass es nur Sex war und ich morgen fahren musste, aber ich schloss kurz die Augen und genoss die Ruhe. Doch als wir bereits ein paar Minuten so da lagen, hörten wir plötzlich Stimmen, die dem kleinen Pool immer näher kamen. Sofort sprangen wir auf und versteckten uns hinter den Rutschen, die direkt ins Wasser führten. Zwei Lichtkegel blitzten direkt vor uns auf, unsere Klamotten lagen am Pool verteilt und Mehmeth übersetzte mir das, was die beiden Männer in Uniform vor sich herbrabbelten.

>>Diese Touristen wieder, immer lassen sie alles hier am Pool liegen. Und morgen vermissen sie wieder ihre ganzen Klamotten. Und starten morgen dann wieder eine Suchaktion. <<

Sie nahmen die Sachen hoch und legten sie vorsichtig auf eine Liege, drehten sich um und gingen hinunter zum Strand. Wir lachten herzhaft und ließen uns auf die warmen Platten neben den Rutschen fallen. Das Verstecken und die Angst erwischt zu werden, brachte Mehmeth wieder in Hochstimmung. Er sah mich immer wieder an und ihm wurde klar, dass ich morgen abreisen musste. Drehte meinen Kopf zu sich und küsste mich erneut ganz zärtlich. Ich griff ihn mit meiner rechten Hand unter sein Gesicht und hielt lange mit meinen Fingern seinen Unterkiefer fest. Ich wollte ihm zeigen, wie scharf ich auf ihn war und dass ich es genoss, wenn er mich so küsste. Ich drehte mich weiter zu ihm um, legte mein linkes Bein über seinen Körper und ließ seinen harten Schwanz in mich hinein gleiten. Wir saßen beide auf dem warmen Boden und unsere Körper waren ineinander verschlungen. Jeden Augenblick haben wir intensiv in uns aufgesaugt. Mehmeth konnte mich nach dieser kurzen Pause lange verwöhnen. Immer wieder wechselten wir die Stellungen, immer wieder suchte er mich auf, um mich von vorne, von der Seite und sogar anal zu vögeln. Nicht viele Männer konnten mich in den darauffolgenden Jahren anal befriedigen, Mehmeth hatte die Messlatte einfach zu hoch gesteckt. Er verstand es den Schmerz, den ich beim Eindringen hatte, mit lustvollen Gefühlen, Küssen und Klitorisstimulation vergessen zu lassen. Er war nicht ruppig, sondern genoss diese wohlige Enge, ohne mir das Gefühl zu geben, mich von hinten aufspießen zu wollen. Er war eben ein typischer Südländer, die stehen ja immer auf diese Analpraktiken. An einfachen Sex haben sie meistens keine Lust und so konnte ich ihm diese Bitte auch nicht abschlagen. In meinen späteren Auslandsaufenthalten im Süden habe ich jedoch gemerkt, dass es nicht immer so schön, wie mit Mehmeth war. Südländer heißt nicht gleich automatisch Hengst im Bett. Mehmeth konnte keiner von ihnen das Wasser reichen, es machte einfach unheimlich viel Spaß, die Nacht mit ihm und heißem Sex zu verbringen. Wir lagen stundenlang auf den warmen Platten, die Musik war schon lange aus und es wurde langsam wieder hell. Als wir wussten, dass es nun Zeit war, diesen Abend zu beenden, standen wir auf und Mehmeth nahm mich in den Arm. Er wollte mich nicht loslassen, hatte seinen Kopf auf meine Schulter gelegt und atmete meinen Duft noch einmal tief in sich ein. Doch plötzlich nahm er mich auf seinen Armen hoch, schlang meine Beine um sich herum, lehnte sich etwas zurück, um nicht das Gleichgewicht zu verlieren und blickte mich mit seinen großen Augen an.

>>Please, just a last time baby. <<, sagte er etwas wehleidig und fing an mich in der Luft zu bumsen. Er war der Wahnsinn, unsere Unterkörper klatschten aufeinander, unser Schweiß floss an unseren Körpern entlang und mit immer wilder werdenden Bewegungen kamen wir beide einige Minuten später fast gleichzeitig. Das war der perfekte Abschluss eines wundervollen Urlaubs. Zur Abkühlung sind wir noch ein letztes Mal gemeinsam in den Pool gesprungen. Er küsste mich zum Schluss noch einmal innig und fragte mich, ob wir uns irgendwann noch einmal wiedersehen würden. Doch wir wussten beide, dass das nicht so sein wird und unsere gemeinsame Nacht, für immer einmalig und unvergessen bleiben wird. Und so blieb uns nichts anderes übrig, als uns ein letztes Mal einen innigen Kuss zu geben, unsere Körper noch einmal intensiv

aneinander zu pressen und uns Lebewohl zu sagen. Mit einem breiten Grinsen ging ich auf dem Weg Richtung Hotel und Mehmeth zu der Personalunterkunft. Irgendwann drehten wir uns ein letztes Mal um, winkten uns zu und gaben uns einen Luftkuss. Das war das letzte Mal, dass ich Mehmeth in diesem Urlaub gesehen habe. Die einzigen, die von dieser Nacht und von meiner Urlaubsbekanntschaft wussten, waren meine Mädels. Ansonsten blieben dieser Urlaub und all meine Erinnerungen daran, mein kleines, dreckiges Geheimnis. Ich stieg mit einem guten Gefühl in den Flieger und hatte alles um mich herum vergessen. Immer wieder dachte ich an den letzten Abend, an Mehmeth und sein unglaubliches Durchhaltevermögen und grinste in mich hinein. Irgendwie blickte ich ein wenig traurig zurück, zu gerne hätte ich noch ein paar Nächte mehr mit ihm verbracht, doch alles im Leben hatte einen Sinn. Man sollte aufhören, wenn es am Schönsten war und so war es auch bei uns. Diese Nacht hätte man nicht toppen können. Es war einfach zu schön, fantastischen Sex zu haben und dann auch noch so unverbindlich auseinander zu gehen. Keiner von uns beiden musste sich Gedanken um den anderen machen und konnte ganz normal sein Leben weiterleben. Und vielleicht würden wir uns doch noch einmal irgendwann wiedersehen. Und als ich im Flieger für mich alles Revue passieren ließ, war ich unheimlich froh, genau diese Erfahrung gemacht zu haben. Dank meiner Mädels, hatte ich seit Langem mal wieder richtig viel Spaß. Natürlich fragten Maja und Anna im Flieger nach meiner Nacht. Verständlich, da ich ja auch bis in die Morgenstunden nicht im Zimmer war und sie sich denken konnten, dass wir nicht nur über den Urlaub und das schöne Wetter geredet hatten. Und so hatte ich während des gesamten Fluges viel Gesprächsstoff bis wir wieder in Berlin landeten.

\*\*\*

Als ich wieder in Deutschland ankam, wurde ich jedoch schnell auf den Boden der Realität zurückgeholt und an Benny und all meine Gefühle zu ihm erinnert. Und als mich Maja vom Flughafen aus nach Hause fuhr, sah ich ihn alleine im Restaurant sitzen. Er saß am Fenster und trank ein Bier, sah müde und traurig aus. Er guckte über die Straße zu mir hinüber, traute sich aber nicht mich zu grüßen. Und auch ich konnte nicht einmal zur Begrüßung die Hand heben. Ich guckte ihn das erste Mal wieder direkt in die Augen und merkte, dass mein Herz etwas schneller schlug. Ich wollte wirklich vergessen, wollte das Erlebte mit Benny hinter mir lassen und von vorne beginnen. Und ich wusste, dass mich die Zeit im Urlaub abgelenkt und wieder verändert hatte und die Erlebnisse unvergessen bleiben würden. Doch als ich genau in diesem Augenblick Benny wieder ansah, kamen alle Gefühle wieder zum Vorschein und ich musste mir eingestehen, dass das Vergessen nicht so einfach war. Ich habe in diesem Augenblick gesehen, dass er gelitten hatte und auch wenn ich nicht ansatzweise wusste, wie es funktionieren sollte, wollte ich trotzdem nur ihn. Er war der Mann, für den ich mehr empfand als für alle anderen um mich herum, doch er konnte mir keine Zukunft bieten. Er konnte einfach nicht an meiner

Seite sein und das machte mich besonders fertig. Doch wenn ich eins von Mehmeth und meinen Mädels im Urlaub gelernt habe, war es, dass ich alleine für mein Leben verantwortlich bin und egoistisch sein musste. Ich sollte kein anderes Leben und keine anderen Gefühle, jemals meinen eigenen vorziehen. Und daher gewöhnte ich mich an die Situation und akzeptierte langsam, dass er verheiratet war, um mich besser zu fühlen und mich wieder auf mein Leben zu konzentrieren. Dennoch waren all die offenen Fragen immer noch in meinem Kopf und ich wollte sie irgendwann geklärt haben. Doch jetzt beschloss ich erst einmal abzuwarten und Benny erst zu Rede zu stellen, wenn sich die Gelegenheit dazu ergeben würde. Nicht jetzt, nicht heute und auch nicht in den nächsten Tagen.

Ich nahm meine Tasche und verabschiedete mich von Maja. Und als ich nach oben kam, stellte ich meine Koffer in den Flur und erzählte meiner Mom von unserem Urlaub. Es war schön, eine meiner besten Freundinnen zu Hause sitzen zu haben, die gespannt meinen Worten lauschte. Und so redeten wir bis in die Morgenstunden hinein. Dass Benny immer noch im Restaurant sitzen könnte, vergaß ich völig und auch auf meinem Telefon, hatte ich keinen Text. Er muss still und heimlich, irgendwann nach Hause gefahren sein. Als meine Mom beschloss ins Bett zu gehen, nahm ich mir meinen Laptop und setzte mich noch ein wenig in die Wohnstube. Ich wollte mich ablenken und loggte mich bei Facebook ein, um meine Urlaubsbilder hochzuladen und mich zu informieren, was in den letzten zwei Wochen hier so alles passiert ist. Es war etwas komisch, nicht die Mädels um mich herum zu haben und nicht in die Beachbar zu gehen, um ausgelassen zu tanzen. Jetzt war ich wieder zu Hause und musste mich an die Stille gewöhnen. Und siehe da, ich hatte eine Nachricht von Mehmeth in meinem Maileingang. Da hatte der Schlingel mich wirklich gefunden und sofort einen lieben Text geschrieben. Ich las seine lieben Worte und antwortete ihm sofort, da ich mir sicher war, dass er sich über ein paar herzliche Worte sehr freuen würde. Und so ging es immer hin und her, bis ich das Schreiben satt hatte und ihm meine Nummer gab. Seither blieben wir in Kontakt. Waren aber nur wie Freunde zueinander, auch wenn die Nacht am Anfang kurz thematisiert wurde. Wir schwärmten über den Abend am Pool und erzählten uns von den Tagen danach. Ich erzählte ihm von Benny und er mir nach ein paar Wochen von seiner neuen Freundin, die er bei der Arbeit kennengelernt hatte. Wir verstanden uns super und auch, wenn tausende Kilometer zwischen uns lagen, wurde er irgendwann zu einem Großen-Bruder-Ersatz. Memo, wie ich ihn liebevoll nannte, gab mir den Tipp, alle Nachrichten von Benny zu löschen und am besten seine Nummer gleich mit. Nur so konnte ich beruhigt in die Zukunft blicken und endlich vergessen. Und er hatte Recht. Zu groß war die Angst ihm zu schreiben, wenn ich mit den Mädels unterwegs war und etwas getrunken hatte. Mit Alkohol lässt sich bekannter Weise alles einfacher ertragen, aber dann kommt der Rückfall und man hängt am Telefon und verfasst eine Nachricht an den Typen, der einem vorher das Herz gebrochen hatte. Das wollte ich mir ersparen und das war auch das einzig Richtige. In den folgenden Tagen war ich befreit. Befreit von all der Angst, dass ich ihm hätte schreiben können. Und es war verblüffend. Ich fühlte mich seit Langem wieder unheimlich frei und losgelöst und genoss mein neues, altes Leben. Ich ging wie gewohnt zur Schule, schrieb ab und zu mit Mehmeth und verbrachte Zeit mit Maja und Anna. Doch nach ein paar Tagen sollte ich erneut an Benny erinnert werden. Zu dumm nur, dass ich zwar alles von ihm gelöscht hatte, er aber noch meine Nummer wusste und mir folgenden Text schrieb.

> Line, es sind jetzt bereits ein paar Wochen vergangen. Ich möchte dir so unheimlich gerne alles erklären, dir die Möglichkeit geben mich zu beschimpfen oder mich anzuschreien. Bitte tue irgendetwas, aber ignoriere mich nicht. Ich komme damit nicht klar und es ist das Schlimmste, was du mir antun kannst. Bitte gebe

mir diese Chance, mich dir zu erklären und lass uns irgendwo treffen. Ich werde dir auch all deine Fragen beantworten. Gruß Benny

Ich zitterte wie verrückt, als ich seine Nachricht las. Habe überhaupt nicht daran gedacht, dass er meine Nummer noch hatte und wusste nicht, ob ich schon so weit wäre, ihm die Möglichkeit zu geben, mir alles zu erklären. Zu groß war die Enttäuschung über diese Entwicklung und zu groß war der Schmerz, dass er mir seine Ehe verheimlicht hatte. Ich überlegte, ob ich ihm überhaupt darauf etwas schreiben sollte, doch ich konnte nicht anders, nahm mir viel Zeit und verfasste einen Text. Denn obwohl ich mir in meinem Urlaub vornahm, ihn endlich zu vergessen, waren sie immer noch da - diese Anziehungskraft von und meine Gefühle zu ihm. Ich wollte unbedingt, dass er mir alles erklärt und mir meine Fragen ehrlich beantwortet, auch wenn ich Angst davor hatte, wieder schwach zu werden und vor ihm in Tränen auszubrechen.

> Hey Benny, versuche mich ein wenig zu verstehen. Auch wenn ich dich im Restaurant gesehen habe, konnte ich nicht so tun, als wäre nichts gewesen. Zu viel ist zwischen uns passiert, dass ich dich wie einen Freund behandeln könnte. Dennoch gebe ich dir die Chance dich zu

erklären. Heute um 18 Uhr. Hinten an der Tür, auf eine letzte Zigarette.

Er sagte zu und ich wurde im nächsten Moment mit verschiedenen Gefühlen geflutet. Von Abscheu und Begierde, Freude und Wut, Liebe und Hass. Ich dachte an unseren ersten Tanz, an unsere Treffen und den wundervollen Sex. An die vielen Momente, an denen er mich zum Lachen gebracht hatte und an unseren ersten Kuss. Ich spürte auch jetzt noch seine Lippen und seine Hände auf meiner Haut, erinnerte mich an seine wundervollen Worte und das wohlige Gefühl, welches er in mir auslöste. Doch schon im nächsten Augenblick, sah ich wieder den verkorksten Abend im Restaurant mit seiner Frau vor Augen. Ich fühlte all die Schmerzen, die er mir durch seine Lügen zugefügt hatte und merkte einmal mehr, die Stiche in meinem Herzen, als mir seine Frau von ihm erzählte und mir die Schuld für alles gab. Und während ich von all diesen Gefühlen überrumpelt wurde, fragte ich mich, ob es wirklich das Richtige war, Benny diese eine letzte Chance gegeben zu haben. Ich legte mir für jede Situation, Sätze und Fragen zurecht und war auf unser Gespräch bestens vorbereitet. Ich übte meine Ansprache sogar zu Hause und war mir sicher, dass ich stark genug wäre, ihm die kalte Schulter zu zeigen. Ich wollte endlich die ganze Wahrheit wissen und war gespannt, was er mir zu erzählen hatte. Den ganzen Tag über war ich hin- und hergerissen, gespannt über seine Worte. Und als ich mich gerade fertig machte, klingelte mein Telefon. Nach einer gefühlten Ewigkeit stand Benny seine Nummer mal wieder auf meinem Display und ich ging mit zitternder Hand ran.

>>Ich bin schon unten, stehe hinten vor der Tür und warte auf dich. <<, sagte er, bevor ich schnell wieder auflegte.

Seine Stimme klang traurig und vorwurfsvoll. Und als ich ein paar Minuten später um die Ecke kam, sah er wie ein Häufchen Elend aus. Er hockte an der Hauswand und zog bereits an einer Zigarette. Mit einem starren Blick guckte er auf den Boden. Und als ich mich umsah, entdeckte ich überall Asche und einige Zigaretten vor Benny. Er musste also schon eine ganze Weile hier sitzen und auf mich warten. Er guckte vom Boden hoch in mein Gesicht, seine Augen waren nass und seine Lippen zusammen gepresst. Das war das erste Mal nach diesem schrecklichen Abend, dass wir uns wieder so nah waren. Doch das erste Mal, dass es so kalt und distanziert zwischen uns war. Ich machte mir eine Zigarette an und versuchte alle bereits zurechtgelegten Wörter zu sortieren.

>>Warum Benny? Warum warst du nicht ehrlich zu mir? Kannst du dir vorstellen, wie es sich anfühlt, wenn man die Wahrheit erfährt? Wie es sich anfühlt,

wenn all das, was man sich so sehnlichst gewünscht hat, einfach zerplatzt wie eine Seifenblase? Und dass noch nicht einmal von dir selber erfährt, sondern von deiner Frau! Deiner Frau, Benny. Weißt du eigentlich, was das heißt? Weißt du wie es schmerzt, wenn da eine Frau sitzt, der du ewige Treue geschworen hast und mich als Schlampe und Ehebrecherin beschimpft? Wenn da eine Frau sitzt, die den Mann hat, für den man mehr empfindet, als nur sexuelle Begierde und wie es schmerzt, wenn alles, vor allem aber das Vertrauen zu demjenigen, in sich zusammenbricht? <<

Meine Stimme zitterte, das tat sie immer, wenn ich so emotional war und für einige Sekunden herrschte zwischen uns eisige Stille. Benny schluckte kurz, blickte vom Boden zu mir hoch und fing endlich an sich zu erklären.

 >>Ich weiß nicht wie es sich anfühlt, Line. Ich weiß nur, dass ich dich nicht verletzen wollte. Das musst du mir glauben. Als ich dich zum ersten Mal vor dem Büro sah, konnte ich meinen Blick einfach nicht von dir lassen. Du hast mich an diesem Tag überhaupt nicht wahrgenommen und so genoss ich es, dich heimlich zu beobachten. Ich habe doch da noch nicht daran gedacht, dass wir uns irgendwann einmal richtig kennenlernen würden. Doch als ich dich auf dem Fest unten in der Stadt sah, war ich von dir fasziniert. Dein schönes Gesicht, dein Körper, der sich

gekonnt zur Musik bewegte und dein Lachen, als du mich beim Beobachten erwischt hattest, berührten und verzauberten mich. Ich wurde sofort in deinen Bann gezogen und wusste nicht, was mit mir los war. Ich habe dich den ganzen Abend angesehen, ich konnte einfach nicht anders. Ich wusste, dass es nicht richtig war, aber was konnte ich gegen dieses tolle Gefühl tun? Ich dachte, dass sich das alles wieder legen würde, wenn wir uns erst einmal nicht sehen und fuhr spontan in den Urlaub. Mit meiner Frau und dem Kind, um mich wieder zu sortieren und abzulenken. Doch du warst immer in meinem Kopf. Ich konnte dich einfach nicht vergessen und als ich aus dem Urlaub kam, warst du diejenige, auf die ich mich am ersten Arbeitstag so sehr gefreut habe. Doch deine abweisende Art machte mich verrückt. Du hast mich kaum eines Blickes gewürdigt und ich wusste nicht, was passiert war. Ich konnte keinen klaren Gedanken fassen, habe in der Nacht von dir geträumt und als ich wach wurde, blickte ich in das Gesicht von meiner Frau. Weißt du, wie sich das angefühlt hat Line? Weißt du, wie sich das angefühlt hat, als ich ständig an eine fremde Frau denken musste, die ich gar nicht wirklich kannte? Ich habe extra zu Hause Streit angefangen, um zu fliehen, um in deiner Nähe zu sein. Ich bin mit dem Auto stundenlang durch die Straßen gefahren, saß im Restaurant, weil ich nicht mehr weiter wusste. Du hast mir den Verstand geraubt und ich konnte nichts dagegen tun. Also fing ich an, meinen Kummer in Alkohol zu ertränken und musste dir schreiben. Das war der Abend, an dem wir uns das erste Mal geküsst haben. Von da an war alles noch viel schlimmer. Deine liebe Art und wie du mich angeguckt hast, machte mich verrückt nach dir. Du warst anders. Anders als die Frau, die ich zu Hause hatte und der ich ewige Treue geschworen habe. Anders als jemals eine Frau zuvor. Und so nahm alles seinen Lauf, ohne dass ich mich hätte zügeln können. Mein Tag bestand darin, mit dir in meinem Kopf aufzustehen, den Tag zu verbringen und wieder schlafen zu gehen. Ich konnte das einfach nicht ablegen. Du hast mir ein Lächeln ins Gesicht gezaubert, wenn ich an dich gedacht habe, wenn du mir gewunken oder mich nur angeguckt hast. Und als ich mit dir das eine Mal losfuhr, um dir alles zu erklären, um dir endlich die Wahrheit zu sagen, war meine Lust auf dich stärker als mein Gewissen. Nach unserem Sex auf der Landstraße konnte ich meine Gefühle erst recht nicht mehr kontrollieren. Wie du mich angefasst und geküsst hast, wie du mich selbstbewusst und lustvoll um den Verstand gebracht hast. Genau das, ließ alle Gedanken an meine Familie vergessen. Ich genoss jede einzelne Sekunde und das hätte ich dir so gerne gezeigt, doch als wir danach eine Zigarette auf der Motorhaube geraucht haben, hatte ich ein unendlich schlechtes Gefühl in mir. Noch nicht einmal meiner Frau, sondern dir gegenüber, weil ich dich belogen habe und nicht den Arsch in der Hose hatte, dir alles zu erzählen. Ich zog mich daher wieder zurück und zeigte dir die kalte Schulter. Ich zerrte von unseren Treffen an meinen Abenden und an den Wochenenden und wünschte mir an deiner Seite zu sein. Hätte ich gekonnt, hätte ich dich nie gehen lassen. Ich konnte mit dir reden und mit dir lachen, seit Langem hatte ich das Gefühl, endlich wieder der alte Benny zu sein. Du hast mich daran erinnert, wie schön mein Leben sein könnte. Und eines musst du mir glauben - hätte mich nicht immer der Mut verlassen, hätte ich den Arsch in der Hose gehabt, um dir alles zu erklären und ich hätte dir nicht wehgetan. Aber ich war ein Feigling, ich war ein Arschloch und habe diese Beichte immer weiter nach hinten geschoben. Ich konnte dir weder die Wahrheit sagen, noch aus dem Weg gehen. Ich hatte einfach Angst, dich wieder zu verlieren und all die schöne Zeit mit dir aufgeben zu müssen. <<

>>Oh mein Gott. <<, dachte ich mir und brauchte gleich noch eine Zigarette.

Ich stand da, von seinen Worten völlig hin- und hergerissen. Mein Kopf und mein Herz wechselten sich andauernd ab. Auf der einen Seite waren seine Frau und mein Verstand, die mir beide sagten, dass ich die Finger von ihm lassen sollte und auf der anderen Seite gab es uns, unsere Treffen, die Küsse und Zärtlichkeiten, vor allem aber mein Herz, welches sich immer und immer wieder gegen den Verstand auflehnte. Seine Worte trafen mich mitten ins Herz, noch nie war er so offen und ehrlich und noch nie hatte er sich mir gegenüber so verständlich erklärt. Doch ich wollte mir nichts anmerken lassen, wirkte ihm gegenüber entspannt und völlig gleichgültig. Ich sah, wie verrückt ihn das machte und es tat mir irgendwie leid, aber ich wollte nicht, dass er merkte, dass es mir genauso ging und ich ihn zu gerne in den Arm genommen hätte. Und das war wieder typisch ich, genauso war es bei mir schon immer. Da konnte die Welt in mir zusammenbrechen, ich am Boden zerstört und mir Leid und Schmerz zugefügt worden sein, Benny seine Gefühlswelt lag mir in diesem Moment mehr am Herzen, als meine eigene. Ich konnte einfach nicht nachtragend sein und verzieh ihm bereits bei seiner langen Rede all seine Lügen, weil ich begriff, dass er gegen seine Gefühle nichts machen konnte. Außerdem lag mir die Harmonie mit wichtigen Menschen sehr am Herzen und er gehörte einfach nach den vergangenen Monaten dazu. Doch auch wenn er mir seine Gefühle offenbarte, war nicht einfach alles wieder gut. Ich konnte zwar verzeihen, aber nicht vergessen und er hatte auch immer noch eine Ehefrau. Darum musste es für uns beide das

Beste sein, in Zukunft getrennte Wege zu gehen. Wir sprachen noch eine ganze Weile miteinander und ich war ihm dankbar, dass er mir all meine offenen Fragen so ehrlich beantwortet hat. Doch es wurde Zeit zu gehen. Und auch wenn es mir in diesem Moment sehr schwerfiel, musste ich Benny zurücklassen und meine Gefühle hinten anstellen.

\>\>Danke, dass du Zeit hattest und du mir erklärt hast, wie es zu all diesen Problemen kam. Ich fühle mich von deinen Worten wirklich geschmeichelt, möchte aber trotzdem, dass wir getrennte Wege gehen. Ich hoffe, du kannst meine Entscheidung verstehen und akzeptieren?! Ich habe dich sehr gerne Benny, aber es zu viel zwischen uns passiert, dass ich das alles vergessen könnte. Außerdem bist du immer noch verheiratet und hast einen kleinen Sohn, der dich braucht. Versuche bitte, dass alles wieder so wird, wie es einmal war. Und ich meine, bevor wir uns trafen und du dich verliebt hast. \<\<, sagte ich Benny direkt in die Augen, streckte ihm die Hand zur Versöhnung aus und drehte mich um.

Die ersten Schritte fielen mir leicht, doch mit jedem weiteren merkte ich, dass mein Herz zu bluten begann. Oben angekommen, schmiss ich mich kopfüber in mein Bett. Ich war alleine zu Hause und konnte alles aus mir rausschreien. Lange liefen mir die Tränen über das Gesicht, warum war diese Situation nur so aussichtslos und ungerecht? Dieser

Schmerz in meinem Herzen wollte einfach nicht vergehen. Nach unserem Gespräch war alles noch schlimmer, als jemals zuvor. Doch ich hatte das erste Mal das Gefühl, dass er mir wirklich die Wahrheit gesagt hat. Zu berührend waren seine Worte, zu emotional waren seine Erklärungen. Der Mann, der sonst so stark und unheimlich männlich war, der mir immer das Gefühl von Geborgenheit gegeben hatte, bei dem ich mich von Anfang an wohlgefühlt habe und mich anlehnen konnte, stand nun einfach da und erklärte sich und seine Gefühle und hatte dabei Tränen in den Augen. Ich hatte mit allem gerechnet, aber nicht damit. Er wirkte weder abgebrüht noch egoistisch auf mich, um das zwischen uns vielleicht fürs Bett klar zu machen oder zu testen, wie weit ich gehen würde. Ganz im Gegenteil. Seine Mimik war reumütig und seine Hände zitterten. Er kämpfte mit seiner Stimme und seinem Körper, war verzweifelt und sah schlecht aus. An diesem ganzen Ärger, den er zu Hause und auf Arbeit hatte, war er ganz alleine Schuld, doch durch seine Worte merkte ich, dass er nichts dagegen machen konnte. Manchmal passieren Dinge im Leben, für die man keine Erklärung hat. Liebe passiert einfach und ist nicht planbar. Man macht dann Sachen, ohne überhaupt an die Konsequenzen zu denken. Und umso mehr man dagegen ankämpft, desto größer wird das Verlangen danach. Ich verstand alles, was er mir erklärt hat und konnte ihm nicht böse sein. Ich verstand endlich, warum er so entschieden hatte und spürte, wie sehr ich ihn vermisst habe. Ich lag in meinem Bett, war alleine und ausgebrannt, war gezeichnet von den letzten Wochen und allem Erlebten und hatte keine Idee, wie das jemals zwischen uns ein gutes Ende nehmen könnte. Ich wusste aber, dass ich ihn liebe und dagegen konnte ich, genau wie Benny, nichts machen.

\*\*\*

Meine Erholung und die guten Vorsätze vom Urlaub waren restlos verschwunden und ich war völlig hilf- und auch ratlos. Ich lebte die nächsten Tage wie in einer großen Seifenblase, wie in Trance neben meiner Mom her. Alles um mich herum, nahm ich zwar wahr, hatte aber das Gefühl, als ob ich als Beobachter nebenher laufen würde. So wie beim Fernsehgucken. Man sieht alles und ist an jeder Situation beteiligt, aber in Wirklichkeit ist man nicht dabei.

>>Wenn sich so mein erster richtiger Liebeskummer anfühlt, dann werde ich mich nie wieder in einen Typen verlieben.<<, dachte ich mir und kroch wieder unter die warme Bettdecke.

Ich sah mir eine Liebesschnulze nach der anderen an, deckte mich mit Taschentüchern und Süßigkeiten ein. Und dann stand in ein paar Wochen auch noch die Weihnachtszeit vor der Tür. Das Fest der Liebe und dem ganzen Gedöns. Wie ich diesen Mist in diesem Jahr verflucht habe. Ich war alleine und besonders jetzt, als die Straßen geschmückt waren und überall melancholische Musik lief, dachte ich an Benny und wie es wäre, mit ihm diese Tage gemeinsam zu verbringen. Ich hasste mich dafür, dass ich mich einfach auf nichts anderes konzentrieren konnte und die letzten Wochen für mich so grauenvoll waren.

Ständig haben wir uns gesehen und konnten doch nicht zusammen sein. Ich bereute meine Entscheidung, ihn einfach so gehen gelassen zu haben und war in Gedanken immer bei ihm. Doch in all dieser Zeit hatte ich immer noch Maja an meiner Seite, die mich wieder aufpäppelte und mir die Tage bis Weihnachten versüßte. Wir gingen oft weg, liehen uns Filme aus, lagen danach stundenlang auf der Couch und philosophierten über die Männerwelt. Sie brachte mich wieder zum Lachen und gleichzeitig regte sie mich zum Nachdenken an. Denn als wir eines Abends mal wieder über Benny sprachen, sagte sie einen Satz, der mich besonders berührte und der mir nicht mehr aus dem Kopf ging.

>>Höre auf dein Herz und nicht auf deinen Kopf, denn es hat schon geschlagen, bevor du überhaupt denken konntest.<<

Erst da begriff ich, dass ich keine Chance hatte, Benny jemals zu vergessen, denn mein Herz schlug nur für ihn und es war an der Zeit, auf dieses Zeichen zu hören. Als ich am letzten Tag vor den Ferien nach Hause kam, ging es mir wirklich gut. Ich wusste innerlich, dass alles im Leben einen Sinn hatte und wir irgendwann zueinander finden würden. Ich sah Benny in seinem Büro, wusste dass er über die Feiertage nicht in der Stadt sein würde und öffnete das Fenster, um ihn ein letztes Mal in diesem Jahr zu beobachten. Ich dachte an die vielen schönen

Momente und an seine Worte an der Tür und grinste in mich hinein. Ich wusste, dass es jetzt noch nicht unsere Zeit war, aber die Dinge von alleine seinen Lauf nehmen werden. Und daher beschloss ich, mir selber das Weihnachtsfest, so schön wie nur möglich zu machen. Ich ging los und schlenderte durch die Kaufhäuser, die allesamt geschmückt waren und in denen sich die Familien durch die Reihen drängelten. Ich genoss es all die vielen Menschen zu beobachten, die in letzter Sekunde Geschenke kauften und setzte mich mit einer heißen Schokolade in ein Café und ließ meine Gedanken schweifen. Ich fühlte mich gut, sah positiv in die Zukunft und beschloss ein neues Kapitel in meinem Leben zu beginnen. Immer wieder sprach ich mit meinem Herzen und ließ meinen Verstand außen vor. Ich war mir noch nie so sicher, wie in diesem Augenblick und wollte nach den Feiertagen mit Benny darüber sprechen. Ich trank den letzten Schluck aus der Tasse, nahm meine Taschen und ging wieder nach Hause. Ich hatte viel zu viel eingekauft und kam mit vollgepackten Tüten über die Straße gelaufen. Und als ich kurz vor meiner Haustür war, sah ich ein großes Päckchen vor der Tür stehen. Eine dunkelrote Schleife verzierte die Oberseite und neben ihr lag ein kleiner Brief mit der Aufschrift „Für Line". Ich war ganz aufgeregt, öffnete den Briefumschlag und fing an zu lesen.

Hey Line,

ich möchte dir zu Weihnachten gerne etwas Kleines schenken und dir zeigen, dass ich dich immer noch nicht vergessen konnte. Ich weiß, dass es besser ist, wenn wir uns erst einmal nicht sehen, um dir nicht weiter wehzutun, aber mein Herz sehnt sich unheimlich nach dir. Mir tut alles so unendlich leid und zu gerne würde ich die Zeit zurückdrehen und dir von Anfang an die Wahrheit sagen. Ich möchte dir als kleine Aufmerksamkeit eine Flasche Sekt schenken, um dich an unser erstes Treffen und die schöne Zeit zu erinnern. Bitte trinke den Sekt nicht alleine, vielleicht genießt du diesen mit Maja oder deiner Mom beim Weihnachtsfest. Als zweites schenke ich dir dieses Stückchen Decke. Es ist eine kleine Erinnerung an unseren Ausflug zum See, den ich niemals vergessen werde und ich jede Sekunde von zehre. Und die kleine Kette mit dem Anhänger, soll dir in jedem Moment beistehen, in dem du dich alleine fühlst. Nimm sie in deine Hand und schließe die Augen. Ich möchte, dass du weißt, dass ich dann immer bei dir sein werde und du für immer einen Platz in meinem Herzen hast. Ich liebe dich einfach Line, es tut mir leid. Gruß Benny

Ich stand vor der Tür und konnte meinen Augen nicht trauen. Es war das schönste Geschenk, was er mir machen konnte. Mit so viel Liebe suchte er die Geschenke aus, doch vor allem die Verbindungen zu unseren Treffen überraschten mich sehr. Ich wollte ihn unbedingt sehen, stellte die Tüten in den Hausflur und ging ein paar Schritte vor zur Straße. Ich hatte die Hoffnung, dass ich ihm all das sagen könnte, worüber ich im Kaufhaus nachgedacht habe. Doch ich guckte vergebens. Er war nicht mehr zu sehen, weder am Fenster, noch auf der Straße.

>>Vielleicht sitzt er im Restaurant? <<, sagte ich leise zu mir und lief los.

Ich öffnete die Tür und tapste durch die Tischreihen, doch auch hier konnte ich ihn nicht finden. Und als ich mit gesenktem Kopf gerade wieder um die Ecke bog, kam er mir nichtsahnend entgegengelaufen. Er blieb ein paar Meter vor mir stehen und sah mich einfach nur an. Seine Augen waren groß und er wusste nicht, ob ich das Geschenk bereits gesehen hatte. Seine Hände vergrub er in seinen Hosentaschen und wippte von einem Bein auf das andere. Die Situation war ihm etwas unangenehm. Er wusste nicht, wie ich reagieren würde und erinnerte mich an einen kleinen Jungen, der gerade Mist gebaut hatte und auf die Moralpredigt wartete. Ich konnte nicht anders, als sofort zu ihm zu gehen und ihn fest zu umarmen.

>>Vielen Dank Benny, für das liebe Geschenk, ich habe mich wirklich sehr gefreut. <<, sprach ich und lehnte meinen Kopf an seine Brust.

Es fühlte sich so toll an, als er nach so langer Zeit seine Arme um mich legte und seinen Kopf in meine Haare vergrub. Ich wollte ihn nicht noch einmal gehen lassen, zu sehr habe ich in den letzten Wochen gemerkt, dass er mir gefehlt hat.

>>Benny, darf ich dir auch etwas schenken? Ich bin heute Abend alleine und möchte gerne in Ruhe mit dir reden? Nicht zwischen Tür und Angel oder auf eine schnelle Zigarette. Ich koche uns beiden etwas Schönes und erzähle dir, was mich die letzten Wochen so alles bewegt hat, okay? <<, plapperte ich auf einmal völlig losgelöst auf ihn ein.

Er war genauso überrascht wie ich in diesem Augenblick, sagte mir aber sofort zu. Dieses Strahlen in seinen Augen gab mir wieder Kraft. Ich konnte einfach nicht anders, hatte in diesem Moment allein auf mein Herz gehört, denn er war mir nach den vielen Monaten nicht egal. Zu schön war das, was bisher zwischen uns war. Und während unserer Umarmung wurden mir meine Gefühle zu ihm bestätigt und ich hatte die Hoffnung, dass wir zusammen eine Lösung finden würden. Ich dachte weder an seine Frau, noch an den ganzen Ärger. Ich wollte einfach nur in seiner Nähe sein und mit ihm ein wenig Zeit verbringen. Er verabschiedete sich mit einem kurzen Kuss, ging völlig aufgeregt über die Straße und lachte über beide Ohren.

>>Ich freu mich. <<, rief er mir noch schnell zu, bevor die Tür hinter ihm zuging.

Ich griff nach meinen vollgepackten Tüten und tanzte die Treppen hinauf. Ich konnte nicht glauben, dass ich ihn wirklich gefragt hatte, aber ich freute mich auf diesen Abend und bereitete alles in Ruhe vor. Meine Mom war nicht zu Hause, sie kam erst am nächsten Tag von ihrer Schwester wieder und so hatten wir alle Zeit der Welt, um uns endlich mal richtig aussprechen zu können. Ich wollte, dass dieser Abend perfekt wird, dekorierte die Wohnstube, machte ein paar Kerzen an und ließ im Hintergrund leise die Musik laufen. Ich stand gerne in der Küche. Schnell waren Vorspeise und Hauptgang vorbereitet und ich wechselte vom Herd ins Bad, um mich nebenbei fertig zu machen. Der Nachmittag verging durch meine Vorfreude sehr schnell und so stieg die Aufregung auf Benny und unser Gespräch ins Unermessliche.

***

Am Abend klingelte es unten an der Tür. Benny hatte mir kurz vorher geschrieben, dass er gleich da sein wird und so öffnete ich sie von oben, ohne überhaupt zu fragen, ob er es wirklich war. Ich stand aufgeregt an den Türrahmen gelehnt und roch bereits im Hausflur sein Rasierwasser. Ich hatte ihm am See gesagt, dass ich den Duft toll an ihm fand und er mich immer verrückt nach ihm machte. Er sah wieder unheimlich gut aus. Hatte ein enges schwarzes Shirt und eine dunkle Jeans an. Seine Haare waren frisch geschnitten. In der einen Hand hatte er einen Strauß Blumen, in der anderen eine Flasche Wein. Doch eins ist mir besonders aufgefallen, als er die Treppe hochkam - er lachte über beide Ohren und sah wirklich glücklich aus. Darüber freute ich mich natürlich am meisten und beobachtete ihn, während er die letzte Stufe erreichte. Er gab mir die Blumen in die Hand und einen zärtlichen Kuss auf die Wange.
>>Danke für die Einladung und danke, dass wir endlich in Ruhe reden können. Ich werde mir alle Zeit der Welt für dich nehmen.<<, sprach er etwas nervös und zog sich die Schuhe aus.
>>Schön, dass du gekommen bist. Es gibt übrigens Ente mit Rotkohl und Klößen, passend zur Weihnachtszeit. Ich hoffe, du hast Hunger

mitgebracht? <<, fragte ich ihn und holte eine Vase aus dem Wohnzimmer.

Er bejahte meine Frage und ging durch die Wohnung als wäre er ein Fremder. Er guckte sich die Bilder von mir an, die an der Wand hingen und brachte kein richtiges Wort heraus. Er hatte wahrscheinlich immer noch ein schlechtes Gewissen und Angst davor, dass ich ihm Vorwürfe machen würde. So richtig wusste er nicht, was ich über ihn und diese ganze Sache dachte, vor allem war er aber immer noch überrascht, dass ausgerechnet ich es war, die auf ihn zukam und mit ihm reden wollte.

>>Nehm doch bitte endlich mal den Stock aus deinem Arsch! << rief ich ihm hinterher und fing an zu lachen.

>>Wenn ich nicht wollen würde, dass du hier wärst, dann hätte ich dich nicht eingeladen. Und du musst auch keine Angst davor haben, dass du von mir noch irgendein Wort zum Abend im Restaurant hörst, also entspann dich! <<

Er atmete tief durch und war überrascht, dass ich ihm seine Nervosität angesehen hatte und lachte verschmitzt.

>>Ich habe wirklich gedacht, du redest nie wieder ein Wort mit mir. Es ist einfach etwas ungewohnt wieder hier bei dir zu sein und ich weiß noch nicht so richtig, wie ich mich in deiner Gegenwart verhalten soll. Du weißt doch wie ich fühle und kennst meine Ängste,

dich zu verlieren. <<, sprach er etwas gehemmt und sah mir tief in die Augen.
>>Komm endlich her Benny und geb mir einen Kuss. <<, wies ich ihn an und spitzte meine Lippen in seine Richtung.
Ohne zu zögern, ergriff er diese Chance und küsste mich, als wäre es das erste Mal, dass unsere Lippen sich berührt hätten.
>>Line, ich habe dich vermisst. Danke, dass ich hier bei dir sein darf. <<
Na wunderbar, hatten wir das also auch geklärt, dann konnte der Abend jetzt entspannt beginnen. Wir gingen ins Wohnzimmer, ich stellte zwei Gläser auf den Tisch und gab ihm die Flasche Wein in die Hand. Er öffnete sie und goss uns beiden ein.
>>Lass uns anstoßen, Benny. Auf uns und unsere verkorkste Geschichte. <<, sagte ich ihm direkt ins Gesicht und hielt ihm das Glas entgegen.
Beim Trinken sahen wir uns tief in die Augen und ich spürte erneut seine Anziehungskraft und die Geborgenheit in meinem Körper. Er fing an zu reden und ich saß neben ihm und lauschte seinen Worten. Aller Ärger war verflogen, weil er hier war und sich erklären konnte. Er sprach über seine Frau und sein Kind und über die letzten Jahre. Was ich bisher noch nicht wusste, sie arbeiteten beide in derselben Firma. So haben sie sich erst kennen- und dann liebengelernt. Sie arbeiteten eine ganze Weile im

selben Büro bis der private Streit zwischen ihnen auf Arbeit ausgetragen wurde und sie in eine andere Niederlassung kam. Denn gerade in solchen Beziehungen hat man sich irgendwann nichts mehr zu erzählen. Man verbringt vierundzwanzig Stunden miteinander und weiß, was der andere den ganzen Tag gemacht hat. Die Freude seinen Partner wiederzusehen, ihn von seinem Tag zu erzählen, ihn nach vielen Stunden in den Arm zu nehmen und zu küssen, fällt in solchen Beziehungen völlig weg. Sie haben geheiratet, weil der Kleine unterwegs war. Zu dieser Zeit gab es bestimmt auch noch Lust und Leidenschaft zwischen ihnen, aber man hatte keine Zeit, den anderen besser kennenzulernen oder zu testen, ob es wirklich das Richtige war. Es ging nach dem Kennenlernen alles ziemlich schnell und auch die familiäre und finanzielle Abhängigkeit spielten eine wichtige Rolle. Beide hatten sich nach der Hochzeit ein Haus auf dem Land gekauft, jede brauchte ein Auto für die Arbeit und die Kredite wurden immer zusammen abgeschlossen. Und als Benny irgendwann über alles nachdachte und den Drang hatte zu gehen, drohte sie ihm mit ihrem gemeinsamen Sohn. Er dürfte ihn nie wiedersehen. Von jetzt auf gleich wäre er als Vater gestorben. Sie hätte alles versucht, um Benny das Leben so schwer wie möglich zu machen. Das hätte ihm das Herz gebrochen. Ich wusste, dass er das schon einmal durchmachen musste. An dem Abend, als ich mit seiner Frau im Restaurant saß, musste sie mir unbedingt auf die Nase binden, dass er bereits aus seiner ersten Ehe eine Tochter hatte, zu der der Kontakt abbrach. Es sollte mich abschrecken, ich sollte geschockt von Benny und seinem Leben sein. Sie sprach an diesem Abend generell sehr schlecht über ihn. Doch ich begriff natürlich schon im Restaurant, dass es ihre Masche war, ihn mir madig zu machen, um mich schneller los zu werden. Ich war zwar jung, aber nicht dumm. Zu dieser Zeit interessierten mich ihre Worte über Benny und sein Leben nicht, ich war eher über die Gesamtsituation geschockt. Mir wurde an diesem Abend bewusst, dass ich ihn verloren hatte und es keine Zukunft für uns gab, deswegen bin ich irgendwann gegangen. Dass er Kinder hatte, war mir völlig egal. Ich kam damit klar. Sie gehörten nun mal zu ihm, es war seine Vergangenheit und ich wusste, dass Benny jetzt reifer war. Nicht noch einmal würde er es riskieren, den Kontakt zu einem seiner Kinder zu verlieren. Ich ging in die Küche und holte unser Essen, alles schien so normal zwischen uns. Als würden wir an einem kalten Winterabend beim Abendbrot sitzen und uns vom Tag erzählen. Es fühlte sich toll an und ich genoss unser ehrliches Gespräch. Mir tat es nicht weh, wenn er von seiner Familie sprach, ganz im Gegenteil, ich konnte ihn endlich bis ins kleinste

Detail verstehen. Und so redete er die ganze Zeit und ich merkte, wie gut es ihm tat, einfach alles auf den Tisch zu packen. Davor hatte er also immer Angst. Ich als „kleines" Mädchen verstehe nicht, wie er fühlt und verschwinde mir nichts dir nichts aus seinem Leben, ohne nach den Hintergründen zu fragen. Doch ich hatte Zeit zum Nachdenken und habe die Situation akzeptiert. Auch wenn es zwischen uns nicht immer gut lief, wusste ich nun, dass ich Benny nicht verlieren wollte. Wie sich das zwischen uns in der Zukunft entwickeln würde, wollte ich einfach auf mich zukommen lassen. Ich habe den Gedanken verdrängt, dass Benny vielleicht nicht der Mann fürs Leben sein könnte, da er verheiratet war und sich nicht trennen konnte, doch die Hoffnung aufgeben, konnte ich nicht so einfach. Ich bin eben ein typisches Fische-Sternzeichen. Ich bin sensibel, habe viel Fantasie und komme mit fast allen Menschen klar. Ich werde schnell von negativen Dingen in meiner kleinen Welt beeinflusst und reagiere immer sofort darauf. Doch ich bin nicht nachtragend, ich kann verzeihen und helfe lieber anderen, als mir selber etwas zu gönnen. Ich kann nach außen hin, sehr ruhig wirken, habe es aber auch faustdick hinter den Ohren. Ich brauche Harmonie und Sicherheit und versuche jedem Streit aus dem Weg zu gehen. Und genau das, merkte ich bei Benny in vollen Zügen. Zu viel hatten wir miteinander erlebt. Und wer weiß,

vielleicht hätte ich es heute bereut, wenn ich ihm keine Möglichkeit gegeben hätte, sich mir zu erklären. Wenn ich nicht all diese Erfahrungen gemacht hätte, die ich vor und nach diesem Abend gemacht hatte. Und vielleicht wäre ich selber jetzt noch gar nicht so weit in meinem Leben. Alles hatte einen Sinn und meist weiß man erst Jahre später, warum diese Dinge passiert sind und welchen Schluss man für sich selber daraus ziehen kann. Er stand auf und brachte die Teller in die Küche. Ich goss uns in der Zeit die Gläser mit dem Rest aus der Flasche nach, zog meine Beine auf die Couch und stützte mit dem linken Arm, der auf die Lehne gelegt war, meinen Kopf ab. Er kam zurück und setzte sich zu mir. Lange guckte er mich an, nahm meine Hand und streichelte mir über den Handrücken.
>>Wie soll es denn jetzt mit uns weitergehen? <<, fragte ich ihn.
Er sah mich an und musste über meine Worte nachdenken.
>>Ich weiß es nicht, Line. Auch wenn ich gerne würde, ich kann mich nicht so einfach trennen. Ich genieße diesen Augenblick, gerade weil du so verständnisvoll bist, doch ich will keinem wehtun, schon gar nicht dir. Ich habe keine sinnvolle Lösung parat. <<, sprach er vorsichtig, guckte nachdenklich und verunsichert.

Ob er sich gerade gefragt hat, was ich jetzt denken oder was ich wohl sagen würde? Hatte er vielleicht Angst davor, dass ich ihn jetzt wieder rausschmeißen würde? Und sollte ich auch wirklich das sagen, was ich gerade gedacht habe? Bei Benny fiel mir das Denken schwer. Er zog mich mit seinem Wesen in den Bann und ließ mich alles drum herum vergessen. Ich wusste, dass ich all meine sexuellen Fantasien mit ihm ausleben konnte und wusste, wie leicht er es hatte, mich zu umgarnen und mich glücklich zu machen. Und auch wenn wir schon eine Flasche Wein getrunken hatten, kam meine Entscheidung und meine Antwort aus tiefstem Herzen.

>>Benny, es ist mir vollkommen egal, ob du verheiratet bist. Ich habe dich heute eingeladen, um dich bei mir zu haben. Ich verstehe es, dass du dich nicht einfach trennen kannst, du Angst davor hast, deinen Sohn zu verlieren. Aber ich genieße die Zeit mit dir und kann dich nicht einfach wieder gehen lassen. Ich habe keinen Partner zu Hause, dem ich wehtun könnte, kann meine Zeit so einteilen, wie ich es gerne möchte, ohne jemandem Rechenschaft ablegen zu müssen. Du musst für dich entscheiden, was und wie du es machst und ob du das Risiko eingehen möchtest, dass alles noch viel schlimmer werden könnte. <<, sprach ich zu ihm und war entschlossener als jemals zuvor.

\*\*\*

Mit dieser Antwort hatte er nicht gerechnet. Und ich am Anfang des Tages erst recht nicht. Er sah mich an und nahm meine Hand.
>>Meinst du das wirklich? <<, fragte er mich ganz leise und verunsichert und guckte mich überrascht an.
>>Benny, mir fällt zurzeit nichts Besseres ein! Dann bin ich eben deine Affäre. Kann doch erst einmal für uns beide ganz aufregend und lustvoll sein. Ich fühle mich einfach wohl in deine Nähe und kann dich nicht wieder gehen lassen. Das habe ich in den letzten Wochen gemerkt und du anscheinend auch. Uns bleibt nichts anderes übrig, als abzuwarten und zu gucken, was zwischen uns passiert oder wie sich alles entwickelt, oder? <<, antwortete ich ihm und blickte ihn erwartungsvoll in seine Augen.
Er zögerte kurz, doch dann kam er näher. Er griff mir unter meine langen Haare an meinen Hals und zog mein Gesicht zu sich heran. Wir fingen an die Augen zu schließen, unsere Nasenspitzen berührten sich und wir neigten den Kopf ein paar Mal hin und her. Dieses intensive Gefühl ihn zu spüren und zu riechen, ließ mich fühlen, dass es das einzig Richtige war. Ich wollte ihn in meiner Nähe wissen, wollte mein Leben mit ihm teilen und hätte alles dafür gegeben. Und auch wenn es für mich in der Zukunft hieß, Abstriche

zu machen, mich nach Feierabend oder an den Wochenenden nicht bei ihm zu melden und die Frau in seinem Schatten zu sein, hatte er mein Herz und gab es nicht wieder her. Unsere Lippen berührten sich und noch nie zuvor, hatte ich diese weichen, vollen Lippen von Benny so intensiv wahrgenommen, als an diesem Abend. Es war ein ganz anderes und neues Gefühl, welches sich durch meinen ganzen Körper zog. Endlich war diese Ungewissheit verschwunden. Ich wusste nach all den Monaten, was in ihm vorging, was ihn all die letzten Wochen bewegte und konnte mich voll und ganz auf unsere Liebesbeziehung konzentrieren. Seine Zunge spielte mit meiner, zärtlich zog er meine Unterlippe in sich hinein. Er küsste mir den Hals entlang und seine Hände umfassten meine Schultern. Seine Hände strichen mir die Arme hinab, er nahm meine Hände und küsste zärtlich die Handflächen. Jedes Stückchen meines Körpers wollte er berühren und intensiv in sich aufnehmen. Er öffnete die Augen und sah mich an.

>>Wie schön du bist, Line. Ich habe dich so vermisst. Ich hatte solche Angst, dich nie wieder in meinen Armen halten zu können oder dich zu küssen. <<

Ich genoss seine Worte, genoss was er tat und lehnte mich zurück. Er ließ seine Finger wieder nach oben wandern. Sie berührten die Träger meines Oberteils und streiften zart an meinen Brüsten vorbei. Wie eine kleine, zarte Feder, die vom Wind getragen wird, erkundete er langsam meinen Körper. Behutsam und ruhig, ohne mir dass Gefühl zu geben, dass er auf den schnellen Sex aus wäre. Und obwohl wir beide wussten, dass wir nur eine rein sexuelle Beziehung zueinander haben durften, blieben unsere Gefühle zueinander nicht außen vor. Er zog mein Top nach oben und liebkoste meinen Bauchnabel, seine Hände lagen ganz ruhig und behutsam auf meiner Taille. Seine Zungenspitze zog Schlangenlinien unterhalb meiner Brust, über den Bauch, bis hin zu meiner Lende. Er wusste, dass ich genau an dieser Stelle, besonders empfindlich war. Schon oft, hatte er mich so zum Lachen gebracht. Durch den leichten Stoff meiner Hose merkte ich jede einzelne seiner Bewegungen. Diese Zärtlichkeit und Ruhe machten mir Lust auf mehr. Ich brauchte es nicht nur zu denken, er tat es von ganz allein. Er stand auf, hob mich von der Couch hoch und trug mich vorsichtig in mein Schlafzimmer. Von seinen Armen getragen, küsste ich die Seite seines Halses. Er ließ mich langsam auf mein Bett nieder und ging noch einmal aus dem Zimmer. Ich atmete währenddessen tief ein und legte mir das Kissen unter meinen Kopf. Er holte zwei Kerzen aus dem Wohnzimmer und brachte so wundervoll gedämpftes Licht mit ins Spiel. Außerdem hatte er hinter seinem Rücken etwas versteckt und legte es neben meinem Bett auf den Boden, so dass ich es nicht sehen konnte. Er strich mit seinen Händen erneut über meinen Bauch, holte langsam meinen Oberkörper zu sich hoch und küsste mich. Er griff vorsichtig zu meinem Oberteil und zog es mir über den Kopf. Danach öffnete er mir den BH und ließ auch diesen auf den Boden fallen. Er lehnte mich zurück auf das Bett und seine Küsse zeigten mir, was als nächstes passieren würde. Behutsam öffnete er mit seinen Fingern meine Hose und als er diese langsam über meine Beine gleiten ließ, durchzog ein lustvolles Gefühl meinen ganzen Körper. Dieses Pendant zu den anderen Malen, bei denen wir immer zu wenig Zeit füreinander hatten und übereinander herfielen, gefiel mir auch besonders gut. Ich hatte nur noch einen weißen Slip an und lag entspannt auf der Decke. Er kam an die Seite meines Bettes und beugte sich zu mir hinüber.

>>Vertraust du mir immer noch, Line? <<, fragte er mich und zog ein Band vom Fussboden auf das Bett.
Ich nickte kurz und war gespannt, was jetzt passieren würde. Er wickelte es zuerst ein paar Mal um meine Hand und dann um das Bettgestell. Dann ging er hinüber zu der anderen Seite und wiederholte das mit meiner linken Hand. Er liebte es, mich zu verwöhnen und mir gleichzeitig das Gefühl zu geben, ihm unterlegen zu sein. Er strich erneut langsam und ganz zart mit seinen Fingerspitzen über meinen Körper bis er bei meinem Slip anhielt. Seine

Zungenspitze ließ er über meinen Bauchnabel streichen und biss sanft in den Slip, um ihn dann Stück für Stück über meine Beine nach unten zu ziehen. Zuerst die eine Seite, dann die andere, bis er ihn über meine Füße wandern ließ. Nun wiederholte er das mit den Fesseln auch an meinen Beinen. Ich hatte keine Chance mich zu bewegen, geschweige denn, mich irgendwie zu wehren. Ich lag einfach nur da, völlig nackt und war ihm restlos ausgeliefert. Benny stand vom Bett auf und guckte sein Werk mit einem zufriedenen Gesicht von oben herab an. Dann ging er durch die Tür und war einige Sekunden weder zu hören noch zu sehen.
>>Hast du etwa in meinem Zimmer rumgeschnüffelt?<<, fragte ich grinsend und blickte die Zimmertür hinaus in den Flur.
>>Du hattest mir am See von deinen Spielzeugen erzählt. Und du hast gesagt, dass du sie alle in einer kleinen Kiste in deinem Zimmer verstaut hast. Ich konnte nicht anders, als mich davon zu überzeugen, ob du mir wirklich die Wahrheit gesagt hattest. Und als ich vorhin in deinem Zimmer war, nachdem ich die Teller in die Küche gebracht habe, kam ich auf eine tolle Idee. <<, rief er mir zu hinüber, während er zuerst die Bodymilk aus dem Bad holte und sie dann auf meinen Körper laufen ließ.
Besonders die erogensten Stellen, beträufelte er sehr ausgiebig. Er fing an die Creme zu verreiben. Zuerst

über die Schultern und die Arme, dann über meine Brust, den Bauch hinunter, bis hin zu meinen Beinen. Sein Gesicht glänzte im Schein der Kerze und zu gerne hätte ich ihn angefasst, den Rücken gestreichelt und ihn noch schärfer auf mich gemacht. Doch er ließ es nicht zu. Er wollte, dass ich die Augen schließe und einfach nur genieße. Ich liebte es, von ihm massiert zu werden. Meine Lust stieg von Körperpartie zu Körperpartie. Die Vorstellung, die ich hatte, was als nächstes kommen würde, machte mich verrückt nach ihm. Und nichts konnte ich steuern, Arme und Beine kaum bewegen. Er setzte sich zwischen meine Beine, spreizte sie noch mehr und zog die Bänder erneut fest. Er bewegte seine Finger kreisförmig an meinen Innenschenkeln entlang, bis er kurz vor meiner Muschi war. Er sah, dass es in mir zuckte und ich bereits feucht war, alleine von der Massage und den Vorstellungen in meinem Kopf. Er hielt kurz inne, sah wie mein Atem stockte und streichelte dann an den Außenseiten meiner Lippen entlang. Ich drückte den Kopf in das Kissen, um meine Lust zu kontrollieren und nicht sofort die Bänder an meinen Armen und Beinen zu zerreißen. Und wieder nahm er sich etwas Creme und benetzte seinen Zeigefinger damit. Ganz langsam legte er diesen auf meinen Venushügel, zog dann eine Linie nach unten und spaltete meine Lippen. Er genoss mein kurzes Aufstöhnen und ließ ihn vorsichtig nach unten und wieder nach oben wandern. Ich wusste genau, dass er gerade in sich hinein grinste und es liebte, mich so noch mehr zu erregen. Und um mich noch ein wenig weiter zu quälen, nahm er seine andere Hand und schob damit leicht meine Spalte auf. Er genoss den Anblick und leckte von meiner Klitoris beginnend, über die Innenseite der rechten Schamlippe bis hin zur linken und wieder hinauf. Ich spürte seinen warmen Atem und die leichten Bewegungen seiner Zunge. Es machte mich wahnsinnig. Wahnsinnig geil und zu gerne hätte ich meine Hände auf seinen Kopf gelegt und ihn gelenkt. Diese langsamen Bewegungen waren so intensiv, dass ich fast darum bettelte, es mir schneller zu besorgen. Doch das wusste er und ließ mich zappeln. Er wiederholte seine Fahrt mit der Zunge erneut, hielt an und pustete mir über die feuchte Stelle. Dann griff er hinter sich auf den Boden und zauberte einen Dildo hervor, den er vorher im Regal stehen sah.

>>Den hab ich von Maja geschenkt bekommen, nachdem ich von deiner Ehe erfahren habe. Sie hatte Mitleid mit mir, ich habe ihr so leid getan.<<, sagte ich witzelnd und zwinkerte ihm zu.

Er lachte auf und führte ihn so zu mir, dass ich ihn in den Mund nehmen konnte. Ich genoss seine Blicke und seine Erektion, als ich seiner Bitte nachkam und zuerst meine Zunge über die Dildospitze führte und

ihn dann komplett in den Mund nahm. Er hielt mit der einen Hand immer noch meine Lippen auseinander, doch sein Blick war an mein Gesicht gefesselt, als er die Bewegungen meines Mundes ganz genau beobachtete.
>>Du bist einfach der Wahnsinn.<<, flüsterte er mir zu, ließ den Dildo aus meinem Mund und danach die feuchte Spitze des kleinen Spielzeugs über meinen Körper gleiten.
Als er an meinem nackten Venushügel ankam, glitt er mit der Spitze des Dildos um seine Finger herum und drang langsam in mich ein. Anfangs nur einen kleinen Teil. Immer wieder zog er den Dildo raus und steckte ihn wieder rein und beobachtete meine lüsternen Blicke. Ich guckte ihm in die Augen und er sah, wie meine Augen glasig vor Begierde und Geilheit wurden. Es fühlte sich unglaublich an. Er beugte sich wieder zu mir herunter und küsste meinen Kitzler. Dann leckte er einmal und dann das zweite Mal an ihm. Er fing an, alles miteinander zu kombinieren. Ich merkte den Dildo in und seine Zunge auf mir. Seine Bewegungen wurden schneller und der Druck wurde immer stärker. Er ließ den Dildo völlig rein gleiten und seine Zunge zuckte hin und her. Dieses Gefühl, welches sich langsam im Bauch und Unterleib entwickelte, kann man nicht beschreiben. Nichts ist mit diesem Gefühl zu vergleichen. Dieses Zusammenziehen, diese Kribbeln, welches im

Unterleib gebündelt wird und die ganze Energie, die sich aus Armen und Beinen hin zur Mitte zieht, ist...
Oh nein, auf einmal war es weg, ich war kurz davor zu kommen und die Bewegungen von Benny stoppten abrupt.
>>So schnell kommst du mir heute nicht davon. <<, grinste mich Benny an und wiederholte sein Spiel.
Immer wieder hatte ich das Gefühl kurz davor zu sein und dann ließ er es nicht zu. Und mit jedem Mal wurde das Gefühl stärker, mein Verlangen nach ihm größer. Und hätte er dieses Spielchen, nach all den qualvollen Minuten, noch ein letztes Mal wiederholt, wäre ich unter seinen Händen gestorben. Ich hatte bereits alle Knoten der Fesseln so durch meine Lust festgezogen, dass er etwas Zeit brauchte, um sie wieder zu öffnen. Zuerst durfte ich aber nur meine Beine und auch meine rechte Hand bewegen. Den linken Arm ließ er noch festgebunden. Er rutschte ganz nah an mich heran. Sein Schwanz war hart und seine Adern blutunterlaufen und gut sichtbar. Benny war so heiß auf mich, dass er sich konzentrieren musste, nicht sofort zu kommen. Meine Beine legte er vorsichtig links und rechts von seinem Körper ab. Dann nahm er seine Penisspitze und drang langsam in mich ein. Er hatte die Arme auf meine Hüfte gelegt und zog mich zu sich heran, um sich danach wieder wegzudrücken. Und alles in einer Geschwindigkeit, die mir jede einzelne Sekunde zu einer Ewigkeit

werden ließ. Jede Bewegung war intensiv und brachte meinen Körper in Wallung, ein unglaubliches Erlebnis. Er wiederholte seine Bewegungen ein paar Mal, nahm dann meine Beine und legte sie auf seine Schultern. Er stützte sich an den Seiten meines Körpers aufs Bett und fing an sich nach vorne zu lehnen. Mein Po hing in der Luft und so konnte er noch weiter in mich eindringen. Benny beschleunigte seine Bewegungen, seine Stöße waren intensiv und ich merkte, dass auch er bereits kurz vor seinem Höhepunkt war. Er lehnte sich wieder zurück, nahm meine Beine von der Schulter und legte seinen Daumen auf meine Klitoris, um mich zusätzlich zu stimulieren. Er wollte unbedingt, dass wir zusammen kommen. Mein Körper glühte bereits vor Lust. Seiner war angespannt, seine Muskeln definiert und auf seiner Stirn sammelten sich kleine Schweißperlen. Er stieß immer schneller und tiefer in mich hinein und wir waren beide sichtlich erregt. Seine Augen waren leicht geschlossen, er fing an, seine Lippen aufeinander zu pressen, die sich dann nach wenigen Sekunden zu einem

>> Mhhh und Uhhhh << formten.

Ich hielt es noch weitere drei oder vier Stöße aus, aber dann konnte ich mich nicht mehr halten. Dadurch, dass er mich schon vorher immer und immer wieder kurz vor den Orgasmus brachte, war alles so angeschwollen und erregt, dass ich mir keine

Mühe gab, es noch weiter hinauszuzögern. Meine ganze Erregung stöhnte ich ihm entgegen. Mein ganzer Körper zitterte und dieses dumpfe Gefühl im Bauch, als würde ein Sog alles in sich hineinziehen, war einfach wundervoll. Er brauchte auch nicht mehr lange und während ich noch meine letzten Zuckungen vom Orgasmus in mir spürte, fasste ich unter meinen Beinen entlang an seine Eier. Ein paar Mal brauchte ich diese nur leicht zu berühren und er fing an, tiefer und lauter ein- und auszuatmen. Er stöhnte auf, zog seinen Schwanz aus mir heraus und wichste mir direkt zwischen meine frisch gevögelte Muschi und meinen Bauch. Sein warmes Sperma liebte ich auf meinem Körper. Es symbolisierte für mich immer unsere Leidenschaft zueinander. Er saß noch einen Augenblick lang auf seinen Knien, atmete tief ein und aus und öffnete währenddessen das letzte Band an meinem linken Arm. Danach legte er sich zu mir. Seine Stirn war noch nass und sein Atem noch schnell. Ich rieb mir derweilen mit verzerrtem Blick mein linkes Handgelenk, denn es hatte tiefe Abdrücke von den Fesseln. Doch das machte mir nichts aus. Zu schön war es, ihm ergeben gewesen zu sein. Ich konnte nicht anders, als meinen Zeigefinger durch sein warmes Sperma auf meinen Bauch zu ziehen, mich zu ihm zu drehen und den Finger genüsslich abzulecken. Ich liebte es, alles von ihm voll und ganz zu schmecken.

>>Du bist ein Traum. So lieb und verrückt, so weiblich und doch so völlig versaut. Wir sind wie füreinander bestimmt. Du bist die Frau meines Lebens, Line. Es war kein Zufall, dass wir uns in der Stadt auf dem Fest getroffen haben. Es sollte so sein. <<, sprach er, legte seine Hand auf meine Stirn und streichelte sie.
>> Ich liebe dich, Line. <<, hauchte er mir leise entgegen.
Ich nahm diese Worte nur unklar wahr. Erst als er sie noch einmal lauter wiederholte, blickte ich ihm etwas erschrocken in die Augen.
>>Ich dich auch Benny. Ich dich auch... <<

***

Ich war darauf gefasst, dass er jetzt entweder sofort einschlafen oder sich anziehen würde, aber das tat er nicht. Er holte mir aus dem Bad einen Waschlappen und wischte die letzten Reste seines Spermas von meinem Bauch. Danach hielten wir uns fest und er streichelte mit seinen Fingerspitzen meinen Rücken.
>>Wollen wir noch eine Zigarette danach rauchen?<<, fragte ich ihn und schob meinen Oberkörper vom Bett hoch.
>>Gerne Liebes. <<, murmelte er vor sich hin, zog meinen Kopf zu sich und küsste mich lange.
Ich ging schnell in das Wohnzimmer, holte uns zwei Zigaretten und den Aschenbecher und stieg zurück ins Bett. Genüsslich rauchten wir unsere Zigarette, drehten uns danach zueinander und redeten noch eine ganze Weile über Gott und die Welt. Ich fand es toll, dass er hier bei mir war und nicht gleich wieder losfuhr. Ich öffnete zwischendurch das Fenster, trank den letzten Schluck Wein aus meinem Glas, legte mich zurück in seine Arme und nickte vor ihm ein. Ich war so unglaublich müde, öffnete aber zwischendurch immer mal wieder kurz die Augen, um zu sehen, ob es wirklich kein Traum war, dass er neben mir im Bett lag. Irgendwann hätte ich es nicht mehr gemerkt, wenn er aufgestanden und gegangen wäre. Ich schlief tief und fest ein. Doch er blieb liegen

und lag die ganze Nacht eng umschlungen neben mir im Bett. Ganz fest an mich gedrückt, als hätte er Angst mich wieder loslassen zu müssen. Ich zuckte in der Nacht zusammen, irgendwie hatte ich schlecht geträumt und öffnete erschrocken die Augen. Benny wurde dadurch auch kurz wach, drückte mich an seine Brust und gab mir einen Kuss auf die Stirn. Es war einfach ein unglaublich schönes Gefühl, ihn endlich bei mir zu haben. Mit seinen Armen um mich herum und seinen Duft, den ich in der Nase hatte, schlief ich wieder beruhigt ein und träumte von einem gemeinsamen Weihnachtsfest und einer tollen Silvesternacht.

Am Morgen blitzte die Sonne durch die geschlossenen Vorhänge und ich öffnete ganz langsam die Augen. Ich lag auf dem Bauch und blickte zur Wand, doch ich wusste sofort, was gestern zwischen uns gelaufen ist und dass er noch neben mir lag.

>>Wir haben in der Nacht vergessen einen Wecker zu stellen Benny, musst du jetzt los? <<, fragte ich noch etwas verschlafen und drehte mich zu ihm um.

>>Ich habe alle Zeit der Welt mein Schatz. <<, konnte er noch schnell sagen, bevor er wieder einschlief.

Sogar am Morgen sah er so unwiderstehlich gut aus. Sein Gesicht war in eines der großen Kissen geschmiegt, seine Hand lag neben seinem Kopf und die Decke verdeckte seinen halben Körper. Ich beobachtete ihn erst einen Augenblick lang und rollte mich dann auf seinen rechten Oberschenkel, um ihn seine Brust zu küssen. Langsam bewegte ich mein Becken an seinem Bein vor und zurück, sein Mund zuckte dabei. Ich fing an mit meiner Zunge über die Seite seines Bauches, dann hinunter zur Lende und über seinen schlaffen Penis zu lecken. Dieser zuckte kurz zur Seite und ich grinste in mich hinein.

>>Ich bekomme dich schon noch wach hübscher Mann.<<, nahm ich mir in Gedanken vor und stieg von seinem Oberschenkel ab.

Um Benny den ersten Blick am Morgen zu versüßen, legte ich mich verkehrtherum neben ihm aufs Bett. Ich leckte über seine Eichel und massierte dabei seine Pobacken. Ich lutschte seinen Schwanz und glitt mit den Händen an seinen Eiern entlang. Ich liebte es, diesen Mann nach allen Regeln der Kunst zu verwöhnen und erschrak, als er mich packte und plötzlich über sich zog.

>>Du kannst auch nicht genug von mir kriegen junge Frau.<<, sagte er lachend und zog mich noch ein Stückchen höher.

Sofort drang er mit seiner Zunge in mich ein und ich wurde erneut so geil auf ihn, dass ich ihn unbedingt noch einmal bumsen wollte, bevor er nach Hause musste. Ich löste mich aus seinen Fängen und drehte mich zu ihm um.

>>Guten Morgen schöner Mann. Hast du gut geschlafen und Lust auf einen Morgenfick? <<, witzelte ich und küsste ihm auf die Wange.

Er brauchte nicht zu antworten, ich merkte es zwischen meinen Beinen, dass er es auch wollte und rutschte wieder tiefer, um mich auf seinen harten Schwanz niederzulassen. Ich bewegte mich, als würde ich gerade an einer Stange tanzen. Erst vor und zurück, dann mit kreisende Bewegungen, hoch und wieder runter. Ich griff mir mit beiden Händen in die Haare, nahm sie nach oben und spielte damit. Wippte gekonnt auf und ab, zuerst langsam und dann immer schneller und unsere Lust aufeinander wurde immer größer. Er stöhnte ein paar Mal auf, packte mich dann plötzlich und drehte mich auf den Bauch. Er schob meinen Po nach oben und leckte mir genüsslich zwischen den Beinen entlang. Er beugte sich über mich und drang mit einem Ruck und einem lauten Stöhnen in mich ein.

>>Du machst mich verrückt Line. Ich liebe es dich zu ficken und dich zu spüren. Ich will nicht, dass das jemals endet. << rief er mir zu und stieß erneut in mich hinein.

Ich drückte mich vom Bett hoch auf die Knie und drehte meinen Kopf in seine Richtung.

>>Küss mich Baby. <<, wies ich ihn mit erregter Stimme an.

Er griff mir ins Haar und zog es nach hinten, dabei küsste er mich innig. Ich liebte diese Stellung ganz besonders, da er volle Kontrolle über mich hatte. Ich drückte meinen Rücken Richtung Bett und ließ ihn freies Spiel. Er bewegte sein Becken gekonnt vor und zurück, ließ seinen Schwanz immer wieder rausgleiten, um dann wieder hart zuzustoßen. Fest und ohne mir einen Moment zu geben, in dem ich durchatmen konnte. Das Stoßen und das Festhalten meiner Haare bildeten eine Harmonie. Mein Kopf war so nach hinten geneigt, dass es mir schwer fiel, etwas zu sagen, geschweige denn zu atmen. Und er fickte mich, als würde es unser letztes Mal sein. Sein Schwanz drang erneut in mich ein und ich kam schnell und ohne ein einziges Geräusch. Zu groß war der herrliche Schmerz, den er durch das Ziehen verursachte. Das ließ mir komplett die Sprache verschlagen. Er ließ meine Haare los und kam kurz nach mir zwischen meinen Arschbacken. Wir sackten auf das Bett und lagen noch ein paar Minuten ruhig aufeinander. Der Sex, den wir jetzt hatten, war intensiver als die anderen Male, an denen wir uns trafen und übereinander herfielen. Dieses Gefühl, dass wir etwas Unanständiges machten, etwas Verbotenes taten und wir dabei jederzeit erwischt werden konnten, ließ erst recht das Feuer in uns brennen. Wir gingen zusammen unter die Dusche, machten uns ein ausgiebiges Frühstück in der Küche

fertig und saßen wie ein normales Pärchen am Tisch und tranken einen Kaffee. Eine letzte Zigarette konnten wir uns nach dem Frühstück noch gönnen, bevor er wieder losmusste. Er nahm mich in den Arm, küsste mich und strich mir eine Strähne aus dem Gesicht.
>>Line, du bist der Traum eines jeden Mannes. Ich bin so glücklich, dass es dich gibt. Erst seitdem wir uns getroffen haben, lebe ich wieder. <<, sprach er und ging zur Tür hinaus.
Ich guckte ihn noch hinterher, gab ihm einen Luftkuss, während er die Treppen hinunterlief und schloss die Haustür hinter mir. Ich rutschte an ihr herunter und saß überglücklich auf dem Boden. Ich konnte es nicht fassen, was passiert ist. Es fiel mir schwer, alles so schnell zu realisieren. Wir hatten einen ganzen Abend und eine ganze Nacht miteinander verbracht, ohne dass einer von uns schnell losmusste oder dass es Ärger gab, ohne Ausreden oder Lügen. Wie er das zu Hause erklären würde, was er die Nacht gemacht oder wo er geschlafen hatte, war mir mehr als egal. Ich wartete nur darauf, dass sie sich streiten würden, dann wäre er wenigstens öfter bei mir. Ich brachte die Wohnung wieder auf Vordermann und beseitigte alle restlichen Erinnerungen an unsere letzte Nacht. Ich drehte laut Musik auf und tanzte durch die Wohnung. Sein Aftershave lag immer noch in der Luft, sowie der

Geruch unseres lustvollen Abends. Ich fühlte mich fantastisch, nichts hätte mir den Tag vermiesen können. Ich wusste zwar, dass ich seiner Frau das Herz brach, aber ich musste egoistisch sein. Mir hat auch niemand im Leben etwas geschenkt. Niemand hat jemals auf mich Rücksicht genommen, warum sollte ich das jetzt bei anderen tun. Natürlich war sie die Ehefrau des Mannes, den ich gerade gevögelt hatte, doch für mich war sie nur eine Fremde. Ich konnte nichts für meine Gefühle und auch nicht dafür, dass sie mit dem Mann verheiratet war, in den ich mich verliebt hatte und den ich nicht so einfach vergessen konnte.

***

Der Kellner kam auf mich zu und brachte mir meine bestellte Weinschorle mit Sprite. Ich trank sie gerne so, wenn es draußen so unheimlich warm war. Ich saß in dem neuen Restaurant außerhalb der Stadt und sah mich um. Es hatte seit einigen Wochen erst geöffnet und war der Hotspot schlechthin, besonders wegen seiner ausgefallenen Küche und dem schönen Garten mit dem kleinen Separee. Am Tisch neben mir, saß ein älteres Ehepaar mit ihren Kindern. Sie feierten ihren 40. Hochzeittag in einer kleinen Runde und hatten sich gerade das Essen bringen lassen. Ich zündete mir eine Zigarette an und ließ meine Blicke erst über ihren Tisch und dann über ihre Gesichter schweifen. Sie sahen auch nach so langer Zeit, sehr glücklich miteinander aus. Er hielt ihre Hand und streichelte mit der anderen langsam über ihren Rücken. Sie lachte herzhaft, als ihr Sohn über die besten Eltern der Welt sprach. Ihre Gesichter waren mit Falten durchzogen, doch jede einzelne davon, erzählte eine kleine Geschichte. Die wenigsten Ehen hielten ganze 40 Jahre lang, deshalb stellte ich mir einige Fragen und versuchte sie selber durch das Beobachten zu beantworten. Ob sie in den ganzen Jahren immer glücklich waren? Ob es bei ihnen auch einmal so einen Streit gab, wie zwischen Benny und seiner Frau? Ob er auch mal eine Affäre hatte oder

sie vielleicht einen heimlichen Liebhaber? Ich malte mir die herrlichsten Sachen aus, spielte verschiedene Situationen in meinem Kopf durch und genoss es, die beiden zu beobachten. Gerne wäre ich in ihre Gedanken gesprungen und hätte mich darin ausgetobt. Zu gerne saß ich irgendwo ruhig in einer Ecke, hörte den anderen Menschen bei ihren Gesprächen zu und sah ihre Lebensgeschichte wie einen Film vor meinem geistigen Auge ablaufen. Andere tanzten sich den ganzen Abend auf Partys ihre Füße wund, ich genoss es in einem Café zu sitzen und über die Leute zu philosophieren. Ich habe viel durch das Beobachten gelernt. Habe dadurch ein Gefühl für die Schönheit und den Rhythmus unserer Gesellschaft bekommen. Man sollte nicht voreilig über andere Menschen urteilen, solange man seine Geschichte nicht kannte. Und so liebte ich es, meine Umwelt komplett in mich einzusaugen.
>>Line,... Hey Maus, ... Line, soll ich wieder gehen?<<, wurde ich aus meinen Träumen gerissen.
>>Oh, sorry Schatz. Ich war in Gedanken bei dem süßen Ehepaar neben uns. Schön, dass du gekommen bist. Ich habe für uns beide schon einmal bestellt.<<, antwortete ich, während Benny sich neben mir an den Tisch setzte und mir einen Kuss gab.
Er fragte nach meinem Tag und rutschte mit dem Stuhl ganz nah an mich heran. Seitdem wir uns beide für eine Affäre entschieden hatten, nahm Benny sich

regelmäßig Zeit für mich. Manchmal haben wir uns ein paar Tage hintereinander gesehen, dann mal wieder drei Tage nicht, doch wir versuchten uns immer regelmäßig zu treffen und die Zeit miteinander zu genießen. Manchmal war es nicht allzu lange, aber immer so, dass wir wenigstens ein paar Minuten füreinander hatten. Ab und zu gingen wir in den Mittagspausen essen, wenn seine Frau nicht gerade im Büro war oder er besuchte mich zu Hause, um sich schnell sein Abendbrot abzuholen und befriedigt nach Hause zu fahren. Wir hatten keine typische Sexbeziehung, bei der man ausschließlich sexuellen Kontakt hatte und sich regelmäßig traf, um übereinander herzufallen. Bei uns waren auf beiden Seiten Gefühle mit im Spiel, die das Verheimlichen nach außen natürlich sehr erschwerten. Doch mit der Zeit, machten wir uns über die anderen Menschen gar keine Gedanken mehr und lebten unsere Affäre auch in der Öffentlichkeit voll und ganz aus. Heute war wieder einer dieser Tage, an denen er sich für mehrere Stunden von zu Hause entbehren konnte. Das war immer ein ganz besonderer Tag für mich, denn ich freute mich auf das Essen, auf unsere Gespräche und den wundervollen Sex. Wir hatten keinen Zeitdruck und konnten jede Sekunde miteinander genießen. Ich saß genau zwischen seinen Beinen und erzählte Benny von meinen Prüfungen in der Schule, von den

Plänen, die ich für die Zukunft hatte und meinen Bewerbungen, die ich losschicken wollte. Er guckte mich an, ohne mir einmal ins Wort zu fallen. Seine Blicke waren die ganze Zeit auf meine Lippen oder auf meine Augen gerichtet und sein Lächeln gab mir ein tolles Gefühl. Er war sehr aufmerksam und neugierig, wollte immer alles ganz genau wissen und fragte lieber drei Mal mehr nach einigen Sachen, als irgendetwas zu vergessen. Es war alles so schön „normal" zwischen uns. So, als wären wir wirklich zusammen und würden einen besonderen Tag in dem Restaurant feiern. Das ältere Pärchen am Nebentisch guckte uns an und prostete uns zu. Egal wo wir hinkamen, trafen wir auf liebe Menschen, die sich mit uns freuten, dass wir so glücklich miteinander waren und das auch so offen zeigten.

\>\>Sie erinnern uns beide an unsere Kennenlernzeit und die ersten gemeinsamen Monate. <<, sprach die Frau und küsste liebevoll ihren Mann.

\>\>Behalten Sie sich diese Leichtigkeit und die Liebe, die Sie zueinander haben, für immer bei. Sie strahlen für uns so viel Glück und Leidenschaft aus, dass es eine reine Freude ist, Sie beide zu beobachten. <<, fügte ihr Mann noch hinzu und lächelte uns mit einem breiten Grinsen an.

Niemand hatte uns in der ganzen Zeit gefragt, in welcher Beziehung wir zueinander standen oder hätte gedacht, dass ich nur die Affäre von Benny war.

Unser Auftreten unterschied uns von all den anderen Pärchen, die eine heimliche Liebesbeziehung zueinander pflegten. Wir genossen einfach jede Sekunde zusammen und teilten unser Glück mit all den anderen. Natürlich hatten wir immer die Gefahr im Hinterkopf erwischt zu werden, doch dieses Risiko war uns bewusst und hielt uns nicht von unseren Treffen ab. Der Kellner kam mit einer großen Platte auf uns zu und stellte sie direkt auf den liebevoll gedeckten Tisch. Unsere Vorspeise bestand aus verschiedenen Kanapees, Datteln mit Speck ummantelt, Ananas mit Chilipulver und Honig umhüllt und aus vielen kleinen Erdbeeren, die den Teller garnierten. All diesen Nahrungsmitteln sagte man eine aphrodisierende Wirkung nach und war als „Teller der Lust" in dem neuen Restaurant zu bestellen. Wir brauchten zwar keinen Anreiz für unsere Lust aufeinander, doch wir machten uns einen Spaß daraus und wollten wissen, ob die Leidenschaft aufeinander noch zu toppen ist. Mittlerweile verstanden wir uns wieder richtig super, als wäre nie etwas zwischen uns gewesen. Ich konnte Benny blind vertrauen, wusste was er dachte und wie er fühlte. Nicht immer hatte ich nach unserer Aussprache das Gefühl, richtig entschieden zu haben, doch Benny trug mich auf Händen und sprach mit mir immer offen über seine Gefühle zu mir. Wir lachten viel und Benny gab sich besondere Mühe, mich immer wieder aufs Neue zu faszinieren. Und wenn es sich einrichten ließ, auch so oft es ging zu befriedigen. Ich genoss es einfach seine Geliebte zu sein, denn ich hatte es besser, als jede andere Frau. Er machte mir viele Komplimente, brachte mir Geschenke oder Blumen mit und ich fühlte mich wie im siebten Himmel. Er hatte Angst davor, mich wieder zu verlieren und legte sich die letzten Wochen richtig ins Zeug, um mich immer wieder zu begeistern. Ich biss genüsslich in eine Erdbeere und schloss dabei die Augen. Welcher Mann findet es nicht erotisch, wenn sich die Lippen einer Frau um eine Erdbeere schmiegen und sie dabei lasziv ihren Kopf neigt, um danach langsam die Augen zu öffnen und dabei angeregt ein >>Mhhh<< stöhnt.

Er zwickte mir in den Arm und küsste mich während er noch lachte. Ich stand darauf, wenn er dies tat und ich ihn mit meinem Verhalten ärgern konnte. Er sah so happy und zufrieden aus. Und wenn er nicht verheiratet gewesen wäre, hätten wir ein echtes Traumpaar abgeben können. Unser Hauptgang kam und wir redeten bis in die Abendstunden hinein. Es wurde nie langweilig oder eintönig zwischen uns, ganz im Gegenteil. Je mehr Zeit verging, umso intensiver waren unsere Gespräche, umso mehr Spaß hatten wir miteinander und umso größer wurden unsere Gefühle zueinander. Das konnte ich an meinem Verhalten, aber auch an Benny seinem erkennen. Kam mir mal ein Mann zu nahe oder guckte mir der Kellner in den Ausschnitt, wurde er sofort von ihm angeknurrt. Er wollte mich nicht teilen und das gab mir ein wunderbares Gefühl. Unsere Beziehung zueinander war alles andere, als eine reine Affäre und wir spürten beide, wie schön die Zeit zusammen war. Doch auch, wenn unsere Abende noch so schön waren, mussten wir uns jedes Mal voneinander verabschieden und die Nacht alleine verbringen. Wir ließen uns von dem netten Kellner die Rechnung bringen, gaben ihm ein gutes Trinkgeld und gingen Arm in Arm zum Auto. Es war schön außerhalb der Stadt zu sein, hier gab es keinen, der uns kannte und wir konnten ungehemmt unserer Lust nachkommen. Er hielt mich für einen Moment lang fest und blickte mir in die Augen, seine Arme waren um meine Hüfte gelegt.

>>Danke Line, für diesen schönen Abend. Ich hoffe, dass ich dich morgen auch wiedersehen darf. <<, fragte er und schaukelte unsere Körper langsam hin und her.

>>Natürlich mein Schatz, ich kann doch nicht genug von dir bekommen. <<, antwortete ich ihm und gab ihm einen Kuss.

Danach öffnete er mir die Beifahrertür und machte einen Knicks.

>>My Lady, Ihr Chauffeur ist stets zu Ihren Diensten, nicht nur während der Autofahrt, auch gerne für die

kleinen Dinge im Leben <<, witzelte er rum und nahm meine Hand.
Er hatte immer einen Spruch auf Lager und zauberte mir ein Lächeln ins Gesicht. Beim Einsteigen musste ich aufpassen, dass mir der Rock nicht hochrutschte und den anderen Gästen mehr bot, als mir lieb war. Denn da es draußen sehr warm war, hatte ich nur einen Minirock und ein kurzes Oberteil angezogen und trug dazu Highheels mit Riemchen um die Knöchel. Benny machte dieses Outfit Lust auf mehr und ich unterstrich so gerne meine weiblichen Rundungen. Und außerdem hielt man es draußen nicht anders aus. Wir hatten die wärmsten Tage seit einer gefühlten Ewigkeit. Wir drehten das Radio laut auf und fuhren Richtung Heimat, sangen laut mit und haben uns vor Lachen nicht mehr einbekommen. Wie zwei jaulende Hunde im Mondlicht, fuhren wir über die ruhige Landstraße und hatten unheimlich viel Spaß. Er legte seine Hand auf mein Bein und ich kraulte ihm während der Fahrt mit meinen Fingernägeln den Nacken. Es war bereits dunkel und wir waren nicht mehr weit von meiner Wohnung entfernt. Die Straße endete und wir konnten nur nach links abbiegen. Rechts gab es nur eine kleine Einfahrt und dahinter viel Wald. Anstatt aber links zu meiner Wohnung abzubiegen, fuhr Benny mit dem Auto einige Meter in die Einfahrt rein und machte die Lichter aus. Wir standen von der Straße abgelegen

zwischen den Bäumen und zündeten uns eine Zigarette an. Bei genauerer Betrachtung, konnten wir die vorbeifahrenden Autos und deren Lichter sehen, doch das törnte uns noch mehr an. Ich wusste, dass es unsere einzige Chance war, an diesem Abend miteinander zu schlafen und freute mich über Bennys spontane Idee und seine erwartungsvollen Blicke. Benebelt vom aphrodisierenden Essen und unsere eh schon vorhandene Lust aufeinander, fielen wir einige Sekunden später übereinander her. Ich konnte gerade noch so die Zigarette aus dem Fenster schnipsen, als Benny seinen Sitz zurückschob und die Lehne nach hinten fahren ließ. Ich zog meinen Slip aus und stieg über die Mittelkonsole hinüber auf seine Seite. Ich stand darauf, an vielen und ausgefallenen Orten mit ihm Sex zu haben. Bei ihm wusste ich, dass ich all meine sexuellen Fantasien ausleben konnte und er es genauso genoss, viele neue Sachen mit mir auszuprobieren. Er konnte all das mit mir machen, was er in den letzten Jahren zu Hause nicht ausleben durfte oder unterdrücken musste. Ich hatte keine Hemmungen und sagte ihm meine geheimsten Wünsche direkt ins Gesicht. Und daher musste ich nie lange darauf warten bis er scharf auf mich war und er mir seinen Schwanz entgegenstreckte, auch an diesem Abend nicht. Er drang sofort in mich ein und ich lehnte mich zurück bis ich an das Lenkrad kam, um ihn bis zum Anschlag in mir spüren zu können. Mein Rock hatte vier Druckknöpfe, die er mit einem Ruck aufriss und ihn elegant auf den Beifahrersitz schmiss. Er schob die Hände unter mein Shirt und umfasste erst meine Taille und dann sanft meine Brüste. Er ließ mich auf- und ab wandern und konnte sich nur vorsichtig und langsam bewegen. Es war einfach zu eng im Auto, und in meiner Position waren große Bewegungen nach oben nicht wirklich machbar. Mein Kopf stieß bereits im Sitzen ständig an den Autohimmel. Das gefiel mir gar nicht, irgendwie war das überhaupt keine bequeme Stellung, vor allem weil sich immer wieder sein Anschnaller in mein Knie drückte. Ich beugte mich daher wieder zu ihm vor und stützte meine Schuhe auf Mittelkonsole und Fahrertür ab. Meine Hände legte ich neben seinen Kopf, auf die Lehne seines Sitzes. So konnte ich meinen Körper wenigstens etwas mehr bewegen. Das war zwar keine gemütliche, aber dennoch lustvolle Pose, um ihn im Auto zu reiten. Ich spürte seinen warmen Atem auf meiner linken Schulter, sein Mund umschloss meine Haut und ab und zu biss er leicht hinein, um seine Gier nach mehr zu zügeln. Ich liebte sein lustvolles Stöhnen, wenn ich ihn ritt und küsste ihn innig. Wir waren kurz vor unseren Orgasmen, als neben uns völlig unerwartet die Tür aufging. Wir blickten beide nach draußen und hielten den Atem an. Da stand sie nun, seine Frau und erwischte uns in flagranti beim Sex in seinem Auto.

>>Ach du Scheiße <<, dachte ich mir und konnte nicht einmal darüber nachdenken, wie ich jetzt von hier am schnellsten wegkommen würde.

Sie griff mir an den Arm und zog mich von Benny runter, raus aus dem Auto. Sie schrie und fluchte, schlug vor Wut gegen das Auto, nahm meine Tasche und zum Glück auch meinen Rock und warf beides vor mir auf den Boden.

>>Verschwinde du Miststück, sonst vergesse ich mich. Ich wusste doch, dass zwischen euch immer noch etwas läuft. Ich hatte die ganze Zeit so ein komisches Gefühl. <<, waren die Worte, die ich noch hörte.

Ich zog mir schnell die Schuhe aus und meinen Rock wieder an und rannte bereits während ihrer Moralpredigt los. Ich lief so schnell ich konnte die dunkle Straße entlang. Es waren etwa achthundert Meter bis zu mir nach Hause, doch ich hatte das Gefühl, als würde dieses Stück niemals enden wollen. Ich drehte mich andauernd um. Mein Herz raste und ich war völlig aus der Puste. Sobald ich Lichter am anderen Ende der Straße sah und das Auto immer näher kam, dachte ich, es wäre seine Frau, die mich mit voller Wucht vom Gehweg fegen würde. Ich rannte um mein Leben bis ich endlich zu Hause ankam. Zitternd holte ich den Schlüssel aus meiner

Tasche, meine Beine fühlten sich an wie Pudding und nur mit Mühe konnte ich das Schlüsselloch ertasten und endlich in den Hausflur stürmen. Ich war froh, dass ich heil zu Hause ankam, lehnte mich erschöpft von innen an die Tür und atmete ein paar Mal tief durch. Welche Panik ich vor dieser Frau hatte, wie sauer sie war und welche Kraft sie entfaltete. Mein Arm war einige Tage später noch an dieser Stelle blau. Und während ich langsam die Treppen hinaufging, legte sich die Aufregung in mir Stück für Stück. Meine ganzen Gedanken waren bei Benny. Was musste er sich jetzt wohl alles anhören? Ob er noch mit ihr im Auto diskutieren musste oder bereits wieder alles entspannt war? Bei Benny seiner Frau war es nämlich immer so eine Sache. Da konnte er noch so viel Mist bauen, sie hing so sehr an ihm, dass sie Benny alles verziehen hat. Auch wenn es für mich nicht immer einfach war und ich mir des Öfteren insgeheim gewünscht habe, dass sie sich von ihm trennen würde, verstand ich Benny und die Angst um seinen Sohn. Dennoch musste sie uns ja bereits gesucht haben. Vielleicht hatte sie sich schon von zu Hause an, an Benny seine Fersen geheftet und uns auch schon im Restaurant beobachtet? So einfach konnte man uns im Wald hinter den Bäumen nämlich nicht finden. Doch wenn sie sich die ganze Zeit irgendwo versteckt hatte, dann war es für seine Frau kein schöner Anblick uns beide so glücklich miteinander zu sehen und ist wahrscheinlich schon vorher völlig ausgerastet. Ich werde in den nächsten Tagen wohl die ganze Wahrheit von Benny erfahren, wenn er diesen Abend überlebt und sie ihn nicht komplett in der Luft zerfetzt hatte.

***

>Zu gerne hätte ich mit dir den Abend vernünftig beendet. Es tut mir leid, dass du so einen Stress hattest und nach Hause laufen musstest. Ich musste die ganze Zeit an dich denken. Darf ich dich noch sehen oder ist dir das jetzt alles zu viel geworden?

Seine Nachricht auf meinem Handy ließ mich endlich durchatmen. Schön, dass er das alles so einfach weggesteckt hatte. Auch wenn ich in dieser Situation echt Angst vor seiner Frau hatte, war sie mir im Nachhinein völlig egal. Hauptsache ihm ging es gut und er hatte nicht allzu viel Stress zu Hause. Sie dachte, dass nach ihrem Besuch im Restaurant, mit unserer Turtelei endlich Schluss wäre und ich die Finger von Benny lassen würde. Dass sie aber uns dadurch noch enger zusammengebracht hatte, konnte sie nicht wissen. Es war einfach sinnlos uns voneinander trennen zu wollen. Unsere Gefühle zueinander waren einfach zu groß und gerade das Verbotene machte doch alles noch zusätzlich so verdammt aufregend. Doch ihr Gefühl ließ sie nicht im Stich und führte sie auf unsere Fährte. Nur weil sie nach dem Restaurantbesuch immer noch dieses komische Bauchgefühl hatte, erwischte sie uns direkt beim Sex in Benny seinem Auto und bekam die

Gewissheit, dass er sie wieder betrogen hatte. Wir wussten nun beide, dass die „Ruhe" um uns vorbei war und wir nie in Sicherheit waren. Um Benny sämtlichen Ärger zu ersparen, mussten wir nun besonders vorsichtig sein. Denn wenn sie uns schon in den Wald gefolgt ist, dann folgt sie uns ab sofort überall hin und wir mussten nun immer mit ihr rechnen. Doch unsere Leidenschaft war größer als unser Verstand und wir trafen uns wieder und wieder, ohne ein einziges Mal über die Gefühle seiner Frau nachzudenken. Wir haben uns Texte geschrieben, trafen uns in der Tiefgarage und er besuchte mich an den Wochenende bei mir zu Hause. Und alles, während er zu Hause erzählte, dass er mit Freunden oder seinem Motorrad unterwegs war. Wir ließen es sogar in seinem Büro darauf ankommen, erwischt zu werden, denn wir konnten einfach unsere Finger nicht voneinander lassen. Und als wir uns sogar einmal während seiner Arbeitszeit trafen und er mich heimlich auf seinem Schreibtisch von hinten nahm, musste ich aufpassen, dass ich nicht allzu laute Geräusche von mir gab, um keine Aufmerksamkeit auf uns zu ziehen. Er hielt mir den Mund zu, als ich auf dem Teppichboden unter seinem muskulösen Körper kam. Dadurch wurde die ganze Situation zwischen uns nur noch verschärft. Seine Kollegen konnten nur erahnen, was im Zimmer hinter der Tür abging, doch gehört haben sie uns nicht. Unsere heißen und heimlichen Spielchen funktionierten sehr gut und wir dachten uns immer heiklere Situationen aus. Wir waren clever und verdammt schnell, wenn es brenzlich wurde. Wir lachten, als wir uns verstecken mussten, hielten uns gegenseitig die Hände vor dem Mund, wenn sich jemand unserem Versteck näherte und wir ganz leise sein mussten und nahmen uns an die Hand, wenn wir wegrennen mussten. Dieses Gefühl erwischt zu werden, dieses ständige Adrenalin, das wir in uns hatten, stichelte uns noch mehr an und gab unserer Fantasie freien Lauf. Egal ob wir es im Parkhaus oder im Aufzug trieben, ob wir uns ein Stundenhotel buchten oder uns in die letzte Reihe eines Kinos setzten, ob wir zusammen essen waren und danach die öffentliche Toilette für unsere Befriedigung herhalten musste, wir trafen uns immer öfter, nahmen sämtliche Hindernisse in Kauf und probierten alle möglichen Orte und Stellungen aus. Doch ein ganz besonderes und unvergessliches Erlebnis war der gemeinsame Besuch eines Clubs ganz in der Nähe unserer kleinen Stadt. Ich hatte Benny dahin eingeladen, um auch einmal ganz neue Wege mit ihm zu gehen und unseren Horizont zu erweitern.

***

Benny konnte sich den Abend für mich freihalten. Er sagte seiner Frau, dass er mit den Jungs unterwegs sei und holte mich mit seinem Auto von zu Hause ab. Er wusste noch, dass ich ihn darum gebeten hatte, sich etwas mehr Zeit mitzubringen und ich tippte die Adresse einer kleinen Sushi-Bar in sein Navigationsgerät, um Benny den Weg nach Berlin anzeigen zu lassen. Er war etwas irritiert, doch ich wollte unbedingt meinen Geburtstag mit ihm nachfeiern und liebte die kleinen japanischen Spezialitäten aus Reis, Seetang und rohem Fisch. Und obwohl er an dem Abend gar keine Lust auf Weggehen hatte, konnte er mir die Bitte nicht abschlagen und fuhr mit mir gemeinsam in die große Stadt. Dass dieses Essen nur der Anfang von einem lustvollen Abend sein sollte, wusste er bis dahin ja noch nicht. Ich genoss es sehr, mit ihm ganz weit weg zu sein, hier konnte uns niemand entdecken und niemand der Gäste im Restaurant kannte uns. Wir konnten so sein, wie wir wirklich waren. Wir küssten und berührten uns und fütterten uns gegenseitig mit Nigiri, Maki-Sushi und California Rolls. Es war zu herrlich, Benny dabei zuzusehen, wie er versuchte die Stäbchen zwischen seinen Fingern zu halten und zauberte mir ein langanhaltendes Lachen auf mein Gesicht. Genau diese Momente genoss ich besonders an unserer Liebesbeziehung. Er brachte mich zum Lachen, saß mit mir auf der kleinen Terrasse vor dem

Sushi-Restaurant und wir hatten endlich wieder einmal mehr Zeit füreinander und brauchten uns keine Gedanken darüber zu machen, dass seine Frau gleich in den Laden platzen würde. Nach dem Essen lehnte ich mich genüsslich in den Stuhl zurück und ließ meinen Wein durch das große Glas schwenken.

>>Benny, ich habe dich heute eingeladen, um in erster Linie meinen Geburtstag nachzufeiern, doch auch, um dir für unsere schöne Zeit zu danken. Ich habe noch eine weitere Überraschung für dich, also lass uns bezahlen und dann zum Auto gehen, okay?<<, sprach ich über den Tisch gebeugt und nach einem Kuss bettelnd.

Er nickte kurz und küsste mich innig. Kurz danach kam auch schon der Kellner, ich legte das Geld in eine kleine Schatulle und nahm Benny an seine Hand. Er war gespannt, was im Auto auf ihn zukommen würde und legte auf dem Weg zu seinem Auto den Arm um mich herum. Ich grinste nur in mich hinein und stieg statt vorne auf dem Beifahrersitz, hinten auf die Rückbank ein. Er drehte sich zu mir um und sah, dass ich bereits mein Oberteil über den Kopf gezogen hatte. Und während er noch all die Fragezeichen in seinem Kopf sortierte, knöpfte ich meine Jeans auf und zog sie über meine Beine. Danach griff ich zum Rucksack, den ich extra zu unserem Treffen mitgeschleppt hatte und zog den Reißverschluss auf, um eine Korsage und eine

Hotpants hervorzuzaubern. Jetzt wusste Benny gar nicht mehr, was ich nach unserem Essen vorhatte und stutze nur.

>>Ich habe dir gesagt, dass du dir heute etwas mehr Zeit nehmen solltest. Wir fahren jetzt noch in einen kleinen Club und haben etwas Spaß. Und glaube mir, diesen Abend wirst du nicht so schnell vergessen.<<, antwortete ich ihm auf sein fragendes Gesicht und zog die Bänder der Korsage an der Vorderseite fest zusammen.

Danach folgten noch die hohen Schuhe und das knappe Höschen und schon war ich für unsere kleine Tour bestens vorbereitet. Benny sah mich immer noch verwundert an.

>>So willst du jetzt feiern gehen?<<, fragte er mich mit großen Augen und sah mich noch einmal musternd von oben bis unten an.

>>Lass dich überraschen, Baby. Ich habe dir doch gesagt, dass dieser Abend unvergessen bleibt.<<, beruhigte ich ihn und küsste seinen Handrücken.

Er startete den Motor und lauschte meinen Anweisungen. Wir mussten nicht lange fahren, um am Club anzukommen und ich freute mich jetzt schon auf sein überraschtes Gesicht, wenn er endlich den Innenbereich sehen könnte. Ich stieg mit ihm gemeinsam aus dem Auto und stupste ihn an.

>>Na dann mal los Schatz.<<, sagte ich zu Benny und ging mit ihm vor zur Tür.

Das Ambiente war innovativ und sehr stilvoll eingerichtet. Ich hielt Benny seine Hand, während wir uns alles ganz genau ansahen. Es gab einen Pool, einen Loungebereich und eine kleine Kuschelecke. Vor allem aber viel Dekoration und Spielzeug, um sich nach Lust und Laune auszutoben. In diesem Club ging alles, was woanders nicht möglich war. Hier konnten wir so sein, wie wir wirklich waren und neue Dinge ausprobieren. Er war davon fasziniert und konnte es gar nicht abwarten, mich in einem der Räume zu vernaschen. Doch zuerst setzten wir uns an die Bar und genehmigten uns einen kleinen Drink, um die anderen Gäste zu beobachten, die in ihren Outfits die Tanzfläche stürmten. Es waren viele Richtungen vertreten. Einige hatten gewagte Kleider an, die an den Seiten aufgeschlitzt waren oder für GoGo-Shows angefertigt wurden. Andere trugen nur ihre Unterwäsche oder kamen in ihren Fetischsachen, um Gleichgesinnte zu treffen. Egal ob hetero-, homo- oder bisexuell, alles war in diesem Club vertreten und es machte uns sichtlich scharf, sie bei ihrem bunten Treiben zu beobachten. Ich zog Benny von seinem Barhocker auf die Tanzfläche. Am Eingang hatte er sich sein Oberteil ausgezogen und ich liebte es, seinen verschwitzen Körper im gedämpften Licht zu sehen. Ich tanzte um ihn herum und bewegte meinen Po zur Musik. Ich liebte es seine Blicke auf meiner prallen Brust zu spüren, die von der Korsage hochgepresst wurde. Ich liebte seine Blicke auf meinem Po, während ich ihm den Rücken zugewandt hatte und kreisende Bewegungen machte und ich liebte ihn dafür, dass er mit mir hier war und sich so fallen ließ. Er griff nach meinem Arm und zog mich langsam zu sich heran. Meine Hüfte kreiste in seinen Händen und wir fingen uns an zu küssen. Seine Küsse waren bestimmend, seine Hände griffen in mein Haar und ich merkte, wie sehr er mich wollte, als er härter zupackte. Ich ließ meine Hände über seinen Rücken wandern, griff fest in seine Arschbacken und suchte mir den Weg nach vorne zu seinem Schwanz. Vorsichtig glitt ich mit meinen Fingern an seiner Hose hoch und runter, griff danach genüsslich an seinen prallen Sack und merkte das kurze Zucken in seinem Unterkörper. Er genoss meine Bewegungen und stöhnte genussvoll auf. Ich wollte mehr vom Club sehen und zog ihn am Arm hinter mir her. Wir gingen durch die Räume und sahen den anderen zu, wie sie sich gegenseitig fesselten. Sahen dabei zu, wie sich mehrere Pärchen gleichzeitig in einem Separee vergnügten und bekamen selber Lust auf mehr und suchten uns ein etwas ruhigeres Plätzchen. Seine Küsse wurden intensiver, seine Hände fassten nach meinen Brüsten und glitten langsam meinen Körper hinab. Dass wir dabei beobachtet wurden, machte uns überhaupt nichts aus. Wir waren beide extrovertiert und eh immer auf der Suche nach dem besonderen Kick. Und so ließen wir uns einfach treiben. Ich lehnte ihn auf eine große Couch, die im Loungebereich stand und öffnete seine Hose. Ganz langsam fing ich an, seine Eichel vorsichtig zu lecken. Meine Zunge kreiste um seine Penisspitze und ich guckte ihm dabei tief in die Augen. Langsam nahm ich meine Finger mit ins Spiel. Die linke Hand strich über seinen Oberschenkel, bis hin zu seinen Eiern, die rechte fasste um den Schaft und schob sich langsam auf und ab. Mein Mund schob sich über seinen erigierten Penis und ich konnte meine Bewegungen mit meiner Zunge verstärken. Immer wieder saugte ich auf und ab, ließ seine Eier von meiner Hand massieren und meine Finger über seinen Damm gleiten. Und auch, wenn die anderen dabei zusahen, anfassen durfte uns keiner. Und so knurrte ich eine junge Frau an, die sich vorsichtig neben uns setzte und mir über den Rücken fuhr. Kurz bevor ich merkte, dass er kam, zog ich meine Hotpants zur Seite und setzte mich auf ihn rauf. Ich wollte ihn unbedingt in mir spüren, saß einige Sekunden ganz ruhig da, um sein Gefühl des Kommens wieder zu unterdrücken und er Zeit hatte, tief durchzuatmen. Dann fasste ich mit meinen Händen nach seinem Kopf, ließ meine Zunge über seine Lippen gleiten, küsste ihn an der Schläfe und dann am Hals entlang. Mein Unterkörper war immer noch ganz ruhig und ich spürte nur all die Härte in

mir. Doch während er mich erneut zu küssen begann, musste ich ihn einfach reiten. Immer wieder ahmte ich die Bewegungen wie auf einem Sattel nach. Die weichen Kissen der Couch ließen alles noch leichter anfühlen und ich schwebte wie auf einer Wolke. Unsere Körper bildeten eine Harmonie. Immer wieder bewegte ich mich auf und ab und regulierte das Tempo unseres Aktes. Benny schob meine Hotpants noch etwas weiter zur Seite und ließ seinen Daumen über meinen Kitzler rollen, fasste mit der anderen Hand nach meinem Po und zeigte mir so, dass er kurz davor war, in mir zu kommen. Ich konzentrierte mich auf seinen Daumen und auf das wohlige Gefühl in mir. Und je mehr ich mich auf und ab bewegte, umso mehr zog sich alles in mir zusammen. Ich war kurz davor, mit Benny unter mir und mitten in einem Club, meinen ersten Orgasmus unter Beobachtung zu haben und das fühlte sich fantastisch an. Und während wir beide unter den anhaltenden Bewegungen kamen, küssten wir uns und sogen die Energie des jeweils anderen in uns auf.
>>Es war fantastisch, eine ganz neue Erfahrung. Ich liebe dich für deine spontanen Ideen, Line. <<, flüsterte mir Benny in mein Ohr und fing an zu lachen.
>>Es ist einfach unglaublich schön, dass du immer alles so mitmachst, Benny. <<, grinste ich ihn an und küsste ihn auf die Stirn.

>>Wie komme ich denn jetzt hier am besten hoch, ohne dass mir dein Saft die Beine runterläuft? <<, fragte ich Benny, der bereits hinter sich eine Taschentücherbox entdeckt hatte und mir eins davon rübergab.

Wir blieben noch eine ganze Weile auf der Couch sitzen, schlenderten durch den Club und zerrten von den viele aufregenden Momenten und den Spielchen der anderen Besucher. Nur langsam tranken wir unsere Gläser aus und gingen hinaus zum Auto. Keiner von uns beiden wollte diesen Abend schon enden lassen, doch es wurde Zeit wieder nach Hause zu fahren und getrennt ins Bett zu gehen. Doch Benny ließ es sich nicht nehmen, mich noch einmal auf einer kleinen Raststätte im Auto zu lecken und über mich herzufallen, bevor er mich nach Hause fuhr. Wir konnten einfach nie genug voneinander bekommen.

>>Es war ein unglaublich schöner Abend, Line. Danke für diese tolle Überraschung. Für das leckere Essen und den Besuch in diesem abgefahrenen Club. Gerne fahre ich mit dir jederzeit wieder dahin. Ich weiß nicht, wie oft ich dir das noch sagen soll, aber du machst mich einfach verrückt. Ich liebe dich. <<, sagte er zum Abschied und gab mir einen letzten Kuss.

Ich schloss die Tür hinter mir und winkte ihm zu, als er den Motor startete und losfuhr. Danach ging ich lächelnd die Treppen hoch, duschte mich vor dem Schlafengehen und legte mich zufrieden in mein Bett. Lange habe ich über uns beide nachgedacht, meine Gedanken waren bei diesem verrückten Abend und unserem tollen Sex auf der Couch. Ich liebte es mit Benny all meine Fantasien ausleben zu können und schlief irgendwann zufrieden ein.

***

>Na meine kleine Sexgöttin, hast du gut geschlafen? Ich hoffe, du hast von einer Wiederholung geträumt und kannst es nicht erwarten mich wiederzusehen? Ich werde heute nicht auf Arbeit sein, habe nur Außentermine, aber vielleicht sehen wir uns morgen wieder. Ich küsse dich auf jede einzelne Stelle deines Körpers. Gruß Benny

Auch an diesem Abend hatte Benny seine Frau nichts von unserem Treffen gemerkt. Ich atmete bei Benny seinen Nachrichten immer auf und wusste erst dann, dass alles gut bei ihm war. Zu groß war meine Angst davor, dass er irgendwann richtig Ärger bekommen und einen Rückzieher machen könnte, doch diese Gefühle sollten sich in den nächsten Wochen nicht weiter bestätigen. Und auch, wenn wir nicht noch einmal in diesen Club gefahren sind, wussten wir beide, wie einzigartig und schön diese Erfahrung miteinander war. Seit diesem Abend war es voll und ganz um mich geschehen und mein Verlangen nach Benny wurde immer größer. Desöfteren dachte ich über die letzten Wochen nach und hatte es satt, nur seine Geliebte zu sein, die immer darauf warten musste, dass er sich irgendwann melden wird. Ich musste immer hoffen und bangen, ob wir uns überhaupt sehen konnten und meine Eifersucht seiner Frau gegenüber, stieg ins Unermessliche. Und obwohl mir dieses Gefühl überhaupt nicht zustand, konnte ich nichts daran ändern. Ich begehrte ihn von Kopf bis Fuß, doch konnte nicht mit ihm über meine Ängste sprechen und so setzten wir unsere Affäre mit all unserer Leidenschaft zueinander fort, ohne dass ich meine Zweifel jemals äußerte. Ich verdrängte mein Verlangen nach ihm an den Tagen, an denen wir uns nicht trafen und freute mich umso mehr auf die gemeinsamen Stunden zu zweit. Wir hatten es auch in den darauffolgenden Wochen geschafft, alles so gut es ging zu verheimlichen. Doch eines Tages entkamen wir nur knapp vor seiner Frau und allem Ärger, als wir wieder einmal mehr, sein Büro als Liebesnest wählten und uns darin austobten.

Es war ein langer Donnerstag, Benny musste bis abends arbeiten und all seine Kollegen waren bereits auf dem Heimweg. Nur einer seiner Mitarbeiter war noch mit im Büro und saß unter einer kleinen Tischlampe vor großen schwarzen Ordnern. Das sah von meinem Fenster nicht wirklich spannend aus, doch er hatte sich in den letzten Stunden voll und ganz in die Unterlagen gelesen und arbeitete diese Stück für Stück ab. Benny hingegen lenkte sich von seiner stressigen Arbeit ab und schrieb mir den ganzen Nachmittag liebevolle Texte. Und als ich dachte, dass er bald Feierabend machen würde, fragte er mich per Nachricht, ob ich nicht noch in das Büro kommen möchte, um mit ihm und seinem Kollegen Rick, einen letzten Kaffee am Abend zu trinken. Er brauchte etwas Ablenkung von den vielen Kundenunterlagen und wollte mich noch sehen. Rick wusste bereits von uns und sah das alles ziemlich locker. Wir hatten uns vor einigen Wochen auf einer Party getroffen und stellten im Laufe des Abends fest, dass wir uns beide bereits kannten. Ich wusste vom ersten Augenblick an, dass mir das Gesicht bekannt vorkam, doch hatte nie damit gerechnet, dass er der Arbeitskollege von Benny war. Bis er plötzlich auf mich zukam und mich ansprach.

>>Du bist doch Benny seine Line, oder? <<, sagte er vorsichtig und hielt mir die Hand entgegen.

>>Hey, ich bin Rick. <<

Im ersten Moment wusste ich nicht, was ich nun sagen sollte, doch dann merkte ich, dass Rick von uns beiden wusste und atmete tief durch. Er beichtete mir, dass Benny ihm schon oft von uns beiden erzählt hatte und auf Arbeit manchmal nicht Herr seiner Sinne war. Rick war sein bester Freund und beim Oktoberfest auch mit auf dem Festplatz unten in der Stadt. Und so bekam er, bereits vom ersten Augenblick an, Benny seine lüsternen Blicke mit und merkte, wie verwirrt er wegen mir war. Außerdem konnte Rick, die Frau von Benny nicht leiden und genoss es, ihr ins Gesicht zu grinsen, wenn sie auf

Firmenfesten von ihrer glücklichen Ehe sprach und dabei genau wusste, wie Benny wirklich tickte und es um ihre Ehe stand. Ich mochte Rick sehr. Er war der einzige von seinen Jungs, der über uns Bescheid wusste und redete uns immer gut zu. Und so überraschte ich beide im Büro mit einem ausgiebigen Abendbrot. Ich hatte nämlich gerade gekocht und wollte essen, als die Nachricht von Benny ankam. Packte alles in Plastedosen ein, nahm das gute Wegwerfgeschirr aus dem Schrank und dackelte über die Straße, hoch in das Büro. Die beiden waren von der spontanen Abendbrotaktion völlig überwältigt und freuten sich auf etwas Warmes in ihren Bäuchen. Und so saßen wir zwischen Aktenordnern und Büroutensilien mit einem Kaffee beim Essen und redeten über unseren Tag. Die Jungs schlugen sich ihre Münder voll und konnten gar nicht genug von meinem Essen bekommen. Alles putzten sie restlos von ihren Tellern.

>>Vielen Dank Line, dass du uns etwas vorbeigebracht hast. Wir wollten uns schon eine Pizza bestellen, doch haben die Zeit vergessen. Heute haben wir so viel zu tun, dass wir noch eine Ewigkeit vor diesen scheiß Ordnern sitzen werden. Wir müssen unbedingt noch fertig werden.<<, sagte Rick und schmiss das Plastegeschirr in den Müll.

>>Das hört sich ja wirklich nicht gut an. Klingt nach einer langen Nacht für euch. <<, sprach ich zu Benny

und drehte den Wasserhahn zu, an dem ich mir gerade die Hände gewaschen hatte.
>>Und Benny, hast du noch Zeit für einen Nachtisch?<<, grinste ich ihn an und lehnte mich über den Tisch.
>>Darf ich Line den Wunsch auf einen Nachtisch erfüllen, Rick? Du kommst doch sicherlich kurz ohne mich klar, oder? <<, fragte er, während er mich bereits aus der Küche schob, im Flur auf den Arm nahm und in sein Büro trug.
Danach fühlte ich mich ein wenig, wie in einem Erotikstreifen. Mit seinem rechten Arm räumte er die Ordner mit einem Wisch vom Schreibtisch ab und setzte mich küssend auf ihn rauf. In der Zeit entknotete ich seine Krawatte und knöpfte sein Hemd auf, um mit meinen Fingernägeln auf seiner Brust entlangzufahren. Und während er mich immer noch küsste und mit der linken Hand in meinen Nacken fasste, schob er mir das Kleid hoch und den Slip beiseite. Ich liebte es, wenn er mich so anfasste. All seine Berührungen lösten bei mir pure Hingabe aus und schalteten meinen Kopf völlig ab. Er lehnte mich behutsam auf seinen großen Schreibtisch zurück. In der linken Schulter bemerkte ich allerding noch einige Heftklammern, die sich genussvoll in mein Fleisch bohrten. Ich schob alles beiseite, wischte mir kurz die kleinen Klammern weg und Benny kniete sich vor mir nieder. Mein eines Bein lag auf seinem Bürostuhl, das andere stützte er auf seine Schulter

ab. Er liebte es, mich mit seiner Zunge vorzubereiten, mich noch feuchter zu lecken, als ich eh schon war. Eine Welle der Lust durchströmte meinen Körper und ich suchte Halt in seinen Haaren. Seine Zunge glitt langsam in mich hinein, dann wieder vorsichtig heraus. Es war ein herrliches Gefühl und ich genoss jede einzelne Bewegung. Immer schneller glitt er mit seiner Zunge in mir rein und raus und lutschte danach genüsslich mit beiden Lippen an meinem Kitzler. Doch wir wussten beide, dass wir für ausgiebige Rituale keine Zeit hatten und wir uns beeilen mussten. Daher holte ich Benny seinen Kopf zwischen meinen Beinen hervor und drückte meinen Oberkörper vom Schreibtisch hoch. Ich küsste ihn hingebungsvoll, schob ihn zurück auf den Bürostuhl und drehte mich danach auf den Fußballen um meine eigene Achse. Da ich bis vor einigen Jahren noch beim Ballett tanzte, hatte ich vollste Kontrolle über meinen Körper und war sehr gelenkig. Dass ich mich grazil bewegen konnte, wusste er bereits. Daher setzte ich mich mit einem Schwung kniend auf die Tischplatte, legte meinen Oberkörper lasziv nach vorn und zog mich langsam mit beiden Armen bis zur Tischkante vor, während mein Po ihm entgegengestreckt in die Luft ragte. Ich hielt mich mit beiden Händen am Tischende fest und ließ gleichzeitig ein Knie nach links und das andere nach rechts über den Tisch gleiten.

>>Warum wusste ich bis heute nicht, dass du so unheimlich gelenkig bist, Schatz? Das macht mich gerade unheimlich geil. Und du passt auch noch so gut zu meinem Inventar.<<, sagte er entzückt, bevor er vom Bürostuhl aufstand, seine Hose aufriss und ihn mir ohne Vorwarnung reindrückte.

Ich klammerte mich an der Tischkante fest, so dass ich ihm entgegenkommen konnte, als er wieder zustieß. Er war so ein unglaublich toller Liebhaber. Ich spürte seinen harten Schwanz in mir und seine Finger auf mir. Mit jedem einzelnen Stoß prallte er gegen die Innenwand meiner Scheide und löste ein wohliges Gefühl in mir aus. Genau diese Leidenschaft habe ich bei einem Mann immer gesucht. Ich konnte mich Benny so hemmungslos hingeben, da er mir das Gefühl gab, begehrt zu werden. Ich liebte es, wenn ich einen Mann um den Finger wickeln und ihm gleichzeitig sexuelle Erfüllung bieten konnte. Und das strahlte Benny voll und ganz aus. Ich konnte keine Sekunde länger aushalten und fing an, immer tiefer ein- und auszuatmen. Er beugte sich zu mir vor und schob mir zwei Finger in den Mund, um Rick nicht allzu viel von unserer Begierde mitbekommen zu lassen. Ich lutschte an ihnen und biss vorsichtig hinein, während ich auf seinem Schreibtisch kam. Und nur kurze Zeit später, zog er meinen Körper zu sich hoch, drückte mich vom Schreibtisch runter auf den Boden, wichste seinen Schwanz ein paar Mal hin und her, während ich seine Eier mit meiner Zunge liebkoste und kam mit einem lauten Stöhnen direkt in meinen Mund. Es war einfach toll ihn zu schmecken. Wir hatten keine Hemmungen voreinander und das machte unser Liebesspiel so umwerfend. Vor allem aber, machte es mit jedem Mal süchtig nach mehr. Ich zupfte meine Sachen wieder zurecht, während er sein Hemd schloss und seine Krawatte richtete. Er nahm meinen Kopf fest zwischen seine Hände und küsste mich so liebevoll, dass ich ihm fast noch einmal verfallen wäre, doch plötzlich hörten wir ein Klopfen an der Tür.

>>Benny? Line? Kommt sofort da raus, deine Frau hat gerade unten eingeparkt. Mach, dass du Line irgendwie in die Küche bekommst, danach schleuse ich sie aus dem Büro. <<

Zum Glück hatten wir Rick, der uns deckte. Benny gab mir noch einen schnellen Kuss und ich verstecke mich in der Küche. Nur einige Sekunden später, kam Bennys Frau zum Eingang herein. Sofort zog Benny sie in sein Büro und sprach mit ihr über die liegengebliebene Arbeit. Und ich konnte schnell die letzten Sachen aus der Küche zusammenpacken und durch Rick ohne Probleme in die Freiheit entfliehen.

>>Puh, das war mehr als knapp. Vielen Dank, dass du uns nicht verrätst, Rick. <<

Ich umarmte ihn, gab ihm einen dicken Kuss auf die Wange und rannte die Treppen hinunter. Genau diese Tage zeigten mir immer, dass ich die Spannung liebte und ich Spaß dabei hatte. Und erst, als ich zwei Stunden später mit dem Hund eine letzte Runde drehte, sah ich beide gemeinsam aus dem Büro kommen und in ihr Auto steigen. Sie lachte erhaben und nahm ihn provokant in den Arm, doch ich grinste nur und dachte an die schönen Minuten auf seinem Bürotisch. Erst am nächsten Tag konnte mir Benny schreiben und fragte mich, ob ich Zeit und Lust hätte, mit ihm die Mittagspause zu verbringen. Natürlich verneinte ich das nicht und packte uns ein bisschen Proviant ein. Wenn wir uns zum Mittag verabredeten, trafen wir uns immer auf einer kleinen Wiese am See. Auch an diesem Tag war er schon vor mir da und saß auf einer kleinen Decke, als ich um die Ecke bog. Und so setzte ich mich zu ihm und küsste ihn lange. Er hatte sehr gute Laune und erzählte mir vom restlichen Abend. Wie ich aus seinen Worten raushörte, hat sie nichts von unserem kleinen Quickie auf seinem Tisch bemerkt. Sie stutze nur kurz, als seine Aktenordner am Boden lagen. Doch er meinte ganz trocken, dass er vor Wut über die viele Arbeit mal kurz ausgerastet sei und sie dabei vom Tisch gefegt hätte. Ich lachte herzhaft und konnte mir genau vorstellen, wie er vor ihr stand und ihr diese Geschichte auftischte. Ich liebte es, dass er so schlagfertig war und zwirbelte einen Grashalm zwischen meinen Fingern hin und her, doch dann wurde ich ganz still und nachdenklich. Er küsste mich und guckte mir danach lange in meine traurigen Augen.

>>Ich liebe dich Line, hörst du. Du bist die Frau, die mich glücklich macht. Ich weiß, dass es nicht immer einfach für dich ist. Erst recht nicht, wenn du uns zusammen aus dem Büro kommen siehst, doch bitte glaube mir, irgendwann hat das alles ein Ende. Ich will glücklich mit dir sein und mein restliches Leben mit dir verbringen. <<, sagte er ganz ruhig und überzeugend.

Er wusste, dass es mir genauso ging, doch ich war heute nicht in der Stimmung. Nachdem er mit seiner Frau am Vortag Arm in Arm das Büro verlassen hatte und über den Parkplatz zum Auto ging, um mit ihr nach Hause zu fahren, wurde mir klar, dass ich die Frau war, von der keiner wissen durfte. Ich war die Frau, die im Schatten lebte und sich keinem anvertrauen durfte. Unsere heimlichen Treffen und das ständige Warten waren eine Zerreißprobe für meine Nerven. Ich liebte es mit ihm die Zeit zu verbringen, mit ihm zu schlafen, ihn zu beobachten und zu küssen. Doch all das, was zwischen uns war, war jedes Mal zeitlich begrenzt und nicht für die Ewigkeit. Und während er merkte, dass er mich einfach nicht aufheitern konnte und ich über den Sinn unserer Affäre nachdachte, stand er von der Wiese auf und zog mich zu sich hoch.

>>Hast du dieses Wochenende schon etwas geplant, Line? <<, fragte er mich ganz spontan.
Seine Augen waren ganz groß und er wartete auf eine schnelle Antwort.
>>Was hast du denn vor? <<, zwinkerte ich ihm zu und blickte ihn erwartungsvoll an.
>>Also hast du nichts geplant, Schatz? Super, dann lass dich bitte von mir überraschen. Ich würde dich gerne entführen, dich ganz groß ausführen und Zeit mit dir verbringen. <<
Mehr konnte ich von ihm nicht erfahren, auch nicht, als ich ihn noch einige Male über seine Pläne ausfragte. Er wollte mich überraschen und verriet mir nichts. Ich überlegte einige Sekunden, dachte dann aber an den Satz von Maja und sagte ihm zu. Mein Herz sagte mir einfach, dass es das Richtige sei, auf diesen Mann zu warten. Er nahm mich hoch und wirbelte mich durch die Luft.
>>Ich freu mich so, Baby. Eins kann ich dir versprechen. Das wird so super, du wirst vollkommen überwältigt sein. <<, schrie er freudestrahlend aus sich heraus und ließ mich gar nicht mehr los. Meine Laune hatte sich schlagartig gebessert, denn ich freute mich auf den Ausflug mit Benny und vergaß all meine schlechten Gefühle. Und so gingen wir Hand in Hand bis zur Straße zurück, um danach wieder getrennte Wege zu gehen, da seine Frau einen freien Tag hatte und sich in der Stadt aufhalten könnte. Er

ging an der Hauptstraße entlang und ich nahm einen kleinen Schleichweg, der parallel dazu verlief, nur um nicht weiter aufzufallen. Doch ich strotzte nur so vor guter Laune, freute mich schon auf das Wochenende und war wirklich gespannt darauf, was er vorhatte und wie er mich überraschen wollte.

\*\*\*

Mit einer kleinen Reisetasche stand ich im Hausflur und guckte durch das schmale Fenster zur Straße. Benny hatte mir vorher eine Nachricht geschrieben, dass es zu Hause ein paar Probleme gab und er sich etwas verspäten wird. Seine Frau war skeptisch und wollte ihn nicht gehen lassen. Verständlich nach all den vielen Erlebnissen. Sie wollte nicht glauben, dass er mit ein paar Kollegen von anderen Standorten des Unternehmens zu einem Wochenendtrip an die Ostsee eingeladen wurde. Als kleines Dankeschön für seine Arbeit und für die hohen Verkaufszahlen im letzten halben Jahr. Natürlich war das alles eine ausgedachte Geschichte, doch weil sich Benny und sein großer Chef blendend verstanden, gab er ihm dieses gewünschte Alibi und telefonierte sogar mit seiner Frau, um sie zu beruhigen und die Sache dingfest zu machen. Danach konnte er endlich los. Doch draußen vor der Haustür war die Gefahr zu groß, von seiner Frau oder seinen Bekannten entdeckt zu werden und so schrieb er mir einen kurzen Text, dass ich auf meinem Hof warten sollte. Ich blickte immer wieder aufgeregt auf meine Uhr. Bereits zehn Minuten war er zu spät dran. Doch dann hörte ich quietschende Reifen, die um die Ecke schossen. Er fuhr in die Einfahrt zum Hof rein und drehte um. Mit ständigem Blick hoch zum Büro, stieg ich schnell ins Auto ein und duckte mich. Es war alles etwas stressig, aber dennoch tat ich es gerne für Benny und auch für mich. Bereitwillig übernahm ich in den letzten Wochen die Rolle der Frau, die es nicht geben durfte und war umso mehr gespannt, wo er mich jetzt hinbringen würde. Nach ein paar Minuten Fahrt, konnte ich mich endlich wieder normal auf den Beifahrersitz setzen, zog mein Oberteil zurecht und strich mir durch die Haare. Er legte seine Hand auf meinen Oberschenkel und beugte sich zu mir hinüber, während er das Lenkrad festhielt und den Blick auf die Straße richtete. Und mit einem Kussmund wartete er darauf, dass ich ihm hallo sagen würde. Er war entspannt, sein Telefon lag in der Mittelkonsole neben uns und im Radio lief leise Musik. Wir fuhren auf die Autobahn Richtung Norden, er zog ein Prospekt aus seinem Jackett und reichte es mir herüber. „Strand Hotel" stand in einem Halbkreis und großen Buchstaben auf dem Prospekt. Auf der Innenseite sah man helle Zimmer, die liebevoll eingerichtet waren, der Pool aus dem Spabereich erstrahlte in einem herrlichen Türkis und der Strand, der direkt vor dem Hotel lag, war weiß und lud zu romantischen Spaziergängen ein. Ich traute meinen Augen nicht und mein Herz schlug wie verrückt. Wollte Benny mit mir wirklich dahin?

>>Wir haben ganze drei Tage für uns Schatz. <<, sagte er mit einer Ruhe und küsste vorsichtig meinen Handrücken.

Ich war etwas verblüfft, dass er sich jetzt sogar schon ein ganzes Wochenende für mich Zeit nahm und freut mich auf die kommende Erholung. Er erzählte mir von der Geschichte, die er sich mit seinem Chef ausdachte und grinste mich an. In den letzten Wochen hatte er gemerkt, dass meine Ansprüche ihm gegenüber und an unsere Affäre gestiegen sind. Ich sehnte mich danach, mit ihm zusammen zu sein. Wie ein normales Pärchen Hand in Hand durch die Straßen zu laufen und hatte die heimlichen Treffen satt. Natürlich wusste ich von Anfang an, was auf mich zukommen würde und es nicht einfach für mich wäre, doch ich entschied mich dafür seine Geliebte zu sein, um ihn nicht zu verlieren. Anfangs war es für mich einfach, egoistisch und gefühlskalt zu sein, doch die Zeit mit ihm, zeigte mir, dass mir das alles nicht mehr genug war. Und er wusste, dass ich irgendwann gehen und ihm nicht mehr das bieten würde, was ihm so sehr gefiel – die experimentierfreudigen Treffen, die vielen Gespräche und den wundervollen Sex. Daher ließ er sich spontan einen Kurztrip an die Ostsee einfallen, um mich wieder milde zu stimmen. Das Hotel wurde erst vor Kurzem noch einmal komplett erneuert. Es bestand aus mehreren Gebäuden und durch die Gartenanlage führte ein großer Teich. Unser Apartment war sehr komfortabel eingerichtet und erstrahlte in einem warmen Rot. Eis riesiges Bett stand in der Mitte des Raumes und davor befand sich eine lange Kommode mit Fernseher, Telefon und Minibar. Der Schlafbereich wurde durch einen Raumteiler vom restlichen Zimmer getrennt und bat optimalen Sichtschutz zur möblierten Terrasse. Wir öffneten die großen Flügeltüren und sahen die herrliche Gartenanlage direkt vor Augen. Alles erstrahlte in bunten Farben und durch den Zaun konnten wir das wundervolle Meer sehen. Das Badezimmer war luxuriös und alles war hell und freundlich gestrichen. Die Dusche besaß eine Regenfallfunktion und konnte gleichzeitig als Sauna genutzt werden. Toilette und Bidet waren in einem kleinen Separee zu finden und die freistehende Badewanne bildete den perfekten Abschluss einer kleinen Wohlfühloase. Es war durch und durch der perfekte Ort, um endlich einmal abzuspannen und die Zeit mit Benny zu genießen. Während ich die letzten Sachen aus unseren Taschen in den Schrank legte, saß er mit der Fernbedienung auf dem großen Bett und zappte durch die Programme. Ich liebte es, ihn zu beobachten und lehnte mich gegen die Wand im Flur. Zu schön war dieser Augenblick ihn einmal ganz gewöhnlich zu erleben und ich konnte nicht anders, als auf ihn zu zurennen und ihm um den Hals zu fallen.

>>Danke Schatz, dass du dieses Wochenende arrangiert hast. Ich bin so unheimlich glücklich mit dir und freue mich auf eine kleine Auszeit, ganze drei Tage lang. <<, sagte ich und ließ ihn nicht mehr los.

>>Ich freue mich, dass es dir gefällt, Line. Wir können uns hier voll und ganz austoben, ohne uns über irgendetwas Gedanken machen zu müssen. <<, erwiderte er und gab mir einen langen Kuss.

Bevor wir uns die gesamte Hotelanlage ansehen wollten, gingen wir hinaus an den Strand und schlenderten Hand in Hand über die Promenade, hinunter zum Wasser. Ich genoss jeden Augenblick mit Benny. Es war einfach unglaublich zusammen hier zu sein. In einem hohen Bogen ließ er die Decke in die Luft fliegen, um sie dann auf dem warmen Sand auszubreiten. Schob sich die Sonnenbrille vom Kopf runter vor die Augen und setzte sich auf eine kleine Ecke. Ich zog mir mein Strandkleid über den Kopf und zupfte den Bikini über meine Brust.

>>Kommst du mit ins Wasser? <<, rief ich ihm zu, während ich bereits auf dem Weg zum Ufer war.

>>Nein, ich bleibe erst einmal hier und tanke ein wenig Sonne. Außerdem finde ich es schöner, dich einfach zu beobachten. <<, antwortete er und ließ sich auf seine Ellenbogen nach hinten fallen.

Ich genoss diesen wundervollen Ausblick, das weite Meer und das herrlich erfrischende Wasser. Es kam mir alles so bekannt vor, fast wie im letzten Urlaub mit den Mädels. Ich ließ mich vom Wasser treiben, tauchte durch die Wellen und fühlte jeden einzelnen Wassertropfen auf meiner Haut. Ich fühlte mich wie neugeboren und für einen kurzen Augenblick, musste ich an Mehmeth denken. An unseren letzten gemeinsamen Abend, an diese wundervolle Nacht und diesen grandiosen Sex. Ich hatte schon lange nichts mehr von ihm gehört, war schon lange nicht mehr online oder habe eine Nachricht von ihm bekommen. Was er jetzt wohl machen würde? Wie es ihm wohl mit seiner Freundin ergeht? Ich wusste, dass er jetzt glücklich war und so ließ ich meine Gedanken schweifen und grinste in mich hinein. Ich bereute keine Sekunde meines One-Night-Stands, aber wusste, dass die Nacht mit ihm einmalig und unvergessen blieb. Und mir ging es dabei gut. Denn erst Mehmeth zeigte mir wieder, dass ich auf meine Bedürfnisse hören sollte und nur ich der wichtigste Mensch in meinem Leben war. Das half mir dabei, die Affäre mit Benny am Anfang so locker wie möglich zu nehmen und meine sexuellen Fantasien in den Vordergrund zu stellen. Und zum Glück hatten sich Benny seine Gefühle mittlerweile so intensiviert, dass er nicht so einfach gehen konnte. Er bot mir viele schöne Sachen. Aufmerksamkeit und Begierde, Liebe und Leidenschaft, aber auch wundervolle Treffen und kleine Geschenke. Letzteres hätte ich nicht gebraucht, denn ich stand auf eigenen Beinen, hab

mein Geld mit meinem Nebenjobs verdient und es gab genug Männer, die mich kennenlernen wollten und mir das Paradies zu Füßen gelegt hätten. Ich musste nicht unbedingt hier sein, ich musste mich nicht fest binden, denn hätte ich nur Spaß gewollt, hätte ich auch andere Männer haben können. Doch es war Benny und seine Persönlichkeit, die mich verrückt nach ihm machten. Diese Kombination aus Charme, Lebenserfahrung und Hingabe, verkörperten für mich das absolute Bild von einem Traummann und das Verbotene trug den letzten Rest dazu bei. Ich ging langsam aus dem Wasser und meine langen braunen Haare gingen mir bis über den Po. Benny guckte mir von der Decke aus zu und ich kam mir vor, als würde ich einen Vorspann für Baywatch drehen. Langsam ließ ich meine Füße durch den feinen Sand gleiten, meine Hüfte bewegte sich von links nach rechts und ich blickte ihm dabei tief in seine Augen. Ich erreichte das Ende der Decke und legte mich langsam auf das Handtuch neben ihm.
>>Na, meine kleine schöne Meerjungfrau. Kannst du mich mal kneifen, dass ich auch weiß, dass ich nicht nur träume? <<, sagte er und zauberte mir ein verschämtes Lächeln ins Gesicht.
Ich küsste ihn auf seine vollen Lippen, um ihn zu zeigen, dass alles an mir echt war und drehte mich zu ihm auf die Seite. Eine ganze Weile lagen wir am Strand in der Sonne, redeten viel über dieses

Wochenende und beobachteten die anderen Badegäste beim Volleyballspielen. Immer wieder suchte er meine Nähe, fasste nach meiner Hand, streichelte mir über den Rücken, cremte mich ein und küsste meinen Po. Den Sonnenuntergang vor Augen, brachten wir uns mit Dirty Talk in Stimmung und als wir auf dem Hotelzimmer waren, fielen wir wie wild übereinander her. Und genau wie den Abend bei mir zu Hause, nahm er sich nach unseren Orgasmen viel Zeit für mich. Er legte mich auf den Bauch, ölte mich ein und massierte mich ausgiebig von oben bis unten. Es war nicht nur der schnelle Sex, nachdem er Verlangen hatte, es waren wir alleine. Wir zusammen und dieses herrliche Gefühl nach etwas Freiheit. Er wollte alles förmlich in sich aufsaugen, jeden einzelnen Moment mit mir genießen. Fast schon etwas konservativ für unsere Verhältnisse, lagen wir eine Zeit lang nebeneinander im Bett und streichelten uns gegenseitig unsere öligen Körper. Hatten wir doch sonst immer kaum Zeit für romantische Stunden und kaum Zeit dafür, das was zwischen uns lief, intensiv zu genießen.

>>Ich liebe es, bei dir zu sein, ich will dich nicht mehr loslassen. Bitte bleib für immer bei mir, Line. Ich will mit dir meine Zukunft verbringen und dich nie wieder loslassen. <<

Ich drehte meinen Kopf zu Benny und rollte mich vom Bauch auf den Rücken. Mit beiden Armen zog ich ihn zu mir heran und umarmte ihn ganz fest. Er hatte seinen Kopf auf meine Brust gedrückt, sein nackter Körper lag auf meinem und im Hintergrund dudelten nur leise ein paar Stimmen aus dem Fernseher.

&gt;&gt;Das musst du nicht, Benny. Du musst mich nicht mehr loslassen. Ich bin bei dir und werde es auch immer sein. &lt;&lt;, flüsterte ich leise und küsste ihn zärtlich auf seine Stirn.

Eine ganze Weile lagen wir einfach nur so da. Seine Augen waren geschlossen und er atmete ganz ruhig ein und aus. Meine Finger glitten immer wieder durch seine zerwuschelten Haare und meine Augen waren in den Garten hinter der Terrasse gerichtet. Ich genoss diesen ruhigen Moment und ihn so nah an meinem Herzen zu spüren. Doch plötzlich unterbrach Benny die Stille und fing an, von seiner Frau und all den Problemen mit ihr zu sprechen. Redete erst wirres Zeug und ich konnte ihm kaum folgen. Immer wieder sagte er, dass er es satt hätte, durch ihre Drohungen so gehemmt zu sein. Und auf einmal sprach er von Trennung, Scheidung und Auszug und wirkte dabei gefasst und völlig siegessicher. Für mich in diesem Augenblick der schönste Liebesbeweis, den er mir je machen konnte. Ich war überrascht, doch unbeschreiblich glücklich. Ich konnte es im ersten Augenblick nicht fassen, dachte es sind alles nur Sprüche von ihm, doch er meinte es wirklich ernst und wiederholt seine Pläne immer und immer wieder. Endlich würde ich das bekommen, wonach ich mich so viele Monate lang gesehnt hatte und alle Skeptiker hätten Unrecht gehabt. Endlich könnten wir zusammen glücklich werden und jeden Tag unsere Liebe zueinander genießen. Könnten ganz offiziell miteinander Zeit verbringen und uns vielleicht eine eigene kleine Wohnung nehmen. So viele Ideen und Gedanken rasten durch meinen Kopf, doch eins machte mich besonders stolz. Am Anfang war ich nur sein Flirt, dann seine Geliebte und zum Schluss hatte ich gesiegt und das Herz eines verheirateten Mannes erobert. Und ohne mir weitere Gedanken über seine Frau und um seine Familie zu machen, hörte ich erneut auf mein Herz und drückte ihn ganz fest an mich. Ich atmete tief ein und küsste ihn.

\>>Ich liebe dich Benny. Das war das Schönste was du jemals zu mir gesagt hast. Wir schaffen das alles zusammen, ich bin immer bei dir und unterstütze dich so gut ich kann mein Schatz.<<

Benny genoss diesen Augenblick so sehr, dass er in meinen Armen kurz einnickte. Er sah so glücklich aus und sogar im Schlaf hatte er ein kleines Lächeln auf den Lippen. Ich legte seinen Kopf behutsam auf das Kissen, nahm seinen Arm von meinem Bauch und drehte mich aus dem Bett. Das Massageöl klebte überall auf meinem Körper, sogar meine Haare waren verklebt. Daher machte ich die Dusche an und stieg unter das herrlich warme Wasser. Minutenlang stand ich einfach nur da und fühlte das Wasser an meinem ganzen Körper entlanglaufen. Ich genoss es, nach Benny seinen Worten, alles zu realisieren. Stand in der Mitte der Dusche und dachte über meine Pläne mit ihm nach. Ich legte den Kopf nach hinten, fuhr mir mit beiden Händen durch das Haar und meine Gedanken zauberten mir ein Lächeln auf meine Lippen. Ich griff zum Shampoo und wollte mich gerade einseifen, als plötzlich die Glastür aufging und Benny nackt vor mir stand.

>>Du wolltest doch nicht etwa ohne mich duschen gehen? <<, grinste er mich an und stieg zu mir unter den Wasserstrahl.

Er nahm mir die Shampooflasche aus der Hand und drückte sich eine große Portion davon in die linke Hand. Danach verrieb er die duftende Flüssigkeit in seinen Händen und strich zärtlich über meine Brüste. Seine großen Hände fühlten sich ganz sanft auf meiner Brust an und sie glitten in Kreisen um sie herum. Behutsam massierte er meine Brustwarzen. Seine Hände wanderten hoch zu meinem Nacken, hinüber zu meinen Schultern und fingen an mich zu kneten. Wieder streckte ich den Kopf nach hinten, sodass mir das Wasser über mein Gesicht und meine Brust lief. Er zeichnete mit seinen Fingerspitzen Linien auf meine Taille und Hüfte und drehte mich in der Dusche so um, dass ich seitlich von ihm stand. Seine linke Hand hatte nun Platz mich von vorne, seine rechte Hand von hinten zu erkunden. Langsam striff er immer wieder hoch und runter, dann trafen sich beide Hände zwischen meinen Beinen. Mit immer schnelleren Bewegungen, ließ er beide aufeinandertreffen, um sie dann wieder zu lösen und immer wieder gefühlvoll durch meine Lippen gleiten zu lassen. Ich nahm seinen Schwanz in meine Hand und glitt langsam an ihm hoch und runter. Ich liebte es, wenn er ganz hart war und ich all die kleinen Adern spüren konnte. Ich drehte mein Gesicht zur Wand, konnte mich an der Duschhalterung festhalten und beugte mich genussvoll etwas nach vorne. Ich stellte mich auf meine Zehenspitzen, um Benny etwas entgegen zu kommen und ihn meinen prallen Po zu präsentieren. Das Wasser lief über meinen Rücken zwischen meine Beine und schon das alleine, erregte mich ungemein. Benny legte seine Hände auf meine Taille und drang in mich ein. Ganz vorsichtig stieß er zu und suchte nach dem richtigen Winkel, um nicht wieder herauszurutschen. Ich hielt die Duschhalterung mit beiden Händen an der Wand fest und beugte mich noch etwas mehr nach vorn. Benny liebte das Gefühl, mich von hinten zu sehen und schnurrte vor sich her. Immer wieder strich er mir über den Rücken und liebkoste meine Brustwarzen, bis er zum Duschkopf griff und den

Strahl des Wassers mit einem Dreh änderte. Und während er mich von hinten nahm, ließ er den Duschkopf zwischen meine Beine gleiten und den warmen Strahl über meine Knospe laufen. Es fühlte sich fantastisch an. Die Mischung aus Lustschweiß und Wassertropfen auf unserer Haut brachten uns noch mehr auf Touren und lange hielt ich die doppelte Penetration nicht aus. Ich klammerte mich um die Halterung vor mir, um den Boden unter den Füßen nicht zu verlieren, als ich aufstöhnte und einen intensiven Orgasmus hatte. Als ich mich nach einigen intensiven Sekunden des wohligen Schauers wieder gefangen hatte, fragte ich Benny, ob er nicht weitermachen wollte und drehte meinen Kopf in seine Richtung.
>>Baby, ich bin mit dir zusammen gekommen, es war ein wundervolles Gefühl. <<, entgegnete er mir nur und schloss kurz die Augen.
Und so sind wir beide gemeinsam unseren Höhepunkt entgegen geglitten, ohne dass ich es gemerkte hatte. Es war das erste Mal, dass wir uns wirklich so unendlich nah waren. Das erste Mal, dass wir miteinander geschlafen haben, nachdem er sich für einen endgültigen Neuanfang entschieden hatte. Und so standen wir noch lange unter der Dusche, hielten und küssten uns.

\*\*\*

Die Musik fing an zu spielen, ich betrat den großen Raum und alles um mich herum war still. Die Menschen an den Tischen hatten ein Lachen auf den Gesichtern und fingen an zu applaudieren. Mein weißes, trägerloses Kleid war eng und ging bis zum Boden. An der Seite hatte es einen langen Schlitz bis hoch zu meinem Becken. Die Haare wurden mir locker nach oben gesteckt, die Haarspitzen waren gelockt und an der Seite steckte eine kleine Blume über meinem Ohr. Und als ich durch die große Tür vorsichtig und zögernd nach innen ging, sah ich Benny in seinem schwarzen Anzug. Sein Hemd war am Kragen nicht geschlossen, zwei Knöpfe waren geöffnet und seine rechte Hand lag locker in der Anzughose. Diese Kleidung stand ihm unheimlich gut und ich war froh, dass er hier war. Langsam schritt ich durch den Saal nach vorne zu ihm, drehte mich in seine Richtung und blickte ihn tief in die Augen.

>>Du siehst wunderschön aus Schatz.<<, empfing er mich und gab mir einen innigen Kuss.

Danach musste ich auf eine kleine Bühne, die neben dem DJ-Pult aufgebaut war, um zu den Gästen zu sprechen.

>>Vielen Dank, dass Sie alle so zahlreich erschienen sind und vielen Dank, dass dieses wunderschöne Hotel das alles hier ermöglicht hat. Ich fühle mich

sehr geehrt und bin unheimlich glücklich, diesen wundervollen Moment, mit dem wichtigsten Menschen in meinem Leben zu erleben. Benny, ich liebe dich. <<, sprach ich, während einige Blitzlichter aufleuchteten.

Vorsichtig ging ich mit meinem langen Kleid und nach meiner kurzen Ansprache, wieder die Treppen hinunter zu Benny.

Er empfing mich mit offenen Armen und gab mir einen Kuss auf meine Stirn. Die Gäste standen von ihren Sitzen auf und feierten uns wie ein Königspaar. Einer nach dem anderen kam zu uns nach vorne, um uns zu beschenken und zu beglückwünschen. Danach wurde das Buffet eröffnet und ausgiebig getanzt. Nein, es war nicht unsere Hochzeit, auch wenn es sich fast so angefühlt hat und wir unbeschreiblich glücklich waren. Das Hotel hatte am letzten Tag unseres Aufenthalts einen weiblichen Gast zum White Angel gekürt und dieser war, unter vielen wunderschönen Frauen, verblüffender Weise ich. Und so durften wir am Abend mit allen anderen Hotelgästen eine wundervolle Party feiern. Benny guckte mich an, als wäre ich wirklich ein Engel und immer wieder sagte er mir, wie schön er mich fand. Ich war wirklich sehr gerührt und genoss seine schmeichelnden Worte. Nach dem Essen wollte ich mich aber bewegen, nahm seine Hand und zog ihn mit auf die Tanzfläche.

>> Hey ich bin Line, ich konnte nicht anders, als dich auf der Stelle zum Tanzen aufzufordern. Ich hatte schon Angst, du wärst gegangen. <<, grinste ich ihn an und legte meine Arme um seinen Nacken.

Die Verbindung zu unserem ersten Tanz auf dem Oktoberfest konnte ich mir nicht verkneifen und dachte gerne daran zurück. Dass wir einmal so viel Spaß zusammen haben werden, vor allem aber uns ineinander verlieben würden, hätte am ersten Tag wohl keiner von uns beiden gedacht. Dieses Treffen auf dem Fest und unser erster Tanz, veränderte unser beider Leben und wir konnten nichts gegen unsere Gefühle machen. Es wirkte bereits wie eine Generalprobe für unsere spätere Trauung. All die Dekoration, die Musik und all die Glückwünsche, ließen uns damals träumen. Doch darüber wollten wir beide noch gar nicht nachdenken. Für uns war es wichtig, den Augenblick zu genießen und beieinander zu sein. Wir schlossen die Augen und tanzten eng umschlungen auf der großen Tanzfläche neben all den anderen Paaren. Danach machten wir noch ein paar Bilder mit dem Handy, schickten einige an Maja und feierten bis in die frühen Morgenstunden. Jeder wollte mit uns anstoßen, ein Erinnerungsfoto machen und forderte uns nacheinander zum Tanzen auf. Doch irgendwann waren wir so fix und fertig, dass wir heimlich unsere Sachen nahmen und taumelnd ins Zimmer gingen.

>>Das war doch mal eine Feier, all die Dekoration und das tolle Buffet, einfach unglaublich.<<, sagte ich, öffnete die Terrassentür und legte mich erschöpft auf eine Liege.

>>Wie die anderen Männer dich angeguckt und sich gefreut haben, wenn sie mit dir tanzen durften, war einfach so herrlich zu beobachten. <<, sprach Benny mit einem Lächeln im Gesicht und folgte mir.

>>Und weißt du, was das Schönste daran war? Dass ich wusste, dass die schönste Frau des Abends mit mir nach Hause geht und ich im Bett neben ihr liegen darf. <<, sagte er, während er sich neben meine Liege kniete und mich verliebt ansah.

Ich zog ihn zu mir ran und küsste ihn. Holte uns danach noch eine Flasche Wein aus der Minibar und zündete mir eine Zigarette an. Lange lagen wir unter dem Sternenhimmel auf den Liegen, hielten unsere Hände und schliefen irgendwann völlig fertig auf der Terrasse ein. Durch die Antwort von Maja, wurde ich einige Stunden später wieder wach. Das Handy lag genau neben mir und vibrierte ununterbrochen.

> Oh mein Gott, wie süß ihr seid. Du musst mir alles erzählen, wenn du wieder hier bist. Auch wenn der Typ es in der Vergangenheit schon oft verbockt hat, sehe ich jetzt, dass du glücklich bist und er dich zum Lachen bringt. Treffen wir uns

heute Abend auf einen Cocktail? Ich freue mich so für dich Maus.

Auch wenn Maja meine beste Freundin war, war sie nicht immer so gut auf Benny zu sprechen. Sie war nicht eine der typischen Freundinnen, die mir Honig um den Mund geschmiert hat, nur um mich zu beruhigen und nicht verletzend zu wirken. Ganz im Gegenteil. Gefiel ihr etwas nicht oder wusste sie, dass ich im Unrecht war, hat sie mir das knallhart ins Gesicht gesagt. Es war manchmal wie eine schallende Ohrfeige, aber das brauchte ich zwischendurch, um nicht den Boden unter meinen Füßen zu verlieren. Vor allem aber, war sie immer ehrlich und hatte mit ihrem Bauchgefühl oft Recht.
Ich schob die dünne Decke beiseite und stand leise auf. Benny schlief noch auf der anderen Liege. Sein Gesicht sah friedlich aus und die morgendliche Sonne suchte sich durch die hohen Bäume den Weg in sein Gesicht. Er sah hinreißend aus, lange hätte ich ihn so beobachten können und zu gerne hätte ich jetzt einfach die Zeit angehalten. Heimlich knipste ich ein Foto mit meinem Handy, schlich dann durch das Zimmer ins Bad und drehte die Hähne der Badewanne auf. Ich rief den Zimmerservice an, bestellte ein paar Accessoires und ein ausgiebiges Frühstück. Ich verstreute Rosenblätter von der Terrassentür bis hin zur Badewanne, goss uns beiden

ein Glas Sekt ein und drapierte alle Leckereien auf den breiten Wannenrand. Mein Bademantel fiel auf den Boden und ich ließ meinen Fuß langsam in das Schaumbad gleiten. Ich freute mich jetzt schon auf Benny, der sich bereits ein paar Mal auf der Liege hin und her gedreht hatte.

>>Schatz? <<, rief er von der Terrasse aus.

Ich wartete ab und ließ meine Fingerspitzen auf die Wasseroberfläche plätschern.

Erst einige Minuten später, hörte ich seine langsamen Schritte, als er von der Terrasse zum Bad kam und seinen Kopf zur offenen Tür hereinblitzte.

>>Bist du verrückt Maus? Wann hast du denn das alles gemacht? Hab ich so tief geschlafen? Das ist ja einfach unglaublich. <<, sagte er überrascht und blickte auf die kleinen Leckereien.

>>Ich wollte dir auch einmal eine Freude machen und mich bei dir für das schöne Wochenende bedanken. <<, erwiderte ich seine Fragen und streckte das eine Bein aus dem Schaum heraus, um es über den Wannenrand gleiten zu lassen.

Er wusste, dass es sein Signal war, sofort zu mir in die Wanne zu kommen, zog seine Boxershorts aus und stieg durch den Schaum in das warme Wasser. Da saßen wir nun. Aus unserer anfänglichen Affäre ist richtige Liebe geworden. Wir nahmen die Sektgläser in die Hand und stießen darauf an.

>>Line, ich liebe dich. Mit dir möchte ich alt werden. <<

Dass er das mir gegenüber schon war, habe ich mir nur gedacht, aber nicht ausgesprochen. Doch an meinem Grinsen wusste er, was mir gerade durch den Kopf geschossen ist.

>>Okay, sag jetzt bitte nichts. Ich hab es verstanden. Sehr witzig, junge Dame. <<, lachte er und rollte mit den Augen.

Er beugte sich zu mir hinüber und küsste mich lange.

>>Kommst du denn damit klar, dass du dann einen alten Knacker an deiner Seite haben wirst? <<, fragte er auf einmal ganz vorsichtig.

>>Habe ich dir irgendwann schon einmal das Gefühl gegeben, dass ich nicht damit klarkommen würde und dich daher in der Öffentlichkeit anders behandelt habe? <<, stupste ich ihn unter Wasser an und küsste ihn zurück.

>>Nein, hast du nicht Line. Tut mir leid, ich habe einfach nur Angst davor, dass ich dir irgendwann zu alt bin, obwohl du mir so ein tolles Gefühl gibst. Vergiss meine Worte und lasse uns einfach den Tag hier im Hotel genießen und positiv in die Zukunft gucken. <<, antwortete er, nahm ein Häppchen in die Hand und ließ es in meinen Mund gleiten.

Wir wussten, dass das unser letzter Tag an der Ostsee war und den wollten wir noch einmal so richtig genießen. Gingen nach dem ausgiebigen Bad zusammen in die Sauna, ließen uns beide im Spabereich den ganzen Körper massieren, schwammen ein paar Bahnen im Pool und gingen zusammen an den Strand. Unser Mittagessen genossen wir auf einer kleinen Seebrücke, von der man über das Meer und die Hotelskyline blickten konnte und spazierten ein letztes Mal durch das flache Wasser am Strand. Und als wir am Abend unsere ganzen Sachen zusammensammelten und sich unsere Taschen wieder füllten, unterbrachen wir für kurze Zeit das Packen und testeten noch einmal die Terrassenliegen auf ihre Standfähigkeit. Es fiel uns beiden sichtlich schwer, diesen tollen Ort zu verlassen, denn zu schön waren die drei letzten gemeinsamen Tage. Doch wir mussten wieder zurück, um alles zu klären. Und mit seinen Worten von Trennung und Auszug im Ohr, ging es mir auch richtig gut und ich freute mich auf unseren Neuanfang. Ein bisschen wehleidig nahmen wir einen letzten Kaffee an der Hotelbar, packten die Taschen ins Auto und fuhren durch den malerischen Ort Richtung Autobahn. Bereits im Auto hatten wir beide wieder bessere Laune. Ließen alles noch einmal Revue passieren, hielten an einer Raststätte an und aßen ein Eis. Danach ging es weiter Richtung Heimat und er setzte mich zu Hause auf dem Hof ab. Wir rauchten eine letzte Zigarette, küssten uns lange und verabschiedeten uns für diesen Abend. Ich holte meine Tasche vom Rücksitz und schloss die Tür. Langsam rollte sein Auto los und er guckte noch einmal aus dem Fenster. Er gab mir einen Handkuss und fuhr durch die Einfahrt auf die Straße. Ich hätte Luftsprünge machen können, so ein unbeschreibliches Gefühl hatte ich in mir. Endlich, nach so langem Warten, nach so vielen Monaten voll mit Hoffen und Bangen, war ich an einem Punkt angelangt, an dem ich nicht mehr gezweifelt hatte und mir sicher war, dass wir alles zusammen schaffen werden. Und vor allem, dass er endlich die Kraft hätte, alles Alte hinter sich zu lassen und mit mir ganz von vorne zu beginnen

***

Ich traf mich an dem Abend unsrer Rückkehr mit Maja. Sie hatte schon fünf Mal angerufen und drei lange Texte geschrieben. Ungeduldig wartete sie in unserem Stammlokal, der bunte Cocktail vor ihrer Nase war schon fast ausgetrunken und ich sah schon beim Laufen, wie oft sie auf ihre Uhr sah. Ich ließ sie ungern warten, doch heute kam ich nicht aus dem Knick. Ich bummelte beim Fertigmachen, guckte mir auf meinem Handy noch Fotos vom Strand und der Party an, räumte die Tasche aus und vergaß dabei die Zeit. Die Welt stand für mich still und in Gedanken war ich nur bei Benny.

>>Du blöde Kuh ey, lässt mich hier die ganze Zeit ungeduldig auf dich warten, obwohl du weißt, dass ich immer so verdammt neugierig auf deine Erzählungen bin. <<, konnte ich mir von Maja anhören, bevor ich überhaupt die Chance hatte, ihr hallo sagen zu können.

Ich drückte sie ganz fest und setzte mich zu ihr an den Tisch.

>>Höre auf mich die ganze Zeit nur anzulachen, erzähl mir endlich was passiert ist und wie es überhaupt dazu kam. <<, schimpfte Maja und bestellte mir bei der Kellnerin ein Quaselwasser, Sekt mit Pfirsichsaft und Baileys.

Nach unserem Urlaub blieben wir unserem Ritual treu und bestellten uns immer wenigstens eine Runde dieser Kombination. Ich nahm einen großen Schluck aus dem Sektglas, zog mir eine Zigarette aus der Schachtel und fing an zu erzählen.

>>Maja, du kannst dir nicht vorstellen, wie glücklich ich bin. Benny hatte mich auf ein spontanes Wochenende zur Ostsee eingeladen und ich kann dir nur sagen, dass einfach alles perfekt war. Ob die Hotelanlage, unser Zimmer, der Strand oder das Essen, am liebsten wäre ich mit ihm für immer da geblieben. Er hat sich große Mühe gegeben, um mir einen schönen Aufenthalt zu ermöglichen und Zeit mit mir zu verbringen. Er behandelte mich wie eine Prinzessin und trug mich auf seinen Händen. Nahm mich in den Arm, ging mit mir lange am Strand spazieren und auch vor den anderen Menschen, hatte er keine Scheu mich zu küssen oder Angst erwischt zu werden. Bisher war ich nur seine Affäre, die sich immer bedeckt im Hintergrund aufhalten musste, doch nun haben wir zusammen eine Zukunft. Im Bett hat er mir seine Liebe gestanden und mir gesagt, dass er mich nicht mehr verlieren will. Maja, er sprach nach all den Monaten von Scheidung und Auszug und vor allem von gemeinsamen Plänen mit mir. Du kannst dir nur zu gut vorstellen, dass ich vor Glück hätte platzen können. Endlich werden meine Träume wahr. Ich kann es noch gar nicht richtig

fassen und bin völlig hin und her gerissen. <<, erzählte ich ihr, während sie sich auf dem Tisch aufstützte und ihre Augen immer größer wurden.
Auch Maja konnte es kaum glauben.
>>Nach so langer Zeit konnte er jetzt endlich eine Entscheidung treffen? Gibt er wirklich alles auf, um mit dir glücklich zu werden oder kam es aus dem Affekt heraus? Und willst du das wirklich? Er ist immerhin fünfzehn Jahre älter als du und immer noch verheiratet. <<, stammelte sie vor sich her.
Maja freute sich zwar darüber, dass es mir gut ging und ich so ein schönes Wochenende hatte, dennoch war sie skeptisch und hatte ein komisches Bauchgefühl. Aber ich wusste, dass Benny der Richtige und uns beiden der Altersunterschied egal war. Benny sah ja auch nicht so aus, als wäre er Anfang dreißig. Er machte viel Sport, sein Körper war durchtrainiert und seine Tattoos standen ihm unheimlich gut. Und dazu kam auch noch sein Charme und seine Intelligenz, seine jugendliche Art und sein sexuelles Verlangen nach mir. Das machte meinen ganz persönlichen Traummann aus und daran konnte niemand etwas ändern. Maja meinte es nur gut und fügte noch hinzu, dass sie immer hinter mir stehen würde, egal was in Zukunft aus uns werden sollte. Und ihr größter Wunsch war es, dass ich sie auf jeden Fall zu meiner Trauzeugin machen

würde, falls es irgendwann dazu kommen sollte. Ich hielt das Glas nach oben und lachte laut los.
>>Natürlich wirst du meine Trauzeugin, ich kann mir keine Bessere vorstellen. Du alleine hast von Anfang an alles zwischen uns mitgemacht. Weißt jedes Detail und hast mir immer beigestanden. Du bist meine beste Freundin und die ideale Trauzeugin. <<, sprach ich zu Maja und lachte laut los.
Bis nach Mitternacht saßen wir noch in dem kleinen Lokal. Die Nacht war mild und viele Menschen in der Stadt unterwegs. Ich erzählte ihr ausgiebig von der Party und dem wundervollen Kleid, welches ich vom Hotel geschenkt bekommen hatte. Erzählte ihr von den Rosenblättern und dem Schaumbad, von der Seebrücke und der Fahrt zurück. Egal wieviel und wie oft ich ihr etwas über Benny und unseren Ausflügen erzählt hatte, Maja hörte mir jedes Mal aufmerksam zu und gab mir nicht einmal in den ganzen Monaten das Gefühl, dass ich sie mit dem Thema Benny nerven würde. Sie wusste, wie wichtig es war, über seine Gefühle zu sprechen und eine andere Meinung darüber zu hören. An diesem Abend wollte mich Maja nicht gleich alleine lassen und so ging ich mit zu ihr nach Hause. Es war eine tolle Idee von Maja, denn der Gedanke daran, den ersten Tag wieder alleine im Bett liegen und auf ein Lebenszeichen von Benny warten zu müssen, gab mir ein ungutes Gefühl. Bisher hatte ich nämlich noch keine Nachricht von

Benny erhalten und das ließ mich nicht zur Ruhe kommen. Sie machte mir die Couch fertig, goss mir ein Glas Wasser ein und drückte mir eine Zahnbürste in die Hand. Ich liebte sie dafür und bedankte mich für ihre Gastfreundschaft. Sie gab mir noch einen Kuss auf die Stirn und ging ins Schlafzimmer. danach war es totenstill. Ich legte mich so auf das Kopfkissen, dass ich den Sternenhimmel sehen konnte und hielt mein Telefon, fest an mein Herz. Ich dachte an unser Wochenende, dachte daran, wie schön alles war und wie aufmerksam er gewesen ist. Ich fragte mich, was er jetzt wohl machen und denken würde und ob er immer noch den Mut dazu hatte, alles Alte aufzugeben und endlich neu zu beginnen. Ich guckte mir noch einmal die Bilder auf der Tanzfläche an und merkte, wie mein Herz große Sprünge machte. Doch irgendwann fielen meine Augen von alleine zu und ich schlief tief und fest ein. Auch diese Nacht wurde ich von einem Traum überrascht, der mich im Bett hin und her wälzen ließ.

Ich stand auf einer Party, mitten im Gedrängel und alle tanzten wild zur Musik. Ich versuchte mich durch die schwitzenden Körper zur Bar durchzudrängeln und stieß gegen einen muskulösen Oberkörper. Und als ich mich entschuldigen wollte, guckten mich zwei dunkle Augen von oben herab an und ließen mich erstarren. Es war Benny, den ich in meinem Traum wiedersah. Mit dem einzigen Unterschied, dass wir uns nicht wiedererkannten. Ich versuchte mich zu entschuldigen, doch er schien meine Worte nicht hören zu wollen, er fand es überhaupt nicht schlimm, dass ich ihn angerempelt hatte und lud mich sofort auf ein Getränk ein. Seine starken Schultern, die dunkle Haut und die Grübchen in seinen Wangen, brachten mich zum träumen. Ich hatte schon lange keinen Mann mehr und bin auf die Party gegangen, um mal wieder einen mit nach Hause zu nehmen. Und Benny war das perfekte Opfer dafür, dem ich meine ganzen Fantasien offenbaren wollte. Wir standen an der Bar und unterhielten uns. Er war mit seiner besten Freundin auf der Party und hatte sich gerade von seiner großen Liebe getrennt. Auch er war nur darauf aus, sich etwas abzulenken und einfach nur Spaß zu haben und so tanzten und lachten wir miteinander, um zu sehen, ob auch mehr zwischen uns passieren könnte. Und als ich mich beim Tanzen gerade von Benny weggedreht hatte, spürte ich seine Hände an meinen Hüften. Er zog mich bestimmend zu sich heran und legte seine Hände an meinen Bauch. Unsere Körper bewegten sich zur Musik und wir fühlten beide, dass diese Nacht noch nicht vorbei wäre. Ich drehte mich zu ihm um und küsste ihn ganz zärtlich. Doch unsere Küsse wurden schnell leidenschaftlicher und ich merkte, wie die Lust in mir stieg. Benny fackelte nicht lange und fragte mich, ob wir die Party verlassen und zu ihm gehen wollen. Das verneinte ich nicht und ließ mich von ihm aus dem Club leiten, nachdem er seiner besten Freundin kurz etwas ins Ohr geflüstert hatte. Er öffnete seine Wohnungstür und bat mich hinein. Alles war hell und freundlich, es ähnelte einem Loft und die Holzbalken unterstrichen diesen ganz eigenen und doch modernen Stil. Und bevor ich nachdenken konnte, zog er mich zu sich heran und küsste mich innig. Unsere Sachen waren im Nu ausgezogen und wir freuten uns beide, auf eine gemeinsame Nacht. Benny verstand es die Lust in uns kochen zu lassen, egal ob mit seinen Küssen auf meinen Körper, seinen Spielchen wie Anilingus oder Deep Throat oder seinen Händen, die über meinen Körper glitten. Durch und durch war es die richtige Entscheidung mit ihm nach Hause gegangen zu sein und ich genoss es, dass er mich als Puppe sah, mit der er alles machen konnte. Doch auf einmal öffnete sich die Tür und seine beste Freundin stand vor uns, während wir uns genüsslich auf dem Küchentisch räkelten. Für einen kurzen Augenblick hielten wir inne und starrten sie an. Doch sie öffnete sich bereits lasziv die Hose und kam auf uns zu. Ein Zeichen dafür, dass sie unbedingt den Abend mit uns gemeinsam ausklingen lassen und sich zu uns gesellen wollte. Und so träumte ich von einem Dreier mit Benny und seiner besten Freundin. Er lehnte sich vom Küchentisch hoch und ließ sie näher kommen. Sie hatte sich noch den Slip ausgezogen und ließ ihn auf den Boden fallen. Danach glitt sie mit ihren langen Fingernägeln an meinem Bein hoch und ließ ihre Zunge durch meine Spalte gleiten. Sie wusste als Frau ganz genau auf was ich stand und leckte mich, als würde sie nie etwas anderes getan haben. In der Zeit hatte sich Benny über mein Gesicht gekniet und ich konnte ihm genüsslich einen blasen. Die Aufregung und das wohlige Gefühl in mir, wurde immer stärker und ich wollte nicht, dass dieser Abend zu früh für mich enden würde und wies Benny daher an, mich von hinten zu nehmen, während ich seine beste Freundin auf dem Tisch mit Zunge und Fingern verwöhnen könnte. Es war fantastisch und aufregend zu gleich. All die Hände auf meinem Körper zu merken, Benny in mir zu spüren und seine Freundin zu schmecken, fühlte sich fantastisch an. Und während wir uns gegenseitig die Nacht versüßten, kam von uns einer nach dem anderen, immer und immer wieder. Wir waren völlig kaputt, Benny wurde komplett von uns ausgesaugt und wir Frauen zuckten noch wegen der letzten Orgasmen. Wir drei lagen wie wild übereinander gewürfelt. Unser Atem war schwer und unsere Körper klitschnass. Benny ist sofort eingeschlafen und ich guckte glücklich einfach nur in die Luft. Plötzlich stand Benny seine Freundin von der Couch auf und ging leise in die Küche. Doch nicht um sich ein Glas Wasser zu holen, sondern um ein Messer aus der Schublade zu ziehen und sich zu mir umzudrehen. Und auf einmal veränderte sich ihr ganzes Aussehen. Ich sah nicht mehr das Gesicht seiner besten Freundin, sondern das seiner Frau, die schreiend auf mich zukam und mich umbringen wollte…

Schweißgebadet wachte ich auf und blickte mich um. Ich war immer noch bei Maja auf der Couch und hatte schlecht geträumt. Mein Atem war schnell, mein Herz pochte mir bis zum Hals und ich brauchte einige Minuten, um mich wieder zu beruhigen. Ich guckte auf mein Telefon und hatte immer noch keine Nachricht von Benny erhalten. Und genau das, brachte mich zusammen mit dem Traum zum Grübeln. Eine Weile lang lag ich noch wach, doch ich war einfach zu müde und konnte meine Augen nicht mehr aufbehalten. Als ich am nächsten Morgen wieder wachwurde, hatte ich Kaffeeduft in der Nase und das Frühstück stand bereits auf dem Balkon. Maja saß bereits draußen und las in der Zeitung. Etwas zerknittert von der Nacht, stand ich auf und ging zu ihr raus.
>>Na Puppe, hast du gut geschlafen? Ich wollte dich nicht wecken und habe es mir schon einmal gemütlich gemacht.<<, sagte sie zu mir und sah auch noch nicht ganz wach aus.

Mein Gesicht ähnelte dem eines kleinen SharPei-Welpen. Völlig zerknautscht von der Couch und dem harten Kissenbezug und meine Haare hingen wie wild in die Luft. Doch es war mir egal, wie ich vor Maja aussah und schön, nach dieser Nacht nicht alleine gewesen zu sein. Maja reichte mir eine Tasse Kaffee und schob mir den Teller mit den frischen Brötchen zu. Ich setzte mich zu ihr in die Sonne, atmete tief durch und erzählte ihr von meinem Alptraum. Sprach von der Party und vom Dreier, vom tollen Sex und der plötzlichen Verwandlung seiner besten Freundin.
>>Was du so alles träumst, Süße. Hast du also doch Angst, dass sie sich an dir rächen könnte und ihr keine Ruhe vor ihr habt? <<, sprach sie und lachte laut los.
Doch bevor ich Maja antworten konnte, sprang ich plötzlich auf und rannte zum Telefon, welches gerade unter der Bettdecke klingelte. Es war aber nur meine Mom, die wissen wollte, wo ich die Nacht abgeblieben bin und ob es mir gut gehen würde. Natürlich war ich etwas enttäuscht. Ich hatte immer noch keine Nachricht von Benny, keinen Anruf, kein Lebenszeichen. Nichts auf meinem Telefon, was mich hätte aufheitern können. Ich wusste zwar, dass er bis Mittwoch nicht im Büro sein wird, aber ich hätte mich wenigstens über einen kurzen Text gefreut. Ich wusste doch nicht, was bei ihm zu Hause los war. Ob er gerade mit seiner Frau sprach oder bereits einen

Schlussstrich gezogen hatte und mit seinen Koffern unterwegs zu mir war.

> Hey Schatz, melde dich mal bitte bei mir. Und wenn du mir nur einen kurzen Text schreibst, ob es dir gut geht. Ich mache mir Gedanken um dich. Ist wirklich alles okay? Möchte nur wissen, ob es dir gut geht. Kuss Line

Auf meine Nachricht habe ich keine Antwort erhalten, doch ich wollte ihn auch nicht nerven. Allzu gut konnte ich mir vorstellen, wie schwer es sein musste, sich von einem Menschen zu trennen, mit dem man viele Jahre gemeinsam verbracht hatte. Ich wusste, dass er versuchen würde mit ihr vernünftig über alles zu reden und dass die anfänglichen Gespräche, wahrscheinlich in Diskussionen ausgeartet sind. Ich würde Benny auch nicht einfach so gehen lassen. Ich würde genauso um ihn kämpfen, denn er ist ein wundervoller Mensch. Und auch wenn er seine Frau betrogen hatte und nicht immer ehrlich war, wusste ich aus den Gesprächen, dass er es zwischen uns ernst meinte und mir immer die Wahrheit gesagt hat. Zwischen Benny und seiner Frau war es schon lange keine Liebe mehr, sondern nur noch die Gewohnheit und der gemeinsame Sohn, die beide dazu beigetragen hatten, die Ehe aufrecht zu erhalten. Er wollte ihr nicht wehtun, konnte nichts gegen seine Gefühle zu mir machen und hatte sich viel Zeit genommen, um diese Entscheidung zu treffen. Und ich wusste auch, dass es für ihn nicht einfach war und dass er jetzt viel Kraft und Zeit brauchte. Ich beschloss daher diesen Tag noch abzuwarten und runter an den See zu gehen. Meine Freunde waren alle unten, auch Maja kam noch später dazu. Wir spielten Volleyball und gingen baden, machten am Abend den Grill an und saßen in gemütlicher Runde beisammen. Ich lachte viel, mir ging es gut und ich wusste, dass dieses qualvolle Warten bald ein Ende haben würde. Und auch wenn mir seine Familie leid tat und ich dazu beigetragen hatte, diese Ehe zu beenden, war ich glücklich mit Benny und das war in diesem Augenblick das Wichtigste für mich. Daher versuchte ich mich abzulenken und mir keine weiteren Gedanken zu machen. Und während die anderen noch einmal laut schreiend in den See sprangen, strich mir Maja über den Kopf und fragte, ob ich schon etwas von Benny gehört hätte.

>>Nein, nichts. Kein Anruf, keine Nachricht. Vielleicht mache ich mir auch einfach unnötig Gedanken und muss jetzt die Tage noch abwarten. <<, antworte ich ihr und guckte traurig auf mein Telefon. >>Er wird sich melden, Süße. Ganz bestimmt, mach dir mal keine Sorgen. Er hat bestimmt gerade viel um die Ohren. Doch er hat dir gesagt, dass er dich liebt und

er sich trennen wird. Und vor allem möchte er gerne sein Leben mit dir verbringen, daher mach dir keine Gedanken. <<, sagte sie zu mir und nahm mich in den Arm.

Und so saßen wir noch eine Weile auf der Wiese, unterhielten uns und sahen den anderen beim Baden zu. Und als wir uns gerade die letzten beiden Steaks vom Grill geholt hatten, vibrierte plötzlich mein Handy und auf dem Display konnte ich eine Nachricht von Benny sehen. Ich öffnete sie aufgeregt und las folgenden Text:

> Hey Line. Es tut mir sehr leid, dass ich mich erst jetzt melde, aber es ging nicht früher. Ich habe lange mit meiner Frau gesprochen, habe ihr erzählt, dass ich mich trennen und scheiden lassen wollte. Und so sehr ich die letzte Zeit mit dir genossen habe, kann und will ich nicht mehr so weitermachen. Ich darf weder meinen Sohn, noch meine Frau verlieren und kann nicht einfach all die Jahre mit ihnen wegschmeißen. Ich habe erst jetzt verstanden, dass die beiden mein Leben sind und ich sehr großen Mist gebaut habe. Ich kann nicht einfach von vorn anfangen und alles hinter mir lassen. Das, was ich jetzt zu Hause habe, ist mein ganzes Leben und mein ganzer Stolz. Verzeih mir bitte und versuche mich zu vergessen. Lass uns bitte einfach in Ruhe und melde dich nicht mehr bei

mir. Es ist das Beste für jeden von uns. Dennoch wünsche ich dir für die Zukunft nur das Beste. Mach es gut. Benny

Es war ruhig am See, selbst meine Freunde, die noch im Wasser rumalberten, nahm ich nicht mehr wahr. Ich konzentrierte mich darauf, das Atmen nicht zu vergessen, starrte auf das Telefon und las immer wieder seinen Text. Noch mal und noch mal. Erst dann rollte die erste Träne über mein Gesicht und mein Herz zerbrach. Der Schmerz in meiner Brust weitete sich immer mehr aus. Mir wurde heiß und kalt und ich hatte das Gefühl, dass ich mich gleich übergeben müsste. Ich drückte Maja das Handy in die Hand, während ich die Flasche vor Wut durch die Gegend warf. Maja hielt das Telefon in der rechten Hand, mit der anderen hielt sie sich, nach den ersten Worten seiner Nachricht, völlig erschrocken den Mund zu.
>>Oh mein Gott, das ist jetzt nicht sein Ernst! Das ist doch alles nicht wahr, dieses riesige Arschloch. Was denkt er denn bitte, wer er ist? Woher nimmt er sich das Recht, so mit dir zu spielen und dich so dermaßen zu enttäuschen? Ich hätte gleich auf mein Bauchgefühl hören sollen.<<, brabbelte sie vor sich her und legte ihren Arm um meine Schultern.
Ich saß einfach nur da. Die Tränen liefen mir über mein Gesicht und tropften auf meinen Oberschenkel.

Ich konnte nichts mehr sagen. Auch so habe ich beim Weinen keinen Mucks gemacht, ich konnte einfach nicht. Wie versteinert blickte ich in die Luft und fühlte mich leer und verlassen. Meine Stimme hatte versagt und mein Körper zitterte. Erneut merkte ich das Messer, welches sich tief in mein Herz bohrte und mich innerlich zerfetzte. Bereits zum zweiten Mal, hatte er mir diese Schmerzen zugefügt. Bereits zum zweiten Mal, mich so enttäuscht und bereits zum zweiten Mal, war ich dumm und naiv und habe gehofft, dass wir endlich zusammen glücklich werden könnten. Natürlich war es meine Entscheidung seine Geliebte zu sein, doch erst nachdem er mir den Kopf verdrehte und ich zu spät erfahren musste, dass er verheiratet war. Auch ich hatte Gefühle, auch ich war nur ein Mensch und hatte es nicht verdient, so dermaßen verarscht zu werden. Ich habe mich die ganze Zeit dafür gehasst, nur die Frau an seiner Seite zu sein, die niemand sehen durfte und doch habe ich es genossen, wenn er mit mir Zeit verbracht und mich begehrt hatte. Ich liebte diesen Mann über alles, doch er machte mich zu der Frau, die ich jetzt war. Verletzt, gebrochen und enttäuscht.

\*\*\*

Wie ich nach Hause gekommen bin, weiß ich nicht mehr. Kann gut sein, dass mich Maja gebracht hatte. Die Flasche Wein ließ all meine Erinnerungen verschwinden. Erst am nächsten Tag wachte ich auf und realisierte, dass es kein schlechter Traum war. Es war alles real und wirklich so passiert. Benny hatte sich für seine Familie entschieden und ließ mich mit gebrochenem Herzen zurück. Das einzige was mir blieb, waren die Gedanken an unsere gemeinsamen Ausflüge, an die schönen Zeiten und ich hatte noch die Kette und das Stückchen Decke, welche er mir zu Weihnachten geschenkt hatte. Beides hielt ich ganz fest an meinem Herzen und lag in der Mitte meines Bettes. Völlig zusammengekauert in eine Decke gerollt. Mein Herz raste und die Tränen liefen mir erneut über mein Gesicht auf das Bett. Zu gerne wäre ich jetzt einfach nur gestorben. Lange Zeit hab ich gebraucht, um das alles wirklich zu realisieren. Immer wieder wurde mir bewusst, wieviele schöne Momente es mit Benny gab und wie sehr ich ihn vermisst habe. Es steckte alles in diesem Mann, was ich mir je erträumt hatte. Er war witzig, intelligent, gefühlvoll und gutaussehend. Er vögelte mich so, wie sich eine Frau das vorgestellt hat und konnte trotzdem stundenlang neben mir liegen und mich unterhalten. Wir waren auf einer Wellenlänge und verstanden uns prächtig. Sein einziger Makel, den er die ganze Zeit über hatte, war die Ehefrau an seiner Seite. Und als ich darüber nachgedacht habe, fing ich wieder an zu weinen. Warum musste ich jetzt bereits zum zweiten Mal das alles mitmachen? Warum hat er mich schon wieder so enttäuscht? Vor allem schien es jetzt wirklich endgültig zu sein, so las ich es immer und immer wieder aus seinem Text. Dennoch gab ich die Hoffnung nicht auf, dass er sich noch einmal melden würde, um alles aufzuklären. Ich war zu Hause und wollte niemanden sehen, traf mich weder mit Maja noch mit anderen Freunden. Die Nachrichten und Anrufe auf meinem Telefon ignorierte ich, manchmal machte ich das Telefon komplett aus. Wenn es an der Tür klingelte, ließ ich mich von meiner Mom verleugnen, denn ich wollte das alles mit mir alleine ausmachen. Keine Freundin wollte ich mit meinen Gefühlen belasten und erst Recht wollte ich kein Mitleid und keine gutgemeinte Sprüche hören. Ich war knapp zwei Jahre lang die Geliebte eines verheirateten Mannes und wurde fallen gelassen, als wäre ich ein Stück Dreck. Ein Spielzeug, was man sich nimmt, wenn man darauf Lust hat und wieder beiseite legt, wenn man es nicht mehr braucht. Ich war immer für Benny da, habe gewartet und alles stehen und liegen gelassen, wenn er mich sehen wollte. Habe Verabredungen mit meinen Freunden abgesagt, habe meine Zeit nach seinen freien „Terminen" eingeteilt und bin manchmal kilometerweit von Ausflügen mit Freunden zurückgefahren, um ihn für einen kurzen Augenblick lang zu sehen, ihn zu küssen und zu umarmen. Sein Herz zu erobern und ihm zu gefallen, machte ich mir zur Lebensaufgabe. Ich war allzeit bereit, habe mich ihm voll und ganz hingegeben, mein Leben und mein Herz in seine Hände gelegt und habe alles verloren. Dieses Risiko bin ich eingegangen und ich wusste, dass es nicht einfach sein würde, aber ich wollte es nicht wahrhaben und habe es verdrängt. In den letzten zwei Jahren habe ich viel gelacht, habe schöne Sachen mit Benny erlebt, aber auch immer wieder aus Verzweiflung geweint. Ich habe gemerkt, dass ich aus diesen Erfahrungen gelernt habe und es mich stark gemacht hat. Und obwohl ich noch einige Wochen nach seiner Abfuhr am Boden zerstört war, oft am Fenster hinter dem Vorhang stand und die beiden beobachtet habe, wie sie Arm in Arm das Büro verließen und dabei bittere Tränen vergossen habe, fing ich langsam wieder an, neuen Mut zu fassen und nach vorne zu blicken. Liebe ist ein Arschloch, das ist ja oft so, aber ein viel größeres, wenn es die Liebe zu einem verheirateten Mann ist. Eine Geliebte hat nie eine Chance gegen eine Ehefrau, die zu Hause alles macht und ihm aus Liebe all seine Fehler verzeiht. Ich akzeptierte nach und nach seine Entscheidungen und fand mein

Verhalten fast lächerlich. Ich ließ die letzten Wochen Liebeskummer für mich noch einmal Revue passieren, um damit besser abschließen und nach vorne blicken zu können und stellte fest, dass ich wirklich verschiedene Phasen durchlief. Zuerst hielt ich alles für einen bösen Scherz, eine Nachricht um seine Frau zu beruhigen und mich zu testen. Ich ging fest davon aus, dass sich das alles vielleicht irgendwann aufklären würde. Da wartete ich vergebens, er schrieb weder eine Nachricht, noch rief er an. Ich war am Boden zerstört, wollte die Abfuhr nicht wahrhaben und war verzweifelt. Daher kam dann irgendwann Phase zwei auf mich zu - das Realisieren. Bisher lag ich in meinem Bett, gefangen wie in einem abgedeckten Käfig und ließ nichts an mich heran. Immernoch hatte ich die Hoffnung, dass alles wieder gut werden wird. Doch dann stellte ich fest, dass alles endgültig war und mich durchfluteten auf einmal sämtliche Gefühle. Oft stelle ich mir die Frage nach dem Grund. Was hat sie, was ich nicht habe? Was hält ihn bei dieser Frau, für der er keine Liebe mehr verspürte? Und warum ist er nach all den Monaten und dem fantastischen Wochenende plötzlich so eiskalt zu mir. Ich bekam keine Antworten auf meine Fragen, fühlte mich verwirrt und einsam. Ich wollte niemanden sehen und zog mich noch weiter zurück. Doch aus dieser Verzweiflung wuchs mit der Zeit unendliche Wut in mir. Am liebsten hätte ich den beiden einmal meine ehrliche Meinung ins Gesicht gesagt, Chancen hatte ich genug dazu. Ich sah sie im Restaurant oder auf dem Weg zu ihren Autos. Ich hatte immer noch seine Nummer und hätte ihm schreiben können. Wusste wo sie wohnen und hätte klingeln können, doch zum Glück kam es nie dazu, denn mein Stolz war dann doch zu groß, um mich so zu erniedrigen. Ich wollte nicht, dass seine Frau die Chance dazu bekäme, mich so fertig und ausgelaugt zu sehen. Die Chance dazu bekäme, zu sehen, wie sehr ich leiden würde und sie triumphierend in mein Gesicht blicken könnte. Und irgendwann fragte ich mich, warum ich eigentlich trauerte? Warum es mir wochenlang so dreckig ging und warum ausgerechnet ich so verzweifelt war? Ich war jung, gutaussehend und klug. Nicht ich musste traurig sein, sondern er. Er hat das, was zwischen uns war, einfach kampflos aufgegeben. Er hatte die Chance dazu gehabt, eine jüngere Frau an seiner Seite zu haben und sich dadurch jung zu halten. Ich wäre doch diejenige gewesen, die sich mit einem „Alten" abgeben hätte müssen. Doch er entschied sich für das Herkömmliche, für das Bekannte und für die Gewohnheit und hatte den Arsch nicht in der Hose, seinen Gefühlen zu vertrauen und auf sein Herz zu hören. Ich hatte tolle Freunde und die Männer lagen mir zu Füßen, stand auf eigenen Beinen und hatte mein ganzes Leben noch vor mir.

Ich musste nicht mehr traurig sein, rief Maja an und sagte ihr, dass wir ab sofort wieder feiern gehen werden. Sie sollte von Arbeit etwas zu trinken mitbringen, denn wir müssten anstoßen. Anstoßen auf meine neue Freiheit und auf meine glückliche Zukunft, ohne eine verbotene Liebe und den ganzen Schmerz. Von diesem Tag an ging es mir wieder besser. Nein, ich würde sogar sagen, es ging mir verdammt gut. Ich genoss das Leben in vollen Zügen, ging wieder raus, nahm bei meinen Spaziergängen mit dem Hund alles viel deutlicher war und genoss den Duft der Blumen und dem frischen Gras. Regelmäßig traf ich mich mit meinen Freunden, reiste und arbeitete viel. Ich lebte mein Leben nach meinen Wünschen und Vorstellungen, ohne auf jemanden Rücksicht nehmen zu müssen. Und ich war endlich wieder die alte Joline. Und bereits ein paar Monate später, lernte ich einen jungen Mann kennen, den ich das erste Mal im Supermarkt an der Kasse sah. Ein Freund stellte uns auf einem Treffen miteinander vor und ich merkte, wie klein die Welt doch war. Tim war zwei Jahre älter als ich, hatte mich in unserer Stadt schon oft gesehen und wollte mich unbedingt kennenlernen. Wir trafen uns zum Kino, zum Essen und zum Fahrradfahren. Er war sehr aufmerksam, charmant und gutaussehend, vor allem brachte er mich aber oft zum Lachen und das liebte ich bei Männern. Ohne Humor hatte ein Mann keine

Chancen bei mir. Doch ich wollte von Anfang an ehrlich zu ihm sein. Ich erzählte Tim von den letzten Wochen, von den vergangenen zwei Jahren und dass ich neuen Männern in letzter Zeit etwas skeptisch gegenüber trat. Ich wollte die Sache zwischen uns genießen und generell langsam angehen lassen. Und damit habe ich ihn nicht geschockt, ganz im Gegenteil. Er fand es gut und war die ganze Zeit für mich da. Und das Schönste daran war, dass er mir das Gefühl gab, dass ich alle Zeit der Welt hätte, um Vertrauen zu ihm aufzubauen. Ganze vier Monate vergingen, ohne dass etwas zwischen uns lief. Wir hatten uns ein paar Mal geküsst, aber noch nicht miteinander geschlafen. Die Sache mit Benny hatte mich geprägt und ich wollte nicht verletzt werden. Ich sprach mit Tim über meine Ängste und konnte ihm sogar das Thema Benny voll und ganz anvertrauen. Er wollte alles darüber wissen, um damit von Anfang an umgehen zu können und mich besser zu verstehen. Er war einfach ein wundervoller, junger Mann und wir verbrachten fast täglich unsere Zeit miteinander. Haben uns viel geschrieben oder telefoniert. Er nahm mich mit zu seinen Eltern oder zu Geburtstagsfeiern seiner Freunde und ein paar Wochen später wurden wir ein glückliches Paar. Er gab mir endlich das Gefühl von einem Mann wirklich wahrgenommen zu werden und schenkte mir all die Aufmerksamkeit, die ich in den letzten Jahren so vermisst habe. In den darauffolgenden drei Jahren habe ich das erste Mal erfahren, was wirkliche Liebe bedeutet und wie sie sich anfühlt. Was es bedeutet, den Alltag miteinander zu verbringen und durch gute, sowie auch schlechte Zeiten gemeinsam zu gehen. Doch wie nicht anders erwartet, bemerkte auch Benny nach ein paar Wochen, dass ich mich auf etwas Neues eingelassen hatte und ich wieder glücklich war.

***

Ich kam seiner Bitte wirklich nach, ihn und seine Familie in Ruhe zu lassen. Genau so, wie er es sich gewünscht hatte und mir in seiner letzten Nachricht deutlich zum Ausdruck brachte. Doch damit kam er auf einmal nicht mehr klar. Er dachte, dass ich nicht gelitten hätte. Dachte, dass ich einfach mit dem Finger geschnipst hätte und ihn vergessen konnte. Doch nie hatte er daran gedacht, dass es mir so dreckig wegen ihm ging und ich wochenlang am Boden zerstört war. Er sah nur, dass ich wieder die Alte war und es mir unheimlich gut ging. Immernoch arbeitete er in dem Büro geraderüber und musste mit ansehen, wie glücklich ich mit einem anderen Mann war. Tim hatte das, was Benny erst nicht haben wollte. Tim hatte die Frau an seiner Seite, die ihn einst glücklich machte und die er so sehr wollte. Die ihn über zwei Jahre vergöttert hatte und immer für ihn erreichbar war. Jetzt musste er erkennen, dass sich das Blatt gewendet hat und es zu spät für ihn war. Das konnte er nicht einfach so hinnehmen und fing wieder an zu schreiben.

> Hallo schöne Frau. Ich habe gesehen, dass du einen neuen Freund hast und wollte dir alles Gute wünschen. Ich wollte dir nur noch einmal sagen, dass es mir unendlich leid tut, was ich dir

angetan habe, doch dass ich mich nicht einfach so trennen konnte. Und auch, wenn ich dich immer lieben werde, wünsche ich dir viel Glück mit einem Mann in deinem Alter...

Was wollte er jetzt nach all den Wochen mit seiner Nachricht bezwecken? Warum hatte er jetzt den Mumm in der Hose mir eine Nachricht zu schreiben und dabei noch nicht einmal ein schlechtes Gewissen? Dachte er, dass es mich interessieren würde, was er über mich und Tim denkt oder wie er sich dabei fühlt, wenn er uns zusammen sieht? Ich habe mich gefragt, ob er sich nicht mehr daran erinnern könnte, dass wir uns nicht im Guten voneinander „getrennt" haben? Er hatte mich einfach zurückgelassen, verbot mir weiteren Kontakt und gab mir nicht eine einzige Chance auf eine vernünftige Erklärung. Und nun hat er mir eine einzige Nachricht nach so vielen Monaten geschrieben und ich sollte jubelnd in die Luft springen? Er hätte sich die komplette Nachricht klemmen können. Selbst wenn er nackend mit einem Schild durch die Straße gelaufen wäre, hätte das nichts an meinen Gefühlen zu Tim geändert. Und allein wie er diesen Text schrieb. „Schöne Frau", es tut mir leid", „ich konnte mich nicht trennen" und „ich werde dich immer lieben". Diese Worte brachten all die Wut der letzten Wochen wieder in mir hervor und am liebsten hätte ich ihm eine Ohrfeige dafür verpasst. Doch ich ließ seinen Text einfach so stehen. Und um eventuellen Ärger aus dem Weg zu gehen, zeigte ich Tim die Nachricht und löschte sie erst danach. Geantwortet, habe ich ihm auf diesen Mist nicht, doch das sollte Benny nicht daran hindern, noch weitere Nachricht zu verfassen...

> Hast du mich wirklich so schnell vergessen?

> Ich denke ständig an unser letztes Wochenende zurück und wünschte, ich könnte die Zeit zurückdrehen. Möchte mit dir wieder so glücklich sein.

> Du siehst wieder so unglaublich gut aus und dein Lachen raubt mir den Verstand...

> Können wir uns treffen? Ich muss unbedingt mit dir reden.

> Ich vermisse dich, bitte lass mich nicht so einfach stehen ohne etwas zurück zu schreiben. Bin ich dir denn völlig egal?

> Line, bitte schreibe irgendetwas. Deine Abweisungen machen mich krank, ich kann keinen klaren Gedanken mehr fassen. Ich weiß, dass ich Mist gebaut und dich sehr verletzt habe,

aber bitte gebe mir eine letzte Chance, um endlich das Richtige zu machen.

Ich reagierte auf keine seiner Nachrichten und wollte einfach meine Ruhe vor ihm haben. Es war mir völlig egal, was oder wann er schrieb, meine Gefühle zu ihm waren Vergangenheit und daran änderten auch seine Nachrichten nichts. Tim wusste zum Glück von Benny. Ich zeigte ihm all seine Texte und er lachte über seine Nachrichten. Er wusste, dass er keine Angst zu haben braucht und hatte eher Mitleid mit ihm. Für mich war Benny Geschichte und seine Texte nur sinnlose Versuche mich wieder um den Finger wickeln zu wollen. Doch endlich waren diese Zeiten ein für allemal vorbei und ich fühlte mich gut. Fühlte mich wieder frei und hatte einen wundervollen Menschen an meiner Seite. Endlich hatte ich die unsichtbaren Fesseln, die Benny um mein Herz und meinen Verstand gelegt hatte, von mir lösen können und fing ein neues Kapitel in meinem Leben an. Und auch wenn Benny noch eine ganze Weile brauchte, um das alles zu verstehen, ließen seine Nachrichten und all seine Worte mich immer mehr Abstand von ihm nehmen.

> Hey Line. Es ist mir nicht egal, dass du einen anderen Mann hast, das weißt du auch und ich vermisse dich so sehr. Doch ich sehe, dass du

glücklich bist, auch wenn es nicht mit mir, sondern mit ihm ist. Erst jetzt verstehe ich, wie dumm ich war und es zerreißt mir das Herz. Ich will nicht ohne dich leben. Bitte schreibe doch etwas zurück.

> Ich sitze unten im Restaurant und warte auf dich. Geb mir bitte noch eine letzte Chance.

> Ich liebe dich Line. Ich werde dich immer lieben. Ich trenne mich von meiner Frau und wir werden glücklich. Ich will nicht mehr ohne dich leben. Du bist meine absolute Traumfrau.

...

...

Andauernd hatte ich solche Texte auf meinem Display, doch ich war eiskalt. Auch wenn ich sonst jeglichem Ärger aus dem Weg gegangen bin und verzeihen konnte, das Thema Benny war für mich durch und das ließ ich ihn mit Missachtung spüren. Und das brachte ihn nach einer Woche zu dem Entschluss, mir eine letzte Nachricht zu schreiben.

> Hey Line. Ich habe nach den vielen Tagen ohne Antwort verstanden, dass du mit mir abgeschlossen hast. Ich wollte dir wenigstens ein

letztes Mal auf Wiedersehen sagen. Eins solltest du aber immer wissen und nie vergessen - ich liebe dich.

Nach dieser Nachricht wurde es endlich ruhiger. Ich sah ihn mit seinen Kollegen noch ein paar Mal im Restaurant sitzen, dann wieder mit Frau und Kind in der Stadt spazieren. Sie sahen zwar nicht glücklich, aber wenigstens wie eine Familie aus. Und genau deswegen, hatte ich mir nichts aus den Nachrichten gemacht. Man will immer das haben, was man nicht bekommen kann, was verboten ist und was einem reizt, aus dem Alltag auszubrechen. Das war bei Benny und auch später bei Tim so. Nach drei Jahren hatte er mich betrogen. Ich war zwar am Anfang geschockt, aber dennoch gefasst und wusste, dass es Zeit für mich war, Tim zu verlassen. Wusste, dass ich nicht damit klarkommen würde, einen Mann an meiner Seite zu haben, der fremdgegangen ist, der mich als Frau nicht mehr begehrt oder schätzt und das Abenteuer mit einer anderen vorgezogen hatte. Ich packte meine Sachen, legte den Schlüssel in den Briefkasten und zog die Tür hinter mir zu. Der Schmerz kam erst später, die Tränen auch. Er war zu jung und hatte sich nicht getraut, mir nach drei Jahren Beziehung ins Gesicht zu sagen, dass er Schluss machen wollte. Er hatte nicht den Mut mir zu sagen, dass ihm eine Beziehung zu anstrengend geworden ist, seine Gefühle nicht mehr ausgereicht haben und er sich doch noch austoben wollte. Stattdessen versuchte er das typisch männlich zu klären. Bumste seine Arbeitskollegin hinter meinem Rücken und wartete darauf, dass ich es mitbekam. Dieses Mal war ich die Betrogene, die angelogen wurde. Dieses Mal hatte ich die Erfahrung gemacht, wie es sich anfühlte, hintergangen zu werden. Es schmerzte, aber ich konnte nun besser verstehen. Ich konnte verstehen, was ich Benny seiner Frau angetan habe und vor allem, was sie sich selber über Jahre hin angetan hatte. Und darauf war ich nicht stolz. Sie hatte nicht die Kraft sich von ihm zu trennen und kämpfte um Benny seine Aufmerksamkeit. Ich hätte sie jetzt gerne in den Arm genommen und mich bei ihr entschuldigt. Zu diesem Zeitpunkt und nach all den Jahren, tat sie mir zum ersten Mal wirklich leid. Es schmerzt, wenn man betrogen wird, doch das merkt man erst, wenn man es selber erlebt hat. Aber dennoch gehören immer zwei Menschen dazu und diese beiden sollten sich zusammen überlegen, ob die ganze Beziehung noch einen Sinn macht. Aber wie bereits beschrieben, war ich Benny einfach verfallen, ich hätte alles getan, um in seiner Nähe zu sein, hätte alles dafür gegeben, um mit ihm glücklich zu werden und habe nicht an die Gefühle seiner Frau gedacht. Wahrscheinlich auch dann noch nicht, wenn mir bereits zu diesem Zeitpunkt bewusst gewesen wäre, was ich ihr mit unserer Affäre antue. Wäre Benny seine Ehe nicht schon vorher angeknackst gewesen, wäre das zwischen uns nicht entstanden. Und hätte ich Tim später kennengelernt, wären wir vielleicht jetzt noch zusammen und er hätte mich nicht betrogen. Egal wie man es dreht, alles im Leben hat einen Sinn und so bereue ich nichts, was ich in meinem Leben getan habe. Weder die Affäre mit Benny, noch die Beziehung mit Tim. Vielleicht war es einfach eine Lektion, die ich lernen sollte. Vielleicht war das Fremdgehen von Tim auch meine gerechte Strafe für all die Jahre, die ich Benny seiner Frau zerstört habe. Egal was es bedeutete, diese Erfahrung hatte mich gestärkt und ließ mir Platz, Dinge anders zu sehen und Gewohnheiten zu verändern. Ich war eine selbstbewusste, junge Frau und wusste, was ich will und was nicht. Ich lernte dadurch meine Wünsche und Bedürfnisse in den Mittelpunkt zu stellen und mich nicht immer gleich für alle anderen aufzuopfern. Vor allem lernte ich aber, Probleme von anderen nicht zu meinen eigenen zu machen, auch wenn es mir anfangs schwerfiel. Ich musste aus der Rolle heraus, es allen recht machen zu wollen und ständig nach Lösungen zu suchen. Jetzt war ich an der Reihe, nun stand ich wieder im Mittelpunkt. War emotional unnahbar und wurde begehrt, besonders wegen meiner Art. Männer wollen Frauen erobern, jagen und sammeln, doch da hatten sie es schwer bei mir. Ich ließ sie lange zappeln und das ließ ihren Jagdinstinkt wecken. Ich habe sehr gerne Männer kennengelernt, spielte mit ihnen, ließ mich umgarnen, aber sprang nur selten mit einem davon in die Kiste. Ich genoss es, Macht über sie zu haben und wählte meine potenziellen „Opfer", wie ich sie liebevoll nannte, sorgfältig aus. Von Anfang an zog ich spielerisch an den Leinen. Wie eine Marionette machten sie das, was ich wollte und bettelten nach mehr. Männer können so schön einfach gestrickt sein. Doch kein Mann konnte mir vorwerfen, dass ich nicht ehrlich zu ihm war. Ich sprach das aus, was ich gerade dachte, habe nie einem Mann falsche Gefühle vorgespielt und habe nie Sachen gesagt, die ich nicht eingehalten habe. Ich hatte einfach immer Spaß daran, denjenigen näher kennenzulernen und zu sehen, auf welche Art ich ihm den Kopf verdrehen könnte. Entweder als sexy Vamp, als Dominante, die ihn ganz klar die Richtung vorgab oder doch eher als kleines Dummchen, die ihn mit ihrem naiven Blick und schüchterner Art langsam um den Finger wickelte und ihn in den Glauben ließ, dass er alleine, sie erobert hätte. Doch eigentlich benutzte man all die Opfer doch nur für eine Sache - um sich sexuell zu befriedigen und sich gut zu fühlen. Ohne Liebe, Ansprüche oder Verbindlichkeiten. Ich war zwar ein Miststück in dieser Zeit, bin mir aber immer treu geblieben und habe nur das getan, was ich mit meinem Gewissen vereinbaren konnte. Und auf eine Sache hatte ich besonders geachtete - alle Männer waren nicht liiert und konnten keinem weh tun. Wenn mir ein Mann gefiel, zeigte ich ihm das auch oder sagte ihm direkt ins Gesicht, was ich mir so mit ihm vorstellen könnte. Wenn er mir danach immer noch gefiel, hatte er das Potenzial auf mehr. Und so genoss ich mein Leben in vollen Zügen, war ein paar Jahre glücklicher Single, dann mal wieder in einer festen Beziehung und danach doch wieder allein. Meine lustvollen und interessanten Jahre, in denen ich viel über mich gelernt hatte, vergingen jedoch wie im Flug und waren viel zu schnell vorbei.

\*\*\*

Ich ging durch die Straßen, bis hin zu meiner Arbeit. Ich habe es geliebt, am Morgen durch die kleinen Gassen zu laufen und die frische Luft in der Nase zu spüren. Ich fühlte mich dann immer wie neugeboren. Genoss das Vogelzwitschern und meine morgendliche Zigarette. Ich hatte einen festen Arbeitsplatz, aber auch immer noch meinen Nebenjob. Ich konnte nicht anders. Ich liebte beides, gerade wegen der Abwechslung und dem Kontrast. Es gab Tage, an denen ich acht Stunden im Büro saß und danach noch im Café eine zweite Schicht hinlegte. Manchmal war ich fix und fertig, aber das Lachen und die Komplimente der Gäste haben mich immer aufgemuntert. Doch am liebsten arbeitete ich an Tagen, an denen ich im Café nicht alleine war. An denen ich mit meiner Kollegin nur gelacht habe, die Gäste zur Musik tanzten und es draußen warm war, sodass sich alle um die kleinen Tische scharrten und gute Laune ins Café brachten. Manchmal arbeiteten wir an den Wochenenden bis um fünf oder sechs Uhr morgens, gingen danach noch bei einem Bäcker um die Ecke frühstücken und fielen todmüde in unser Bett. Ich liebte diesen Nebenjob, weil sich von jung bis alt, alles bei uns traf und es jedem bei uns gefiel. Das Café war mein zweites Zuhause und mittlerweile arbeitete ich bereits acht Jahre da. In dieser Zeit

habe ich viele tolle Menschen kennengelernt und so einiges an skurrilen Sachen erlebt. Doch mein bisher schönstes Erlebnis hatte ich vor ein paar Jahren mit zwei älteren Damen. Ich reichte ihnen die sommerliche Kaffeekarte, nachdem sie sich einen Platz am Fenster ausgesucht hatten. Ein paar Minuten später ging ich mit Zettel und Stift an den Tisch und fragte, ob die beiden schon etwas gefunden hätten. Sie blickten noch ein paar Sekunden in die Karte und fragten mich nach den kalten Kaffeekreationen. Dann guckte die eine von den beiden selbstsicher über ihre Brille und sagte:
>>Ja, ich glaube wir wissen, was wir nehmen wollen, Liebes. Bringen Sie uns bitte zwei Fotzen Espresso.<<, schlug die Karte zu und faltete ihre Hände, ohne sich dabei etwas Schlimmes gedacht zu haben.
Ich stand nur da und nickte vor mich her, ging hinter den Tresen und lachte in mich hinein. Ich klärte die beiden nicht auf, dass es eigentlich der „Frozen Espresso" war, den sie bestellt hatten und servierte den beiden Damen die Gläser mit einem breiten Grinsen. Diese Situation wurde der Knaller auf jeder Grill- oder Kaffeerunde mit meinen Freunden oder Kollegen. Genau solche Situationen ließen mich erinnern, wie herrlich das Leben sein konnte. Besonders jetzt, als frisch gebackener Single. Alles fühlte sich noch ungewohnt an und ich musste wieder lernen, alleine den Alltag zu bestreiten. Von

vorne anzufangen und eine neue Wohnung zu finden. Doch ich hatte in all den Jahren gelernt, dass nach einem Tief, auch wieder ein Hoch im Leben kommen wird und dass auch nach einem Mann und einer zerflossenen Liebe, es irgendwann, etwas Neues gibt. Ich genoss daher die Zeit danach, nahm alles Positive aus dieser Beziehung mit und konzentrierte mich auf mein neues Leben. Ich war immer noch mit Maja befreundet, sie half mir beim Umzug und bei der Einrichtung. Ich wusste es immer zu schätzen, dass sie an meiner Seite war und ich ihr blind vertrauen konnte. Als ich nach der Trennung von Tim für eine längere Zeit im Ausland war, hat sie sich um meine Wohnung gekümmert und die Blumen gegossen, ohne Ansprüche zu stellen oder etwas dafür zu verlangen. Wir waren immer füreinander da. Eigentlich kam ich nur nach Deutschland zurück, um meine Ausbildung zu machen, danach wollte ich mir ein neues Hotel im Ausland suchen, um da zu arbeiten. doch ich blieb bis heute in meiner Heimatstadt. Jetzt arbeitete ich bereits fünf Jahre in einem mittelständischen Unternehmen und war sehr glücklich. Zwischendurch hatte ich mich mit einigen Männern getroffen, doch ich war dann immer schnell gelangweilt. So richtig angetan, war ich von keinem. Aber das war mir egal. Ich konnte mich auch gut allein befriedigen und so genoss ich mein Leben in

Deutschland, ohne einen Mann an meiner Seite zu haben.

Am Abend holte mich Maja zur alljährlichen Beach Party ab, wir hatten schon lange nicht mehr zusammen gefeiert. Seit einigen Monaten lebte sie in einem Dorf außerhalb der Stadt, auf einem alten Bauernhof mit ihrem Freund und einem kleinen Hund. Es war herrlich, sie endlich so glücklich zu sehen. Wie es der Zufall so wollte, hat sie sich in unseren langjährigen Kumpel verliebt. Manche brauchen eben die anfänglichen Startschwierigkeiten, um dann nach Jahren miteinander glücklich zu werden. Wir liefen die Stadt hinunter, an unserem Stammlokal vorbei, holten uns noch einen Cocktail zum Mitnehmen und liefen weiter zum kleinen Strand. Wir waren etwas spät dran und die Tanzfläche war bereits so voll, dass wir keine Chance hatten einen Platz zu ergattern. Und so standen wir anfangs im warmen Sand, unterhielten uns mit unseren Freunden und schlürften ein paar Cocktails. Es war einfach toll, alle wichtigen Menschen um mich herum zu haben. Nicht regelmäßig hatten wir die Möglichkeit dazu, uns in der Stadt oder auf einer Feier zu sehen. Manche gingen zum Arbeiten nach Berlin, andere zogen der Liebe wegen nach München und andere hat es ins Ausland verschlagen, um dort ein neues Leben zu beginnen. Und heute waren wir endlich mal wieder alle beisammen und hatten Zeit zu reden. Später entdeckten wir ein kleines Fleckchen Holz auf der Tanzfläche, das wir uns sofort schnappten und sangen und tanzten so ausgiebig zur Musik, wie schon lange nicht mehr. Ich liebte es Spaß zu haben, frei zu sein und auf niemanden Rücksicht nehmen oder Rechenschaft ablegen zu müssen. Und so ließ ich meinen Blick durch die Mengen gleiten. Ich liebte es wieder hier zu sein, ich hatte die richtige Entscheidung getroffen, mein Leben in meiner Heimat zu genießen und meine Freunde um mich zu haben. Doch plötzlich erschrak ich, blieb für einen kurzen Moment lang mit starrem Blick stehen und drehte mich dann langsam zu Maja um.

>>Maja, hey Maja, guck mal da drüben. Das ist doch nicht etwa Benny, oder? Sag mir jetzt nicht, dass da wirklich Benny steht und uns beobachtet? Ich habe ihn jetzt über sieben Jahre nicht gesehen. Ist das denn möglich? <<, sagte ich und stand mit offenem Mund neben Maja.

Und es war wirklich so. Maja bestätigte mir meine Annahme und tanzte weiter. Ihr war es so egal, wie die letzte Wasserstandsmeldung. Schon lange war Benny für sie gestorben, zu viel hatte er mir angetan. Es war etwas unheimlich ihn nach all den Jahren in der Menge stehen zu sehen. Vor allem war es aber unheimlich, dass er gerade jetzt wieder auftauchte. Als ich mit Tim ein halbes Jahr zusammen war, haben

Benny seine Oberbosse die Niederlassung an einen anderen Ort verlegt, Benny musste mit Sack und Pack aus der Stadt heraus. Das Büro war leer und dunkel und ich konnte endlich so richtig abschließen. Es war endlich alles vorbei. Niemand war mehr da, der heimlich guckte und mich beobachtete. Niemand, der wusste, wann ich nach Hause kam oder was ich gerade machte. Niemand, der mir Nachrichten geschrieben hatte, weil ich ihm nicht aus dem Weg gehen konnte. Für mich war es ein endgültiger Neuanfang, es fühlte sich damals einfach nur fantastisch an. Seit diesem Tag an, hatte ich nichts mehr von Benny gehört und ihn auch nirgendwo gesehen. Und nun stand er da, in der Menschentraube mit ein paar Freunden und guckte mich an, wie früher auf dem Oktoberfest und wandte den Blick nicht ein einziges Mal von mir ab. Doch ich war kein kleines Mädchen mehr. Mittlerweile war ich eine junge Frau, selbstbewusst und unabhängig, doch den Schmerz in meiner Brust, vergaß ich in den ganzen Jahren nicht. Was für mich aber nach der ganzen Zeit ungewöhnlich war, war mein Herz, das bei seinem Anblick wieder schneller schlug. Und so konnte ich es mir nicht nehmen lassen, ihn anzusprechen und wenigstens Tag zu sagen. Ich ging zielstrebig von der Tanzfläche zum Bierwagen und bestellte uns zwei Getränke. Danach suchte ich ihn erneut in der Menschenmenge und ging zielstrebig zu ihm hinüber.

>>Hallo Benny, wir haben uns ja eine Ewigkeit nicht gesehen. Darf ich dich auf ein Getränk einladen? <<, grinste ich ihn an und drückte ihm den Plastebecher in die Hand.

Er wirkte überrascht, brachte zuerst kein Wort heraus, aber freute sich über meine liebe Geste.

>>Ich bin wirklich überrascht, dass du zu mir rüber gekommen bist. Ich weiß gar nicht, was ich nach all den Jahren sagen soll. Ich schäme mich so für mein Verhalten, für all das, was ich dir angetan habe. Ich weiß, dass ich ein Arschloch war und hoffe, dass du mir trotzdem irgendwann verzeihen konntest? <<

Ich wusste nicht, ob es nur wieder seine Masche war oder er es ernst meinte, aber irgendwie war es mir auch ziemlich egal. Ich bin eher zu ihm gegangen, um ihm zu zeigen, dass ich es überlebt hatte. Dass ich aus unserer Affäre gestärkt und nicht daran kaputt gegangen bin. Und außerdem wollte ich ihm zeigen, was aus mir geworden ist und ihn natürlich spüren lassen, was er all die Jahre verpasst hatte. Er zog wie früher zwei Zigaretten aus seiner Tasche und zündete sie an. Ich setzte mich auf eine Bierbank, die direkt neben uns stand und bot ihm einen Platz an. Und nachdem wir ein paar Minuten lang über das „Wie geht es dir denn so?" gesprochen hatten, fragte ich ihn nach seinen letzten sieben Jahren und wie es ihm so ergangen ist. Sofort fing er an, mir alles zu erzählen. Er war bereits seit drei Jahren von seiner Frau getrennt, es hatte einfach nicht mehr funktioniert. Sie konnte ihm nach der Affäre nicht mehr vertrauen und ließ ihn ungern alleine weg. All die Jahre nach unserem Tächtelmächtel, gab es immer wieder Streit auf Arbeit, im Urlaub und bei Freunden. Egal was er auch machte und mit welcher weiblichen Person er sich unterhielt, war für seine Frau eine potenzielle Bedrohung und verursachte einen riesigen Streit. Er gestand mir, dass er die Nachricht nach unserem letzten Wochenende, unter ihrer Aufsicht schreiben musste und es ihm das Herz zerriss. Lange hatte er damit zu kämpfen, diese Worte in sein Telefon einzutippen und diese Nachricht abzuschicken und das merkte auch seine Frau. Sie hat all die Jahre gespürt, dass ich immer in seinem Kopf war und er die Gefühle zu mir nicht abstellen konnte. Immer wieder war er kurz davor zu gehen, doch er wusste, dass er dann niemanden mehr hatte. Auf seine Nachrichten bekam er keine Antworten und so wusste er, dass ich mich komplett von ihm abgewandt hatte. Er wusste, dass ich ihm weder zuhören, noch glauben würde und so gab er die Hoffnung auf, mit mir jemals über alles reden zu können. Doch durch seine andauernden Gefühle zu mir, distanzierten sich die beiden immer weiter voneinander. Bis seine Frau irgendwann einen neuen

Mann kennen- und liebengelernt hatte. Und so kam Benny irgendwann von Arbeit nach Hause und war auf einmal völlig allein. Fast alle Sachen waren über Nacht aus dem Haus geräumt und die Schlüssel lagen auf dem Küchentisch. Sie hatte bereits eine neue Wohnung und eine neue Arbeitsstelle. Benny bekam von alledem nichts mit und verstand das erste Mal, wie es sich anfühlte, verlassen zu werden. Auch er war jetzt einsam und alleine, genau wie ich damals, als er mich zurückließ. Nur einen kleinen Zettel fand er auf dem Boden im Schlafzimmer und wusste, warum seine Frau nach all der Zeit gegangen ist.

Hallo Benny,
ich bin gegangen, um dich endlich freizulassen. Ich weiß, dass du Joline liebst. Das wusste ich von Anfang an und habe all die Jahre gespürt, wie unglücklich du in unserer Ehe warst. Ich habe jetzt erst verstanden, dass man Verlorengegangenes nicht erzwingen kann und du nichts für deine Gefühle zu ihr konntest. Also geh zu ihr und werde endlich glücklich. Ich wünsche dir das von ganzem Herzen.

Seine Geschichte ließ mich nachdenken und auch, wenn ich sonst immer einen Spruch parat hatte, war ich in diesem Moment ganz ruhig und konnte nichts sagen. Wir saßen auf der Bank, fast zehn Jahre nachdem wir uns hier kennengelernt haben und sprachen so locker miteinander, als wäre nie etwas zwischen uns passiert. So, als hätte es nie die Schmerzen in mir gegeben. Ich genoss es, all diese Worte von ihm zu hören und genoss es zu hören, dass er, genau wie ich, lange gelitten hatte. Endlich hatte ich die Gewissheit, dass er mich nie vergessen konnte und er oft an mich denken musste. Und irgendwie genoss ich es auch, dass er seitdem nicht mehr glücklich war und er durch seine damalige Entscheidungen immer leiden musste. Ich hatte für die Affäre mit Benny bereits meine Strafe durch Tim erhalten, als mir bewusst wurde, wie schrecklich es sich anfühlte, betrogen zu werden. Dadurch hatte sich mein Leben verändert und ließ mich über meine Fehler nachdenken. Doch auf ihm lag dieser Seitensprung seitdem wie ein Fluch. Er wurde nach der Trennung mit keiner anderen Frau mehr glücklich. Als seine Frau ihn verlassen hatte, war er alleine und das sollte sich auch nicht mehr ändern. Zwischendurch lernte er viele Frauen kennen, doch er verglich alle mit mir und das ließ seine Versuche scheitern, eine neue Beziehung einzugehen und vielleicht wieder glücklich zu werden. Ich hörte ihm die ganze Zeit gespannt zu und er sprach offen und ehrlich über alles Erlebte. Dennoch standen zwischen uns nun ganze sieben Jahre. Sieben Jahre, in denen wir uns weder gesehen, noch gehört hatten und in denen viel passiert ist. Meine Gefühle, die ich einst zu Benny hatte, waren Geschichte und doch fühlte ich mich immer noch wohl in seiner Nähe und freute mich, dass wir uns wiedergetroffen hatten. Und so beschlossen wir, den Abend alleine ausklingen zu lassen, verabschiedeten uns von den anderen und gingen noch in ein kleines Lokal um die Ecke.

\*\*\*

Meine Blicke trafen seine Hände, seinen Oberkörper, sein Gesicht. Ich lauschte seinen Worten, während er in der rechten Hand seine Zigarette hielt. Alles erinnerte mich an damals. Er hatte dieselbe Mimik, dieselbe Art zu sprechen, auch das Lachen war gleich, doch optisch, hatten sich die letzten Jahre in sein Gesicht gezeichnet. Ich war ihm nicht böse und auch nicht nachtragend. In den sieben Jahren ist so viel passiert und ich genoss es einfach, dass wir so locker miteinander umgehen konnten. Er hatte seine Lektion bekommen. Er war die letzten Jahre unglücklich und jetzt vollkommen alleine und irgendwie tat er mir wirklich leid. Wir bestellten uns ein Getränk nach dem anderen, sprachen über alte Zeiten, lachten viel und fingen an zu philosophieren
>>Weißt du noch, erinnerst du dich, was wäre gewesen, wenn... <<
Er guckte mich an, als wären wir wieder bei mir, am See oder im Restaurant und seine Blicke erinnerten mich an unsere erste gemeinsame Nacht. Seine Finger strichen über meinen Arm, als er mir ins Ohr flüsterte, dass er mich endlich wieder spüren will. Dass er sich all die Jahre nach mir gesehnt hatte. Ich guckte ihm tief in die Augen, beugte mich so nach vorne, dass mein Mund seinem ganz nah kam und grinste verschmitzt.

>>Ich muss jetzt gehen, ich melde mich. <<, sagte ich verrucht und legte ihm das Geld für die Getränke auf den Tisch.
Ich wusste, dass jetzt alles anders war. Ich bräuchte nur mit den Fingern zu schnipsen und im Nu wäre er bei mir. Wäre der Sklave seiner eigenen Gefühle, so wie es bei mir früher war. Ich könnte ihm den Kopf verdrehen und ihm Schmerzen zufügen, ohne das er es merken würde. Doch wollte ich das? Wollte ich ihn so leiden lassen, wie ich nach seiner Abfuhr gelitten hatte? Ich hätte mit ihm glücklich werden können, hätte ihn auf der Stelle heiraten können. Doch wollte ich das? Das Gefühl ihm endlich überlegen zu sein, war einfach grandios und dabei wollte ich es auch belassen. Doch er ließ mich nicht gehen und hielt mich fest.
>>Nehme wenigstens meine Nummer und melde dich, wenn dir danach ist, Line. <<, sagte er, griff nach meinem Telefon und speicherte seine Nummer ab.
Danach ließ ich ihn alleine zurück und ging nach Hause. Ich hatte es nicht weit. Meine Wohnung lag nur 300 Meter von der kleinen Bar entfernt und auf dem Nachhauseweg musste ich an seine Worte denken. Was hatte er die letzten Jahre durchmachen müssen? Gab es doch einen lieben Gott, der solchen Männern die gerechte Strafe gab? Er war an sich ein lieber Mann, ich kam ihm nur irgendwann in die

Quere und veränderte sein Leben auf einem Schlag. Er liebte das Spiel mit dem Feuer und ließ sich darauf ein und was hatte er davon? Nichts, rein gar nichts. Nur ein trauriges und einsames Leben. Als ich zu Hause ankam, schrieb ich ihm eine kurze Nachricht.

> Hey Benni. Ich bin gut zu Hause angekommen. Ich bin froh, dass wir uns mal wiedergesehen haben. Komm gut nach Hause. Liebe Grüße Line.

Ich musste nicht allzu lange warten, kurz darauf blinkte mein Telefon.

> Danke Line, dass du mir noch eine letzte Chance gegeben hast. Endlich kann ich wieder durchschlafen, endlich ist dieser Alptraum vorbei. Ich habe die ganzen Jahre Angst davor gehabt, dich wiederzutreffen. Und alles nur, weil ich nicht wusste, wie du reagieren würdest. Und jetzt hast du mir soviel Verständnis entgegengebracht, dass ich vor Freude laut schreien könnte. Ich bin jetzt auf dem Weg nach Hause. Schlaf gut kleine Prinzessin. Liebe Grüße Benny

Seine Worte beruhigten mich. Endlich hatten wir uns ausgesprochen. Endlich hatte ich Gewissheit, dass er sich damals von mir abwand, weil seine Frau ihn dazu gezwungen hatte und nicht weil er es wollte. Und daher war ich all die Jahre in seinem Kopf und er konnte mich nicht vergessen. Genauso, wie es zwischendurch bei mir war, wenn ich daran dachte, was aus ihm geworden ist. Ich kuschelte mich auf die Couch unter eine Decke und schlief mit dem Telefon in meiner Hand und einem zufriedenen Lächeln ein. Als ich am nächsten Morgen wach wurde, fühlte sich alles anders an. Die Fragezeichen, die ich jahrelang im Hinterkopf hatte, waren endlich weg. Ich dachte gerne an den Abend und an Benny zurück. Und auch, wenn er etwas in die Jahre gekommen ist, war Benny immer noch ein attraktiver Mann. Seine Augen strahlten und das Lächeln erinnerte mich an unsere erste Begegnung auf der Tanzfläche. Bekanntlich werden Männer ja eh im Alter attraktiver, so war es auch bei ihm. Er wirkte noch reifer und männlicher als jemals zuvor und wollte mir mal wieder nicht aus meinem Kopf gehen, bestimmte meine Gedanken an dem Tag danach. Und obwohl so viele Jahre vergangen sind und ich mein derzeitiges Leben in vollen Zügen genoss, konnte ich nicht anders und verfasste eine Nachricht.

> Na schöner Mann, bist du gestern gut nach Hause gekommen? Vielen Dank noch einmal für die ehrlichen Worte. Es hat mir gut getan, dich nach all den Jahren wiederzusehen. Gruß Line

Und einige Minuten später kam sofort eine Antwort.

> Na schöne Frau. Schön, dass du dich doch noch einmal bei mir meldest. Ja, ich bin gut nach Hause gekommen, schlafen konnte ich aber nicht so richtig. Ich hatte dich immer vor meinen Augen. Zu kurz war die Zeit gestern mit dir und zu schnell warst du wieder weg. Es tut mir leid, dass ich gestern so plump zu dir war, aber meine Sicherungen sind durchgebrannt, als ich dir wieder so nah sein konnte. Ich weiß nicht, ob ich dich überhaupt fragen soll oder es lieber lassen sollte, aber würdest du noch einmal mit mir essen gehen? Ganz unverbindlich, einfach nur essen und die Zeit genießen. Ich werde dich nicht belästigen oder dir zu nahe kommen, versprochen Line!

Ich musste in mich hinein grinsen, als ich seine Worte las. Er wusste ja nicht, dass es mich überhaupt nicht störte, dass er so ehrlich zu mir war. Und auch seine Worte in dem kleinen Lokal, brachten mich nicht im Geringsten aus der Ruhe. Ganz im Gegenteil. Es gefiel mir, als er mir nach so langer Zeit wieder Komplimente machte und mir sagte, dass er mich nie vergessen hatte. Ich wusste endlich, dass ich ihm nicht egal war und ich jetzt die Zügel in der Hand halten konnte. Deshalb hatte ich Benny auch noch einmal geschrieben, um mit ihm gemeinsam in die Vergangenheit zu reisen und etwas Spaß zu haben.

> Solltest du heute Abend Zeit haben, fahre von der kleinen Bar aus, die Straße hoch zur Kreuzung. Auf der linken Seite steht ein mintgrünes Haus, meinen Namen wirst du ja noch kennen. Klingel einfach, ich bin zu Hause. Ich komme dann runter und wir suchen uns ein schönes Restaurant. Gruß Line

Auf meine letzte Nachricht kam nichts mehr. Ich habe gedacht, dass er kalte Füße bekommen hätte und sich nicht mehr melden würde. Und so blieb ich auf meiner Couch liegen, ohne mir weiter Gedanken darum zu machen. Doch am Abend läutete es an der Wohnungstür und ich war auf nichts vorbereitet. Ich hatte noch nicht einmal etwas Passendes für das Restaurant an. Ich rannte zur Tür und machte ihm auf und fühlte mich wirklich in die Zeit zurückversetzt, in der er mich immer besuchen kam. Er hatte noch dasselbe Parfum, welches sich sofort den Weg in meine Nase suchte. Langsam kam er die Treppe hoch, hatte zwei Flaschen Mixedbier und einen selbstgepflückten Strauß in seinen Händen. Ich stand im Türrahmen und musste lachen.
>>Hey Line, es ist zwar nicht das Beste und auch nicht so einfallsreich wie damals, aber ich wollte dich

wenigstens ein bisschen an unsere schöne Zeit erinnern. <<, sagte er und stellte sich auf die letzte Stufe.

Es war einfach herrlich, ihn so zu sehen. Auch nach so vielen Jahren, wirkten wir beide vertraut und lachten viel. So, als wäre nie etwas zwischen uns passiert. Und dennoch waren meine Gefühle nicht mehr dieselben, die ich früher zu Benny hatte. Sie waren eher rein freundschaftlich und ich hatte die Neugier in mir, sehen zu wollen, wie weit er mit uns gehen würde. Ich öffnete das Bier und ließ ihn im Wohnzimmer auf der Couch Platz nehmen. In der Zeit verschwand ich ins Bad und zog mir etwas Bequemes an. Eine enge Jeans, ein schwarzes Oberteil und dazu hohe Riemchensandalen. Als ich in das Wohnzimmer zurück stöckelte, hielt er kurz den Atem an.

>>Du hast dich wirklich nicht verändert. Du bist genau dieselbe Line, wie vor ein paar Jahren noch und das ist echt toll. <<, lachte er und nahm einen Schluck aus seiner Flasche.

Ich ging auf ihn zu, guckte ihn von oben herab an und nahm ihm das Bier aus der Hand.

>>Glaube mir Benny, ich habe mich verändert. Und auch, wenn ich mich noch gerne weiblich kleide, bin ich erwachsen geworden. Lass es nicht darauf ankommen, dir das erst zu beweisen, sonst wirst du um Gnade flehen. <<, sagte ich ihm dominant in sein

hübsches Gesicht und trank die Flasche mit einem Zug aus.

Er konnte nichts darauf kontern und schluckte seine Worte hinunter. Ich glaube bis heute, dass ich ihm mit diesem Satz, wirklich Angst gemacht hatte. Danach ging ich in den Flur, legte einen dünnen Mantel über meinen Arm und nahm die Tasche vom Boden auf. Danach guckte ich um die Ecke in das Wohnzimmer.

>>Na los alter Mann, wir suchen uns ein schönes Plätzchen und essen ein bisschen. <<, rief ich ihm zu und ging zur Tür.

Es fühlte sich toll an, ihm überlegen zu sein und er wusste nach diesen ersten Minuten, dass ich nicht mehr das kleine Mädchen von früher war. Ich stieg in sein Auto und erinnerte mich an unsere Waldaktion, bei der uns seine Frau erwischte. Erzählte Benny, wieviel Angst ich an diesem Abend hatte und wie oft ich dachte, dass sie mich umfahren würde. Wir lachten herzhaft und haben uns spontan dazu entschieden, zu dem Restaurant zu fahren, in dem wir in der Vergangenheit oft schöne Abende miteinander verbracht hatten - das Restaurant mit dem Separee im Garten. Er öffnete mir die Tür und reichte mir die Hand beim Aussteigen. Er war immer noch ein Gentleman, brachte mich zum Tisch und zog den Stuhl nach hinten, um mich hinsetzen zu lassen. Und als wir durch die Karten blätterten, entdeckten

wir doch wirklich fast gleichzeitig und nach all den Jahren den „Teller der Lust". Wir guckten über unsere Karten, grinsten uns beide an und bestellten uns diese tolle Vorspeise, um in alten Erinnerungen zu schwelgen. Benny war wirklich nicht aufdringlich, ganz im Gegenteil. Er war eher zurückhaltend und vorsichtig, ein bisschen schüchtern und verlegen. Seine Worte von gestern waren ihm sichtlich unangenehm und er versuchte sich zu beherrschen, um nichts Falsches zu sagen. Da gab er mir natürlich unbewusst eine schöne Vorlage, denn ich liebte es, wenn Männer so verhalten waren und ich mich sichtlich anstrengen musste. Da ich in der Vergangenheit noch mehr Erfahrungen gesammelt hatte, wusste ich natürlich besser als früher, wie ich einen Mann, um den Verstand bringen konnte und wollte ihn bei passender Gelegenheit gleich mal testen. Ohne, dass ich es aussprach, brachte mich die nächste Situation sofort auf eine tolle Idee. Die junge Kellnerin brachte uns den Teller der Lust und wünschte uns einen schönen Abend. Sofort nahm Benny eine Erdbeere in die Hand und lud mich ein, von ihr abzubeißen. Ich lehnte mich über den Tisch, blickte ihn in die Augen und biss ein kleines Stück von der Erdbeere ab.
>>Sollte das jetzt alles sein? <<, lachte er und hielt sie weiter in meine Richtung.

Ich kam ihm noch ein Stück näher und nahm die Erdbeere so in den Mund, dass ich zuerst meine Lippen um seine Fingerspitzen schließen, an ihnen runter rutschen und dann ein großes Stück der Erdbeere abbeißen konnte und alles während ich ihm dabei tief in die Augen sah und ein wohliges >>Mhhh<< murmelte.
Er stockte kurz und räusperte sich.
>>Hey Benny, zitterst du etwa? <<, grinste ich ihn an, nahm das Glas in die Hand und blickte beim Trinken über den hohen Glasrand.
>>Ich war nur gerade etwas überfordert. Tut mir leid, aber dieses Gefühl in meinem Bauch, hatte ich schon lange nicht mehr. Du schaffst es immer noch, dass ich in deiner Nähe völlig aufgeregt bin und ich nasse Hände bekomme. Aber es fühlte sich sehr gut an, Line. Das lässt mich an ganz andere Sachen denken. <<, grinste er zurück und griff zur Zigarettenschachtel.
Auf meine kleine Flirtattacke brauchte er erst einmal eine Zigarette und ich hätte vor Freude innerlich platzen können. Ich wusste doch ganz genau, dass es ihn nervös machte, wenn ich mit ihm gespielt habe und lehnte mich genüsslich zurück in meinen Stuhl. Kurze Zeit später kamen unsere Nudeln und die Anspannung zwischen uns verflog wieder. Ich erzählte Benny von meiner Arbeit, von meinen letzten Jahren im Ausland und natürlich von den zwei

alten Damen aus dem Café. Ich mochte es, wenn er über meine Geschichten lachte. Und so saßen wir noch stundenlang da und redeten, waren offen und ehrlich zueinander. Dann bestellte er die Rechnung, nahm meine Hand und brachte mich zur Autotür. Er öffnete sie und ließ mich einsteigen. Es war ein tolles Gefühl mal wieder Zeit mit ihm verbracht und über alles so locker gesprochen zu haben. Diese Sicherheit, die ich bei ihm hatte, und dieses gewohnte Gefühl, waren einfach unbeschreiblich schön. Wir fuhren nach Hause und ich fragte ihn geraderaus, ob er noch zu mir mit hochkommen möchte.
>>Keine Angst, Benny. Ich beiße nicht. Vertraue mir!<<, lachte ich ihn an, drehte den Schlüssel rum und stieg aus.
Ich ging auf die andere Seite und öffnete seine Tür.
>>Ich möchte dir doch nur mal kurz meine kleine Briefmarkensammlung zeigen.<<, grinste ich erneut und blickte ihm tief in die Augen.
Er überlegte kurz, doch dann nahm ich bestimmend seine Hand und ging mit ihm durch das Treppenhaus nach oben in meine Wohnung.

***

Ich steckte den Schlüssel in die Tür und machte das Flurlicht an, während Benny sich die Schuhe auszog und durch den Flur ins Wohnzimmer ging. Er setzte sich auf die Couch und wartete auf alles Weitere. Ich hatte mir in der Zeit die Schuhe ausgezogen und die Jeans an den Enden etwas hochgekrempelt. Mein Oberteil ging mir knapp über die Hose und ich stand in der Küche, die zum Wohnzimmer hin offen war.

>>Möchtest du noch etwas Kleines essen? <<, rief ich ihm zu und drehte meinen Kopf über die Schulter, während ich auf Zehenspitzen stehend, aus dem Regal zwei Gläser runterholte.

>>Nein Line, ich bin völlig satt, bleib einfach kurz so stehen. Ich hatte vergessen, wie schön alles mit uns war. Hatte all die Jahre vergessen, wie schön du wirklich warst und kann es kaum glauben, wie schön du immer noch bist. Ich habe immer gedacht, dass ich dich nie wiedersehen werde und ich alles verbockt hätte und nun sitze ich hier bei dir und kann so ungezwungen reden. <<, sagte Benny von der Couch aus und blickte mich an.

Ich grinste ihn kurz an und ging zu ihm in das Wohnzimmer. Stupste ihn an und goss uns das zweite Bier in die Gläser.

>>Du musst mir keinen Honig mehr um den Mund schmieren, um mir zu gefallen. Ich bin schon groß

Benny. Alles ist gut und wir zwei erwachsen. Ich bin nicht mehr deine Geliebte und Ansprüche stelle ich schon lange nicht mehr. Du kannst dich also wieder entspannen und einfach nur genießen. Lass uns die Vergangenheit vergessen und den Abend genießen, okay?. <<

Er guckte mich kurz an und griff nach meiner Hand. Langsam lehnte er sich zurück und ließ mich langsam auf sich raufgleiten. Ich hätte genug Zeit gehabt, dass alles zu verweigern, aber ich wollte es nicht. Es machte mir Spaß, ihn so willig zu sehen und seinen Körper unter meinen zu spüren. Beugte mich immer weiter über ihn rüber, nahm seine Hände über seinen Kopf zusammen und hielt sie fest. Ich öffnete den Mund und ließ meine Zunge langsam über seine Lippen wandern. Er schloss die Augen und fing an zu genießen. Mein Mund wanderte an seinen Wangen entlang, bis hin zu seinen Schläfen. Ich liebkoste seine Ohrläppchen und glitt seinen Hals hinab, bis runter zu seinen Schultern. Seine Hände hielt ich immer noch fest und er bewegte sich kein Stück. Er lag einfach da und nahm jede meiner Bewegungen intensiv in sich auf. Ich ließ langsam seine Hände los und richtete mich auf meinen Knien wieder auf. Ich nahm die beiden Gläser, gab ihn seins in die Hand und ließ mein Glas an seins stoßen. Er guckte mich lustvoll an und ich wusste, dass die kommende Nacht fantastisch werden wird. Er saß etwas bedröppelt auf

der Couch und wusste nicht wie ihm geschah, doch er wartete ab und guckte mit seinen tiefbraunen Augen, wie ein kleiner wartender Hund. Ich genoss es, ihn zappeln zu lassen und lehnte mich zurück, fragte ihn noch ein wenig über seine neue Arbeit aus und ließ ihn reden. Ich merkte, dass er mit seinen Gedanken schon einige Stunden weiter war und fand es lustig, als er zwischendurch seinen roten Faden verlor und vor sich herstammelte. Und so konnte ich ihn nicht weiter leiden sehen.
>>Nicht weggehen.<<, wies ich ihn an, gab ihm einen erneuten Kuss auf seine vollen Lippen und stand von der Couch auf, um mir im Schlafzimmer mein Negligé anzuziehen.
Es war neu, schwarz und mit roten Fäden durchsetzt. Es ging mir gerade so über meinen Po. Ich liebte es, mich für ihn hübsch zu machen und auch wenn es bereits Jahre her war, dass wir das letzte Mal alleine waren und Zeit miteinander verbrachten, machte er mich an diesem Abend unheimlich geil und ich war etwas aufgeregt. Alleine schon, als ich an unseren Sex dachte, durchfluteten mich wieder alte Erinnerungen und mein Herz schlug schneller. Im Hintergrund hatte Benny leise Musik angemacht und das Licht gedimmt. Er fühlte sich anscheinend wie zu Hause und wollte die Stimmung etwas anheizen. Als ich fertig war, ließ ich langsam ein Bein aus dem Schlafzimmer blitzen. Danach folgte mein Arm, bis

ich mich schließlich vor ihm in einem kleinen, dünnen Bademantel zeigte und ihn mit ernster Miene anblickte. Ich hatte mir die neuen, hohen Schuhe angezogen, die ich extra noch am Nachmittag für ihn gekauft hatte, um mich ein bisschen größer zu machen, denn ich war immer klein und zierlich. Mein Körper wurde so wundervoll gestreckt und ich drehte mich grazil um meine eigene Achse. Er biss sich auf die Unterlippe und sagte kein Wort. Ich bewegte mich zur Musik, drehte Benny meinen Po zu und beugte mich mit gestreckten Beinen nach vorne. Er konnte nur erahnen, was ich drunter trug und wippte ungeduldig auf der Couch hin und her. Ich drehte mich wieder langsam zu ihm und mein Blick führte sofort wieder in seine Augen.
>>Du bist wunderschön, Line.<<, konnte er noch sagen, bevor ich sah, dass sich sein Schwanz in der Hose aufrichtete.
Ich nahm die beiden Gürtelenden in die Hand, drehte sie ein paar Mal in der Luft und zog dann ganz langsam an ihnen. Die Schlaufe öffnete sich und das Negligé blitze etwas hervor. Ich griff mit beiden Händen an den Mantel, ließ zuerst die rechte Seite und dann die linke über meine Schultern gleiten. Nicht ein einziges Mal wandte ich meinen Blick aus Benny seinem Gesicht ab und genoss es, seine glasigen Augen zu sehen, die lüstern meinen Körper abscannten. Ich ließ den weißen Stoff auf den Boden

fallen und ging ein paar Schritte auf ihn zu. Ich zeigte mich in meiner vollen Pracht, drehte mich noch einmal um mich selbst und stand dann mit etwas auseinander gesetzten Füßen vor ihm auf den weißen Teppich. Ich ließ meine Hüften zur Musik nach rechts und links wandern, dann ging ich mit kreisenden Bewegungen in die Hocke und kam mit nach hinten gestrecktem Po wieder hoch. Der rechte Träger des Negligés rutsche etwas herunter und ich beschloss, nicht nur für ihn zu tanzen, sondern auch gleich für ihn zu strippen. Das hatten wir in all den Jahren nicht und als ich nach einigen Minuten nur noch meinen Spitzen-BH und den kleinen Tanga trug, ich mich gerade umgedreht hatte, um Benny meine prallen Pobacken entgegenzustrecken, stand er auf und kam zu mir auf den Teppich. Er ließ seine Finger über meinen Rücken gleiten. Zuerst an der Wirbelsäule, dann die Lenden hoch und runter. Er streichelte vorsichtig meinen Po und fasste mir mit der anderen Hand um meinen Bauch. Er küsste meinen Nacken und meine Schultern, strich mir durch mein Haar und ließ einzelne Strähnen nach vorn auf meine Brüste fallen. Alles fühlte sich so an, als wären wir nie voneinander getrennt gewesen, als wären wir wieder im Hotel und würden unseren Neuanfang zusammen genießen. Er beugte mich nach vorne und ließ seine rechte Hand in meinen Slip gleiten. Er merkte, wie unheimlich angetörnt ich davon war und ohne, dass er in mich eindrang, ließ er die komplette Handfläche über meinen Venushügel nach vorne und wieder nach hinten gleiten. Er drehte mich zu sich um und küsste mich innig. Es war wie ein Befreiungskuss nach so vielen Jahren Abstinenz - intensiv, lustvoll und vollgepackt mit Erotik. Er griff mir an den Po und nahm mich auf seinen Armen hoch. Er war für sein Alter noch immer gut gebaut, hatte zwar nicht mehr so viele Muskeln wie früher, aber seine Dominanz und Stärke spürte ich auch an diesem Abend durch und durch. Es knisterte zwischen uns gewaltig, unsere Herzen klopften beide wie wild und die Lust stieg mit jeder Sekunde. Er ging auf die Knie und setzte mich behutsam auf den weißen Läufer vor dem Wohnzimmertisch ab, meine Beine waren etwas angewinkelt. Dann stand er langsam wieder auf und zog sich aus. Er guckte mir die ganze Zeit in die Augen, wirkte immer noch vorsichtig und etwas nervös. Doch der Anblick, mich am Boden zu sehen, nur noch mit BH und hohen Schuhen bekleidet, machte ihn wahnsinnig. Wahrscheinlich dachte er die ganze Zeit, ich könnte es mir noch einmal anders überlegen, doch ich wusste was ich tat und vor allem was ich wollte. Und das war Benny, jetzt sofort und die ganze Nacht lang. Als er nackt vor mir stand, blieb er für einen Augenblick lang stehen und blickte zu mir runter. Er wirkte glücklich und ich musste erst mit meiner Hand auf den Boden klopfen, um ihn zu mir runter zu bitten. Vorsichtig pirschte er sich ran und küsste sich an meinem Oberschenkel hinauf. Sofort hatte ich dieses Ziehen im Bauch, dieses wohlige Gefühl, welches ich immer bekam, wenn ich erregt war. Ich griff Benny in seine Haare und dirigierte ihn in Richtung meiner Unterwäsche. Er biss vorsichtig in meinen Slip und zog ihn mir langsam über die Beine aus. Und als er wieder von unten zu mir raufguckte, glitt meine Hand bereits meinen Bauch hinab zu meiner feuchten Muschi. Ich stellte die Beine vor ihm auf und spreizte sie soweit ich konnte. Er kniete sich vor mir und fing an, mich zu beobachten. Mein Finger glitt über meinen Bauchnabel weiter hinunter und ich zog den Spalt mit einer langsamen Bewegung etwas auf. Ich sah das Glänzen in seinen Augen und es schien, als hätte er schon lange keinen Sex mehr gehabt. Ich wusste, dass er früher darauf stand und zog meine Lippen mit beiden Fingern noch weiter auseinander. So, dass er kompletten Blick auf meinen Kitzler hatte. Er konnte sich nicht zurückhalten, zu groß war seine Lust mich zu lecken. Und als ich zuerst seinen Finger in mir spürte und er dann auch noch mit seiner kreisenden Zunge anfing mich zu stimulieren, stöhnte ich auf, als wäre es das erste Mal seit Langem, dass ich wieder so ein Gefühl verspürte. Er konnte es noch genauso wie früher, nichts hatte er verlernt und wusste immer noch, wie

er mich richtig scharf machen konnte. Und auch er verlor seine Nervosität mit ansteigender Lust. Ich habe nicht lange gebraucht, um unter seinen lustvollen Bewegungen immer weiter angeheizt zu werden. Jeder seiner ruckartigen Fingerstöße, trieben mich weiter auf den Punkt zu, an dem ich am liebsten vor Glück geplatzt wäre. Ich griff ihm an den Kopf, um seine Lippen und seine Zunge voll und ganz zu spüren und machte mir nichts daraus, ihm zu zeigen, dass ich gleich kommen würde. Mit immer tiefer werdendem Atem, kam ich kurze Zeit später unter seinen Armen und alle Anstrengung fiel von mir ab. Das Krampfen in meiner Körpermitte verschwand und ich fühlte mich frei und losgelöst.
>>Ich habe es vermisst, dich zu spüren und zu hören, wie du kommst. Ich habe dich so vermisst, Line. Es tut mir so leid, dass ich dich damals alleine zurückgelassen habe und einfach gegangen bin. Ich wünschte ich könnte alles wieder gut machen. <<, sagte Benny leise und legte sich zu mir auf den Teppich.
Ich guckte ihn an und gab ihn einen Kuss auf die Stirn, stand dann auf und holte mir eine Zigarette. Die brauchte ich jetzt, das war nach gutem Sex so ein Ritual von mir. Ich saß nur noch mit BH bekleidet auf der Couch, wir lauschten der Musik und er guckte mir zu, wie ich genüsslich an der Zigarette zog. Und als ich fertig war, setzte ich mich auf den Rand der

Couch. Ich hatte immer noch meine Highheels an, streckte meine Beine erst nach vorne und zog dann einen Halbkreis auf den Boden. Ich winkelte sie erneut an und gab ihm vom Teppich aus die Möglichkeit, alles von mir zu sehen und ihn auf das Kommende vorzubereiten. Ich griff mir an den Verschluss meines BH´s, öffnete ihn langsam und ließ ihn neben die Couch fallen. Meine Beine waren gespreizt, die hohen Schuhe unterstrichen meine Körperhaltung und meine Hand knetete genussvoll meine Brust. Ich zog ein letztes Mal an meiner Zigarette und pustete den Qualm in Benny seine Richtung. Ich stand darauf, als er mir zu Füßen lag, ich meine Zigarette vorsichtig ausdrückte und Benny deutlich machte, dass er jetzt sofort zu mir rüber kommen sollte. Er drehte sich auf die Seite und kam auf den Knien zu mir herangerutscht. Auf der Couch war ich genauso groß wie Benny, der vor mir kniete und auf einen Kuss wartete. Doch ich griff lieber mit meinen Fingern nach seinen Eiern, nahm beide in die Hand und massierte sie vorsichtig. Erst danach fing ich an seinen Mund zu liebkosen. Ich strich vorsichtig mit meinen Fingerspitzen von seinem Damm aus, seinen Schwanz hinauf, drehte ein paar Runden um seine Eichel und strich dann wieder vorsichtig den Schaft hinunter. Und während er tief einatmete, nahm ich auch noch die andere Hand zur Hilfe. Meine linke Hand umfasste massierend seine Eier, die rechte Hand wichste ihn ganz zärtlich. Ich spürte seinen Lusttropfen an meinen Fingern hinunterlaufen und es war Zeit, ihn nach so langer Zeit endlich wieder zu ficken. Ich rutschte noch ein Stück weiter an die Kante der Couch heran. Meine feuchte Muschi war auf der gleichen Höhe, wie sein harter Schwanz. Ich umschloss mit beiden Beinen seine Hüfte und zog ihn mit einem Ruck an mich heran. Er rutschte sofort in mich hinein und ich sah, dass ihm die harte Tour auch sehr gut gefiel. Er fing an mich zu bumsen, erst vorsichtig, doch dann immer härter und schneller. Er zog mich von der Couch hinunter auf den Teppich, lehnte sich zurück und ließ mich über ihn Platz nehmen. Ich konnte nun selber bestimmen, ob ich ihn leiden oder schnell zum Höhepunkt kommen lassen will. Ich entschied mich für eine gesunde Kombination und fing an, ihn ganz behutsam und mit kreisendem Unterkörper zu reiten. Meine Finger griffen nach hinten zu seinen Eiern und massierten sie, dann beugte ich mich zu ihm nach vorne und küsste seine feuchten Lippen, während ich meine fließenden Bewegungen fortsetzte. Ich lehnte mich wieder zurück, nahm seine Hände, um mehr Halt zu haben und fing an, ihn richtig fertig zu machen. Ich genoss es, wenn er vor Lust seine Augen schloss, wenn er leise vor sich hin stöhnte und mich weiter anfeuerte.

>>Du bist der Wahnsinn. Hör nicht auf. Das fühlt sich unglaublich an. Ich komme gleich. Ich habe das alles so vermisst<<, waren die Sätze, die er mir immer wieder entgegen hauchte.

Ich genoss es, ihn endlich wieder in mir zu spüren und ihn den Verstand zu rauben. Kurz bevor er kam, stand ich auf, ließ meine Lippen über seinen Schwanz rutschen und leckte mit meiner Zunge seine Eichel. Ich merkte, wie sein Schwanz pulsierte und er in mir kam. Ich liebte es, seinen warmen Saft in meinem Mund zu spüren und ihn zu schlucken und saugte ihn aus, wie ein kleiner Vampir. Er ließ seine Hände auf den Boden fallen, völlig erschöpft lag er vor mir und ich küsste ihn über seine Brust. Ich zog eine dünne Decke von der Couch zu uns herunter und deckte uns beide damit zu. Ich legte meinen Kopf auf seinen Bauch und schloss die Augen. Es war wie früher, wie im Hotelzimmer, wie auf unseren Ausflügen. Es war nach so vielen Jahren, einfach wieder schön, ihm so nah zu sein.

>>Weißt du eigentlich, wie oft ich gehofft habe, dass wir uns noch einmal treffen und ich dir so nah sein kann? Gehofft habe, dass ich dich irgendwann noch einmal küssen darf? <<, sprach er ganz leise und strich mir durch mein gewelltes Haar.

Wir lagen einen Moment lang da und liebkosten uns mit unseren Fingern. Dann legte er seine Hand an meinen Hals, schob sie direkt unter mein Kinn und zog meinen Kopf in seine Richtung. Er küsste mich innig und hielt seine Lippen einen Moment lang fest auf meinen. Er wollte den Augenblick am liebsten festhalten und ich merkte, dass er mehr wollte. Vorsichtig umschloss er mich mit seinen Armen und rollte mich auf die Seite. Mein ganzer Körper war gestreckt, er lag auf mir und seinen Atem spürte ich in meinem Nacken. Langsam rutschte er an meinem Körper nach unten, seine Hände zeichneten meine Wirbelsäule nach. Seine Beine lagen neben meinen und er griff mir vorsichtig in meine Pobacken. Meine Hände hatte ich unter den Kopf gelegt und wartete ab, was er als nächstes mit mir machen würde. Mit ansteigender Lust massierte er mich immer härter und ich spürte seine Finger tief in meiner Haut. Als er wieder auf dem Weg nach oben war, zog er meine Pobacken auseinander und glitt mit einem Schwung in mich hinein. Ich wusste gar nicht, dass er nach so kurzer Zeit wieder bereit war, aber anscheinend hatte er eine gute Vorlage und die aphrodisierende Vorspeise setzte dem Ganzen noch die Krone auf. Er spürte, wie eng und feucht es in mir war und meine nach hinten gestreckten Beine, unterstrichen dieses wohlige Gefühl noch mehr. Er genoss die intensiven Stöße. Genoss es, wie meine heißen Lippen seinen Schwanz umschlossen und wir miteinander verbunden waren. Seine Stöße waren sehr gefühlvoll. Es wirkte so, als würde er nie damit aufhören wollen,

doch es dauerte nicht lange und ich wollte mehr. Ich wollte keinen Blümchensex, sondern wollte von ihm so richtig genommen werden. Ich stütze mich auf meinen Händen auf und drückte meinen Oberkörper lasziv nach oben. Sein Schwanz glitt mit einem Rutsch wieder aus mir heraus und ich ergriff die Chance, meine Hand um seinen Hals zu legen. Ich merkte seine nasse Brust an meinem Rücken, drehte den Kopf zu Benny und flüsterte ihn in sein Ohr:
>>Baby, ich will, dass du mich fickst. So wie früher und so hart wie du kannst. <<
Er fasste mir an die Brust und küsste mich, doch dann ließ er sich das nicht ein zweites Mal sagen. Er schubste meinen Oberkörper nach vorne, griff nach meinen Haaren und stieß so hart er konnte, in mich hinein. Ich wusste nicht, was ich gerade gefühlt hatte, aber ich dachte, dass ich in tausend kleine Teile zersprungen wäre. Immer wieder stieß er zu, zog meinen Kopf nach hinten und ich konnte kaum Luft holen. Ich stand auf diese Folter und genoss jede seiner Bewegungen. Immer wieder zuckte ich zusammen und stöhnte auf, als er ausholte und wieder hart in mich hineinstieß. Meine Beine musste ich während unseres Aktes etwas spreizen, ansonsten wäre ich sofort gekommen. Meinen Rücken drückte ich nach unten zum Boden durch, immernoch kniete ich vor ihm und konnte mich nicht bewegen. Ich kam mir vor wie eine Schlangenfrau,

die sich immer weiter zusammenbog, um den Schmerz etwas zu lindern. Er hatte meine Haare in der linken Hand, die er auf meinen Rücken ablegte und mit seiner rechten Hand rutschte er an der Seite entlang, um zu meinem Kitzler zu gelangen. Ich fühlte mich, als würden mich tausend Hände anfassen. Er wusste genau, was und wie er es tat und hatte mehr Kondition, als manch junger Mann. Und als ich seine Finger auf meinem Kitzler spürte, war dieses Gefühl so intensiv, dass ich sofort lustvoll aufstöhnte und sich alles in mir zusammenzog. Ich hielt es nicht länger aus und kam so intensiv in diesem Moment, wie noch nie zuvor mit ihm. Es fühlte sich an, als hätte ich stundenlang einen Orgasmus gehabt und sank erschöpft auf den Teppich. Mein ganzer Körper zuckte und Benny holte noch einmal tief Luft, bevor er sich zu mir legte. Er sah wunderschön aus, seine Haare waren nassgeschwitzt und seine dunklen Augen blitzten. Ich schloss kurz die Augen und atmete tief durch, griff nach seiner Hand und küsste sie. Hielt sie fest in meiner, zog sie an mein Herz und nickte ein, ohne noch ein Wort mit ihm gesprochen zu haben. Dass er beim zweiten Mal gar nicht gekommen ist, hatte ich überhaupt nicht wahrgenommen. Zu intensiv war mein Orgasmus und das Gefühl danach. Doch er fand es nicht schlimm und blieb neben mir liegen. Spät in der Nacht, merkte ich, dass er mich hochnahm und mich in mein

Bett brachte. Meine Augen waren aber zu schwer, um hochzugucken und so sagte ich kein Wort zu ihm. Benny legte meine Bettdecke über meinen Körper und gab mir einen Kuss auf die Stirn. Danach hörte ich nur noch, wie er leise ins Bad ging und die Tür hinter sich schloss. Für einige Sekunden war es ganz still, doch Benny drehte die Dusche auf und ließ das Wasser an sich herab plätschern. Ich wusste, dass er nicht gehen würde, grinste kurz in mich hinein und schlief wieder ein. Am nächsten Morgen hörte ich den Fernseher laufen und merkte, wie frische Luft um meine Nase wehte. Die Schlafzimmertür war einen kleinen Spalt geöffnet und ich rollte mich aus dem Bett, um zu gucken, ob Benny noch da war. Der Tisch im Wohnzimmer war gedeckt, der Kaffee war bereits eingegossen und selbst frische Eier waren gekocht und wurden von Benny liebevoll auf den Tisch drapiert. Ich hörte, dass jemand den Schlüssel in das Schloss steckte und langsam die Tür öffnete.
>>Line? Du bist ja schon wach! Ich habe schnell Brötchen geholt und wollte dich nicht wecken. <<
Ich fand es schön, dass er zurückkam und nicht einfach in der Nacht gegangen ist. Etwas verschlafen, ging ich zu Benny rüber, gab ihm einen Kuss auf die Wange und ging ins Bad, um mir schnell die Zähne zu putzen. Danach setzte ich mich auf den Boden, vor dem gedeckten Tisch und ließ meinen Blick über die liebevoll hingestellten Sachen schweifen. Ich liebte es

auf dem Boden zu sitzen, nahm mir ein Kissen von der Couch und schob es unter meinen Po. Benny musste nur lachen und hielt mir die Tüte mit den warmen Brötchen hin. Vorsichtig fischte ich mir ein helles heraus und spitzte die Lippen, um einen Kuss von ihm zu ergattern.

>>Ich wollte nicht einfach so gehen. Nicht noch einmal, wollte ich dir das Gefühl geben, dass ich einfach so abhauen würde. Ich hoffe, es ist okay, dass ich noch hier bin?<<, fragte Benny mich vorsichtig, nachdem er mir einen Kuss aufgedrückt hatte.

>>Alles gut, Benny. Ich find es wirklich toll, dass du nicht mehr so feige wie vor ein paar Jahren noch bist.<<, antworte ich ihm und biss genüsslich in mein Marmeladenbrötchen.

Danach fing ich an zu lachen und zwinkerte ihm zu.

>>Kleiner Scherz. Ich finde es wirklich schön, dass du noch hier bist.<<, entschärfte ich die Situation, während ich das Brötchen aß.

Wir redeten noch eine ganze Weile, ohne den gestrigen Abend zu problematisieren und beschlossen, den sonnigen Tag miteinander zu verbringen. Wir liehen uns ein kleines Ruderboot aus und verbrachten den Vormittag auf dem Wasser. Fuhren danach mit seinem Motorrad zu all unseren alten Plätzen und ließen all die schönen Erinnerungen erneut auf uns einwirken. Wir liebten es, noch einmal die alte Werft zu sehen und an dem

See spazieren zu gehen und nahmen uns viel Zeit, alle Momente in uns aufzusaugen. Es war schön, noch einmal mit ihm hier zu sein. Für uns beide war es wie eine kleine Zeitreise in die Vergangenheit. Plötzlich öffnete er sein Portemonnaie und holte ein Foto heraus. Es war mein Foto von damals, das er im Feld von mir gemacht hatte. Er hatte es wirklich all die Jahre bei sich und es war ihm egal, was seine Frau dazu gesagt hätte. Doch zum Glück hatte sie es nie in der kleinen Tasche entdeckt und so konnte er es immer bei sich tragen. Ich konnte es kaum glauben, damit habe ich wirklich nicht gerechnet und lachte ihn bloß an.

>>Wie schön es wirklich geworden ist. Dieses Foto war wirklich das Beste von all den anderen, die du wie wild geschossen hattest. Diesen Tag werde ich nie vergessen. Wie lange das schon wieder her ist und wie jung ich da noch war.<<, sagte ich und hielt das kleine Foto lange in der Hand.

Benny nahm meine Hand und führte mich zu unserer Badestelle. Langsam öffnete er mir meine Bluse und ließ den Knopf von meiner Jeans aufspringen. Und während ich ihn ganz zärtlich küsste, schob ich sein Oberteil nach oben und ließ meine Finger über seinen Körper gleiten. Als wir alle Sachen im feinen Sand abgelegt hatten, gingen wir zusammen baden und genossen es, unsere nackten Körper aufeinander zu spüren. Es war heiß draußen und das kalte Wasser konnte uns nur eine kurze Abkühlung bieten, denn im Nu lagen wir wieder im kühlen Gras und brachten uns auf Hochtouren. Als es langsam dunkel wurde, packten wir unsere Sachen zusammen und fuhren wieder nach Hause. Auch am Abend blieb er bei mir, wir kochten zusammen und liehen uns einen Film aus der Videothek aus. Stundenlang lagen wir Arm in Arm auf meiner Couch und genossen die jahrelang erhoffte Zweisamkeit. Endlich konnten wir ganz legitim die Zeit miteinander verbringen, ohne dass er ständig auf die Uhr gucken musste oder einen Anruf bekam. Und so konnten wir immer mal wieder übereinander herfallen und uns alle Zeit der Welt nehmen. Egal ob im Bett, auf der Couch, in der Küche oder unter der Dusche. Von hinten, von vorne oder in der 69. Im Stehen, im Liegen und im Sitzen. Wir saugten jeden Moment und jedes Gefühl intensiv in uns auf und hatten ein wunderschönes und unvergessenes Wochenende zusammen. Wir waren auch nach sieben Jahren noch so vertraut und kannten uns in- und auswendig. Am Sonntagabend wussten wir beide, dass es für uns Zeit wäre, sich auch mal wieder zu verabschieden und am Abend alleine zu sein. Und so standen wir eine ganze Weile im Flur, umarmten uns und sagten uns gegenseitig, wie schön die letzten Tage waren. Immer wieder küssten wir uns und konnten die Finger nicht voneinander lassen. Doch nachdem das dritte Mal das Flurlicht erlosch und wir lange brauchten, um uns zu verabschieden, gab ich ihm einen letzten Kuss und schickte ihn los.

***

Ein letztes Mal guckte ich ihm hinterher, wie er Stufe für Stufe die Treppe hinunterging. Schloss die Tür hinter mir zu und atmete tief durch. Wir wussten beide, dass wir uns nicht mehr wiedersehen würden. Es war wirklich sehr schön, mit ihm die Zeit zu verbringen, noch einmal mit ihm zu schlafen und ihm so nah zu sein. Es war wundervoll, noch einmal mit Benny an all den tollen Orten gewesen und noch einmal in die Vergangenheit gesprungen zu sein, aber das war auch alles, was uns noch miteinander verbunden hat. Wir spürten beide, dass unsere Zeit vorbei war. Ich war schon lange nicht mehr seine Geliebte und er nicht mehr der verheiratet Mann, in den ich mich damals verliebt hatte. Sieben Jahre sind eine lange Zeit und all die Erfahrungen, die wir miteinander oder im eigenen Leben gemacht hatten, ließen in mir nicht mehr dieselben Gefühle hervorbringen, wie zu der Zeit, bevor er mich einfach zurückließ. Die Zeit zwischen seiner Abfuhr und unserem Wiedersehen war einfach zu lang und das Stück in meinem Herzen, bereits vor Jahren abgestorben. Vor allem war es aber für mich die Erkenntnis, dass der ganze Zauber des Verbotenen einfach verflogen war. Wir hätten jetzt ganz offiziell zusammen sein können, hätten uns ein kleines Häuschen kaufen und vielleicht noch einmal ein Kind bekommen können, doch das alles wollte ich nicht mehr. Jedenfalls nicht mehr mit ihm. Er spürte das bereits am ersten Tag, akzeptierte meine Entscheidung, endgültig von ihm Abschied nehmen zu wollen und machte unsere gemeinsame Zeit, zu etwas ganz Besonderem.

> Meine hübsche Line. Schön, dass ich die letzten Tage mit dir verbringen durfte. Ich bin beruhigt, dass wir uns ausgesprochen haben und du mir auf diesem Weg, einen großen Wunsch in meinem Leben erfüllt hast. Ich bin jetzt auf dem Weg nach Hause. Und auch wenn es mir schwerfällt, wieder alleine nach Hause zu fahren, bin ich überglücklich. Danke, dass du so eine wundervolle Frau bist und du mir in den ganzen Tagen nicht einmal Vorwürfe gemacht hast. Als ich dich am Freitag wiedersah, habe ich sofort gewusst, dass ich vor ein paar Jahren die falsche Entscheidung getroffen hatte. Ich hatte dich einfach gehen lassen und nicht auf mein Herz gehört. Doch ich kann die Zeit nicht zurückdrehen, kann nichts mehr machen, um unser beider Leben zu verändern oder dich endlich glücklich zu machen. Das habe ich gespürt und auch akzeptiert. Doch eins sollst du immer wissen und nie vergessen – Ich schätze dich sehr, als junge, selbstbewusste und intelligente Frau. Ich werde dich auch immer

lieben und vor allem werde ich unsere gemeinsame Zeit nie in meinem Leben vergessen. Du bist immer bei mir, in meinem Herzen und als Bild in meinem Portemonnaie. Ich liebe dich. Von Herzen und mit Kuss, dein Benny – dein dich liebender, längster und treuster Verehrer für immer.

Das war die letzte Nachricht, die ich jemals von ihm erhalten hatte. Und auch wenn mir die Tränen über mein Gesicht rollten, weil er so schöne Worte geschrieben hatte und endlich wusste, auf was es im Leben wirklich ankam, konnte ich nun endgültig mit ihm abschließen und mein Leben in vollen Zügen genießen. Wir haben uns von diesem Tag an nie wiedergesehen und genau das, war für uns beide, auch wirklich besser so…

Danksagung

Ich möchte einen ganz besonderen Gruß an all meine Mädels richten, die mir immer beistanden und mein verrücktes Leben, jeden Tag aufs Neue bereichern. Ich liebe euch aus tiefstem Herzen, denn bei euch kann ich so sein, wie ich wirklich bin.

Einen herzlichen Dank an meine Mom. Danke, dass du die junge und selbstbewusste Frau aus mir gemacht hast, die ich heute bin. Deine Worte und Tipps werde ich immer in meinem Herzen tragen. Ich bin unendlich stolz auf dich, dass du mich alleine großgezogen und mir dabei all die Liebe geschenkt hast, die eine Mutter ihrer Tochter geben kann.

Und vielen Dank auch an meinen Freund, der es nicht immer leicht mit mir hatte, als ich wochenlang und oft bis in die Nacht hinein, dieses Buch geschrieben habe. Mittlerweile sind wir 2 ½ Jahre ein glückliches Paar und doch konnte er es anfangs einfach nicht verstehen, warum ich ausgerechnet von meinen Erlebnissen mit Benny schreiben wollte. Doch jetzt weiß er, dass er keine Angst haben muss. Ich liebe dich.

Für mich ist dieses Buch der Abschluss einer wunderschönen Zeit. Ich werde Benny und unsere gemeinsame Zeit nie in meinem Leben vergessen, doch ich bereue nicht, ihn gehen gelassen zu haben. Alles im Leben hat einen Sinn und irgendwann versteht jeder von uns, warum manche Dinge genau so passieren, wie sie passieren.

Wir alle können Fehler machen und uns für einen falschen Weg entscheiden, doch wir sollten nie diesen einen wichtigen Satz vergessen, um uns selber treu zu bleiben.
>>Höre auf dein Herz und nicht auf deinen Kopf, denn es hat schon geschlagen, bevor du überhaupt denken konntest.<<

Eure Joline Ellison

Printed in Great Britain
by Amazon.co.uk, Ltd.,
Marston Gate.